Kral

WLAN
für Schnelleinsteiger

Arno Kral

FRANZIS
ECHT EINFACH

WLAN
FÜR SCHNELLEINSTEIGER

Mit 200 Abbildungen

Bibliografische Information der Deutschen Bibliothek

Die Deutsche Bibliothek verzeichnet diese Publikation in der Deutschen Nationalbibliografie; detaillierte Daten sind im Internet über **http://dnb.ddb.de** abrufbar.

Wichtiger Hinweis

Alle Angaben in diesem Buch wurden vom Autor mit größter Sorgfalt erarbeitet bzw. zusammengestellt und unter Einschaltung wirksamer Kontrollmaßnahmen reproduziert. Trotzdem sind Fehler nicht ganz auszuschließen. Der Verlag und der Autor sehen sich deshalb gezwungen, darauf hinzuweisen, dass sie weder eine Garantie noch die juristische Verantwortung oder irgendeine Haftung für Folgen, die auf fehlerhafte Angaben zurückgehen, übernehmen können. Für die Mitteilung etwaiger Fehler sind Verlag und Autor jederzeit dankbar.

Internetadressen oder Versionsnummern stellen den bei Redaktionsschluss verfügbaren Informationsstand dar. Verlag und Autor übernehmen keinerlei Verantwortung oder Haftung für Veränderungen, die sich aus nicht von ihnen zu vertretenden Umständen ergeben.

Evtl. beigefügte oder zum Download angebotene Dateien und Informationen dienen ausschließlich der nicht gewerblichen Nutzung. Eine gewerbliche Nutzung ist nur mit Zustimmung des Lizenzinhabers möglich.

© 2006 Franzis Verlag GmbH, 85586 Poing

Alle Rechte vorbehalten, auch die der fotomechanischen Wiedergabe und der Speicherung in elektronischen Medien. Das Erstellen und Verbreiten von Kopien auf Papier, auf Datenträgern oder im Internet, insbesondere als PDF, ist nur mit ausdrücklicher Genehmigung des Verlags gestattet und wird widrigenfalls strafrechtlich verfolgt.

Die meisten Produktbezeichnungen von Hard- und Software sowie Firmennamen und Firmenlogos, die in diesem Werk genannt werden, sind in der Regel gleichzeitig auch eingetragene Warenzeichen und sollten als solche betrachtet werden. Der Verlag folgt bei den Produktbezeichnungen im Wesentlichen den Schreibweisen der Hersteller.

Satz: Karin Rinne-Funteh
art & design: www.ideehoch2.de
Druck: Legoprint S.p.A., Lavis (Italia)
Printed in Italy

ISBN 3-7723-**6498-5**

Inhaltsverzeichnis

1	**WLAN – Freie Fahrt für Ihre Daten**	**9**
1.1	Wie dieses Buch aufgebaut ist	10
1.2	So finden Sie sich zurecht	12
2	**WLAN-Gerätedschungel**	**13**
2.1	Welche WLAN-Geräte gibt es?	14
	Was ist ein Netzwerk und welche Typen gibt es?	16
	Welches sind die wesentlichen WLAN-Geräte?	17
	Was sind Netzwerkknoten?	18
2.2	Aufschrauben oder nicht?	18
	Externe Lösungen für Notebooks	19
	Interne Lösungen für Desktop- und Tower-PCs	19
	Externe Lösungen für PC und Notebook	19
2.3	WLAN-Adapter	20
2.4	Adapter für alle Lebenslagen	21
	WLAN-Adapter für stationäre PC	21
	WLAN-Adapter für Notebooks	24
	WLAN-Adpater für PDAs	26
2.5	Die WLAN-Gegenstelle	27

2.6	WLAN-Geschwindigkeiten	30
	Anton und Berta und Gustav	31
	Reichweite und Stabilität bringen mehr als Tempo	31
	Super-Plus-Turbo	33
	Wi-Fi und Centrino	35
3	**WLAN-Adapter installieren**	**37**
3.1	Installation ohne Kopfzerbrechen	38
3.2	Sonderfall integrierter WLAN-Adapter	40
3.3	Treiber-Installation	40
	Das Startmenü der Treiber-CD	41
	Dokumentationen	43
	Aktuelle Treiber und Hilfe	43
	Installation der Treiber	44
3.4	WLAN-Hardware anschließen	50
	PC-Cardbus-Adapter einrichten	50
	WLAN-USB-Adapter anschließen	52
	WLAN-Adapter sicher entfernen	59
	WLAN-PCI-Adapter installieren	62
	WLAN-Ethernet-Adapter installieren	66
	Netzwerkkarte einrichten	69
	WLAN-Ethernet-Adapter anpassen	72
3.5	Konfiguration des Netzwerkanschlusses	77
3.6	Update der Soft- und Firmware	81
	Aktuelle Versionen von Firmware und Software finden	81
	Firmware übertragen	85
	Systematische Fehlersuche	87

4	**Ad-hoc-Netzwerk** **91**
4.1	Voraussetzungen für ein Ad-hoc-WLAN 92
4.2	Funktionsweise des Ad-hoc-Netzes 93
4.3	Ad-hoc-Netz einrichten 95
	Funk-Parameter einrichten 95
4.4	Internetzugang im Ad-hoc-Netz 102

5	**WLAN-Infrastruktur** **107**
5.1	Was ist ein Infrastruktur-WLAN? 108
5.2	Client-Voraussetzungen im Infrastruktur-WLAN........ 110
5.3	WLAN-Internet-Access-Router einrichten.................. 111
	Internet-Access-Router 112
	Inbetriebnahme des WLAN-Internet-Access-Routers 113
5.4	Einfache WLAN-Infrastruktur 132
	Access Point einrichten 134
	WLAN-Kanäle in Deutschland 140
	Zentrales IP-Adressmanagement 144
	Der Client in einer WLAN-Infrastruktur 147
5.5	WLAN-Reichweite vergößern 161
5.6	WLAN-Zusatzfunktionen 166
	Drucken im Netz – der Print-Server 166
	Voraussetzungen zum Drucken im (W)LAN 166
	Einsatz des Print-Servers 169

6	**Sicheres WLAN** **181**
6.1	Lauernde Gefahren 182
	Datenmissbrauch 182
	Würmer und Trojaner 186
	Internetmissbrauch 187

6.2	WLAN-Attacken	189
	Offene Netze finden	189
6.3	WLAN absichern	191
	Individuelle SSID	191
	Das unauffällige Netz – SSID abschalten	192
	Sicherheit durch WEP-Verschlüsselung	194
	WPA und IEEE 802.1X	199
	WPA nutzen	202
	IEEE 802.1X	207
	Sicherheit durch Zugangskontrolle	207
	WLAN-Schutz durch Ausbreitungskontrolle	211
6.4	Der Faktor Mensch	215
6.5	Erweiterte Sicherheitsfunktionen	216
	Zugang zu fremden Netzen	217
	Freigaben als Geschenk	218
	Filterfunktion	223
	Firewall	232

7	**WLAN-Optimierung**	**235**
7.1	Das Problem: Hallo Nachbar!	236
7.2	Antenne – Der Draht zur Welt	239
7.3	Störungen im Parallelbetrieb	243
7.4	Überlastung des Netzes	244
	Autonome Teilnetzwerke	245
	Das zellulare Konzept	247
7.5	WLAN und Bluetooth?	249

Index		**251**

WLAN – Freie Fahrt für Ihre Daten

WLANs sind in, nichts ist so trendy wie kabelloses Surfen auf dem Sofa oder Arbeiten auf der Terrasse. Wenn Sie bei diesem Vergnügen mitmachen möchten, brauchen Sie nicht nur die nötige Hardware, sondern auch alle wesentlichen Informationen, um ein optimales WLAN aufzubauen. Genau dieses Grundwissen finden Sie in diesem Buch.

Ein kabelloses Netzwerk ist nahezu genauso leistungsfähig wie eines, das Sie über Kabelverbindungen herstellen. Moderne WLAN-Hardware stellt etwa die halbe Geschwindigkeit eines Kabelnetzwerks bereit, Einzellösungen kommen normalen Kabelnetzen ganz nah. Allerdings gibt es einen wesentlichen Unterschied: Funkwellen enden nicht am Kabelstecker, sondern verbreiten sich kugelförmig durch die Luft. Wände und Mauern – und Wasser – schwächen sie zwar ab, sie bleiben aber durchaus empfangbar. Deshalb sind elementare Sicherheitseinstellungen für ein Funknetz bedeutend wichtiger als für ein Kabelnetz.

1.1 Wie dieses Buch aufgebaut ist

Im zweiten Kapitel erfahren Sie, worauf es bei der WLAN-Hardware ankommt und was Sie kaufen sollten, wenn Sie ein WLAN auf- oder ausbauen möchten. Dabei geht es um die notwendigen Gerätschaften, um den Einbau und die vorhandenen Standards. Gerade bei den verschiedenen Normen ist Aufpassen angesagt, sonst erweist sich das Schnäppchen leicht als inkompatibel zu vorhandenen Geräten.

Sie haben aller Voraussicht nach bereits einen normalen Desktop-PC und evtl. ein Notebook – für's Internet aber brauchen Sie einen schnellen DSL-Zugang überall in der Wohnung oder im Haus. Das ist normalerweise der Ausgangspunkt für ein WLAN. Ob Ihr Desktop-PC oder das Notebook bereits für WLAN vorbereitet sind, sollten Sie wissen, um Fehlkäufe zu vermeiden. Bei Desktops ist das eher selten der Fall, es sei denn, Sie besitzen einen der so genannten Volks-PCs, die über eine Discounter-Kette vertrieben wurden. Die meisten modernen Notebooks seit Mitte 2003 sind WLAN-kompatibel, auch wenn sie den Intel-Centrino-Chip drin haben. Das Gros der WLAN-Komponenten ist indes nicht an einen Intel-Prozessor gekoppelt, da müssen Sie sich anhand des Handbuchs schlau machen. Steht dort WiFi-kompatibel, sind Sie auf der sicheren Seite. Im Handbuch finden Sie auch Angaben zu den unterstützten Normen (802.11b oder 802.11g – was das genau ist, erfahren Sie später).

Ein besonderer Schwerpunkt liegt auf den verschiedenen Bauformen für Adapter, denn wenn Sie erst einmal mit WLAN angefangen haben, wachsen bald die Begehrlichkeiten: Der Datenaustausch mit einem Notebook wäre nicht schlecht, gute Freunde haben interessante Daten, die man mal eben rüberholen möchte, usw.

Deshalb zeigt Ihnen das zweite Kapitel, wie Sie zwischen den verschiedenen Rechnern drahtlos Daten austauschen können.

Im dritten Kapitel wird dann ein WLAN-Adapter installiert, also die Hardware angeschlossen und der Treiber eingerichtet. Danach wird der Netzwerkanschluss konfiguriert und gegebenenfalls die Firmware (die interne Software des Adapters) auf den neuesten Stand gebracht. Das ist wichtig, weil Sie ja nicht wissen, wie lange Ihre WLAN-Hardware schon beim Händler liegt und ob der Hersteller nicht schon eine aktualisierte Software bereitgestellt hat.

Um den schnellen Datenaustausch zwischen zwei Computern, das so genannte Ad-hoc-Netzwerk, geht es im vierten Kapitel. Diese Informationen brauchen Sie dann, wenn Sie kein dauerhaftes WLAN zu Hause oder im Büro einrichten möchten, sondern nur mal eben eine Verbindung zum Datenaustausch oder zum Surfen benötigen. Ad-hoc-Netzwerke sind praktisch, wenn Sie ein Notebook dabeihaben und nur mal schnell die Urlaubsbilder auf einen anderen – befreundeten – Rechner übertragen möchten. In diesem Kapitel wird außerdem erläutert, wie im Ad-hoc-Netzwerk der Internetzugang gemeinsam genutzt werden kann.

Wenn Sie das kabellose Netzwerk auf der Basis eines Access Points – der Endverbrauchern fast immer in Verbindung mit einem Internet-Router angeboten wird – aufbauen möchten, spricht man vom Infrastruktur-Netzwerk. Dann haben Sie den Router als zentrale Verteilstation, der gleichzeitig den Internetzugang herstellt. Das ist ideal für zu Hause, denn einmal eingerichtet können Sie im Netz arbeiten, so weit das Funksignal reicht. So ein Netzwerk steht Ihnen normalerweise 24 Stunden am Tag zur Verfügung, befreundete Notebooks können leicht hineingenommen werden. Welche Voraussetzungen sie erfüllen müssen, um mit dem bestehenden Netzwerk zusammenzuarbeiten, erfahren Sie selbstverständlich auch.

Wenn Sie das Netzwerk etwas größer fassen möchten, können Sie die Reichweite erhöhen. Das geht mit Access Points ganz einfach. Dann haben Sie auf weiteren Etagen des Hauses oder auch hinten im Garten Zugriff auf das Netz. Bedenken Sie aber, dass Reichweitenvergrößerung immer auch mehr Funksignale bedeutet.

Kapitel 6 beschäftigt sich eingehend mit dem wesentlichen Thema Sicherheit. Sie lernen nicht nur die Gefahren kennen, die bei ungesicherten Funknetzen drohen können, sondern erfahren auch, wie Ihr Netzwerk so sicher wie möglich wird. Die dazu notwendigen Optionen werden so erklärt, dass Sie genau wissen, welche Schritte für Ihren Bedarf richtig und notwendig sind.

Kapitel 7 bietet Ihnen als Krönung die wichtigsten Optimierungsmöglichkeiten für Ihr Funknetz. Es zeigt, mit welchen Tricks Sie dafür sorgen, dass Sie und Ihr eventuell ebenfalls funkender Nachbar nicht ins Gehege kommen. Da auch ein Funknetz überlastet werden kann, zeigen wir Ihnen, wie man das geschickt vermeidet.

1.2 So finden Sie sich zurecht

Damit das Buch für Sie „echt einfach" bleibt, sind einige Elemente in anderen Schriftarten dargestellt. Neue, wichtige Begriffe, Internetadressen sowie Namen und Bezeichnungen von Dateien und Pfaden werden *kursiv* gedruckt. Für Befehle und Beschriftungen, die in Bildschirmelementen verwendet werden, wurden GROSSBUCHSTABEN gewählt; Befehlsfolgen sind durch Querstriche getrennt, zum Beispiel START / EINSTELLUNGEN / SYSTEMSTEUERUNG. Wenn Sie etwas eingeben sollen, wird dies durch diese Schrift angezeigt.

Hier sind Sie aufgefordert,

▶ 1 Schritt für

▶ 2 Schritt nachzuvollziehen.

Kästchen vor einer Zeile kennzeichnen alternative Möglichkeiten. Hier geht es

▪ entweder so
▪ oder so.

▶ **Hinweis, Tipp oder Warnung**
In solchen Kästchen sind Hinweise, Tipps oder Warnungen, die Sie besonders beachten sollten.

Das erfahren Sie in diesem Kapitel:
- *Was ist ein Netzwerk?*
- *Welches sind die wichtigsten Netzwerktypen?*
- *Welches sind die wesentlichen Netzwerkgeräte?*
- *Was bedeuten die vielen Abkürzungen?*
- *Welche Arten von WLAN-Geräten gibt es?*
- *Was hat es mit Mbps, Super-, Plus und Turbo auf sich?*
- *Über welche Anschlüsse werden WLAN-Adapter mit dem Computer verbunden?*

WLAN-Gerätedschungel

Ganz klar, Sie wollen sofort loslegen und Ihr ganz persönliches drahtloses Netzwerk errichten und betreiben. Drahtlos heißt auf Englisch wireless, und ein Netzwerk für den Nahbereich – etwa Ihre Wohnung oder ein kleines Büro, wird im Computer-Latein als LAN (Local Area Network) bezeichnet. Ergo steht die Abkürzung WLAN für ein Wireless Local Area Network – zu Deutsch ein drahtloses Netzwerk für den Nahbereich.

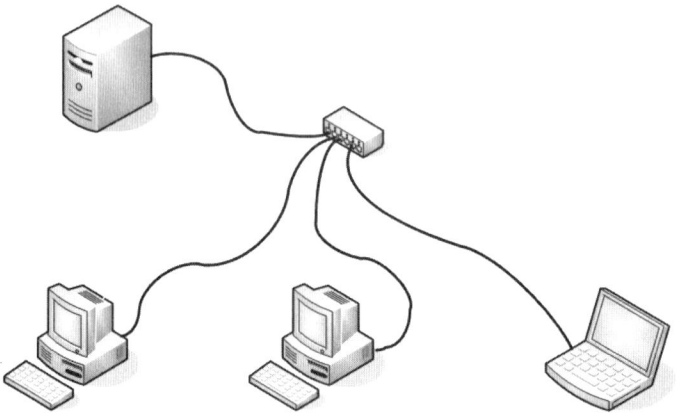

Bild 2.1 – Ein LAN verbindet einige Computer, die nicht weit voneinander entfernt sind.

Doch waren Sie bereits einkaufen? Haben Sie die für Sie richtigen Geräte bereits ausgesucht? Möglicherweise steht vor Ihnen im Laden – genau wie gerade in unserem Büro auf dem Schreibtisch – ein Stapel bunt beschrifteter Kartons, deren Aufdrucke mit großen Megabit-Zahlen protzen, die Bandbreite, Tempo oder Durchsatz bezeichnen. Lernen Sie deren Inhalte zunächst kennen, damit Sie die Funktionen der Geräte vollständig und sicher nutzen können.

2.1 Welche WLAN-Geräte gibt es?

Ein Netzwerk – egal, ob drahtlos oder drahtgebunden – kann aus sehr verschiedenartigen Geräten bestehen. Einmal eingerichtet, verrichtet es seinen Dienst unscheinbar im Hintergrund und zeigt Aktivität bestenfalls durch ein paar dezent flimmernde Lämpchen.

Wenn Sie im Laden stehen und die Kartons der WLAN-Geräte in Händen halten, oder wenn Sie in (Internet-)Katalogen blättern, werden Ihnen folgende Bezeichnungen begegnen:

- WLAN-PCI-Adapter
- WLAN-USB-Adapter
- WLAN-Cardbus-Adapter
- WLAN-PCMCIA-Adapter
- WLAN-Bridge
- WLAN-Ethernet-Adapter
- WLAN-Access-Point
- WLAN-Router
- WLAN-All-in-One-Router

Möglicherweise finden Sie noch weitere Angaben auf den Kartons, auf die Sie achten sollten. Da kann von einem *Print-Server* (wörtlich übersetzt: Druck-Diener) die Rede sein, von einem *Switch* (wörtlich: Schalter) oder einer *Firewall* (wörtlich: Brandmauer). Dahinter verbergen sich schlicht Funktionsbezeichnungen, die mit WLAN eigentlich nichts, wohl aber mit Netzwerkfunktionen zu tun haben.

Ein *Print-Server* ist ein Netzwerkgerät, das einen Drucker für alle vernetzten Computer erreichbar macht. Normalerweise wird ein Drucker im Heimbereich direkt an einen Computer angeschlossen. Wollen Sie von einem anderen Computer ebenfalls auf diesem Drucker drucken, müssen die beiden Computer sowie der Drucker selbst im Netzwerk erreichbar sein. Einen Drucker können Sie unter Windows zwar dadurch ins Netzwerk bringen, indem sie ihn im Netzwerk *freigeben*, aber dann muss der Computer, an dem der Drucker direkt angeschlossen ist, ständig in Betrieb sein. Ein Print-Server übernimmt schlicht die Aufgabe dieses Computers.

Als *Switch* bezeichnet man im kabelgebundenen Netzwerk einen Knoten, der ähnlich einer Telefonvermittlungsstelle Datenpakete gezielt von einem zum anderen Netzwerkgerät übermittelt.

Eine *Firewall* ist ein Filter im (Heim-)Netzwerk, dessen Hauptaufgabe darin besteht, vom Internet kommenden Datenpaketen, die das lokale Netzwerk und die darin befindlichen Computer ausspähen wollen, einen Riegel vorzuschieben. Doch dazu später mehr. Gehen wir zunächst auf das Netzwerk an sich ein.

Was ist ein Netzwerk und welche Typen gibt es?

Ein Netzwerk ist ein Zusammenschluss mehrerer Computer und weiterer netzwerkfähiger Geräte.

- Es gibt kleine Netzwerke, das kleinste ist der direkte Zusammenschluss zweier Computer über eine Direktverbindung (Punkt-zu-Punkt).
- Es gibt lokale, also auf eine Wohnung, ein oder mehrere Gebäude ausgedehnte Netzwerke, die mit einer Art Vermittlungsstelle zwischen den Endgeräten, den Computern, arbeiten. Als Vermittlungsstellen kommen so genannte *Hubs* (Netzwerkknoten) zum Einsatz, die in neuerer Zeit samt und sonders als aktive Switches ausgeführt sind – dazu später mehr.
- Und es gibt sehr große Netzwerke wie das Internet, die über so genannte *Router* viele lokale Netzwerke miteinander verknüpfen.

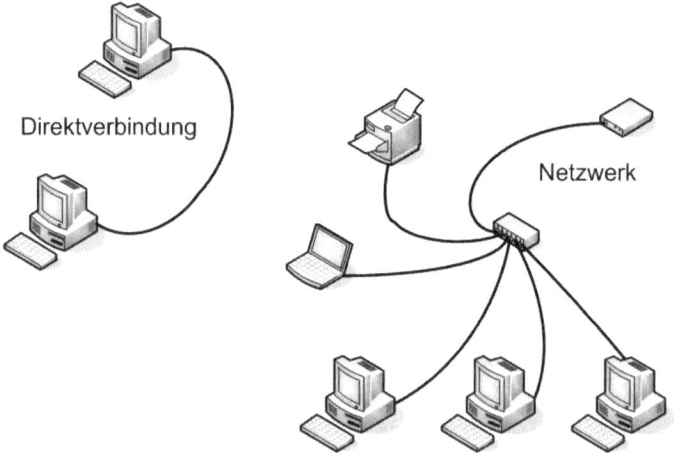

Bild 2.2 – Eine Direktverbindung benötigt nur ein Kabel, andere Netzwerkformen haben mindestens ein Vermittlungsgerät.

Ein Netzwerksonderfall, auf den dieses Buch wegen seiner großen Nachfrage besonders eingehen wird, ist der DSL-Internetzugang, der wenigstens zwei Geräte erfordert, die selbst bereits ein Mini-Netzwerk bilden: ein DSL-Router (in dessen Gehäuse in vielen Fällen ein *Switch* steckt) und ein DSL-Modem, das den Kontakt zum Internet-Provider via DSL herstellt. Sobald die Verbindung steht, ist der Computer Teil des Internets.

In jüngster Zeit bieten die Hersteller Geräte an, die den WLAN-Access-Point, den DSL-Router und das Modem – sowie einen Netzwerk-Switch – zu einem so genannten All-in-One-Gerät (alles in einem) zusammenfassen.

Welches sind die wesentlichen WLAN-Geräte?

Damit ein Computer netzwerkfähig ist, braucht er einen Netzwerk-Adapter, gleichgültig, ob für die kabelgebundene oder die drahtlose Vernetzung. Fachleute bezeichnen den Netzwerk-Adapter gerne als *Network Interface Controller* (NIC).

Das Gesagte gilt grundsätzlich für alle Netzwerktypen, gleich ob kabelgebunden oder kabellos. Im Falle eines drahtlosen Netzwerkes kommen zusätzliche Komponenten hinzu, deren Aufgabe jedoch denen der „Drahtesel" ähnelt. Die wesentlichen Komponenten eines WLAN sind:

- WLAN-Station-Adapter und
- WLAN-Access-Point.

Formal heißen alle WLAN-Endgeräte wie Computer, Drucker, Notebooks, PDAs oder Beamer im Fachjargon *WLAN-Stations* (Stationen). Sie finden dafür jedoch häufig auch die Bezeichnung *WLAN-Client*.

Der Fachbegriff *WLAN-Access-Point* steht für den Zugangspunkt zu einem drahtlosen Netzwerk. Es gibt ihn als Sonderfall ohne alles, so dass er ausschließlich zwischen WLAN-Stationen, für die der Ausdruck WLAN-Client ebenfalls gebräuchlich ist, vermitteln kann. In der Regel aber hat er eine Ethernet-Schnittstelle, so dass er die Brücke zwischen einem drahtlosen Netz (WLAN) und einem drahtgebundenen Netz (*Ethernet*) schlagen kann. Am häufigsten ist er jedoch gleich in einem Gehäuse mit einem Router zusammengefasst, der zwischen dem heimischen, lokalen Netzwerk und dem Internet über DSL oder Kabel kommunizieren kann.

Je nachdem, mit welchem Anschluss am Computer – Fachleute bezeichnen Computer-Außenverbindungen auch als *Schnittstelle* (Englisch: *Interface*) – der Netzwerk-Adapter verbunden werden soll, benötigen Sie einen WLAN-Adapter mit der passenden Schnittstelle: PCI, USB, Cardbus/PCMCIA oder Ethernet.

Was sind Netzwerkknoten?

Sobald die Computer mit Netzwerk-Adaptern versehen sind, können sie – je nach Adapter-Typ – per Kabel oder drahtlos direkt miteinander oder über einen Netzwerkverteiler miteinander Daten austauschen.

Ein *Netzwerkverteiler* ist ein Gerät, an das mehrere Netzwerkgeräte angeschlossen werden. Der allgemeine Fachausdruck für Netzwerkverteiler (oder *Netzwerkknoten*) lautet *Hub*. Man unterscheidet zwischen aktiven Hubs – so genannten *Switches* – und passiven Hubs. In gängigen WLAN-Routern finden sich jedoch nahezu durchweg Switches, die die eingehenden Datenpakete aktiv auswerten und sie gezielt auf das richtige Kabel an die im Datenpaket enthaltene Zieladresse weiterleiten.

2.2 Aufschrauben oder nicht?

Wenn Sie sich nach einer passenden WLAN-Erweiterung für Ihren Computer umsehen, sollten Sie sich zuerst fragen, ob Sie eine externe oder eine interne Lösung bevorzugen, ob Sie also Ihr Gerät aufschrauben wollen oder ob Sie zur WLAN-Erweiterung einen der Außenanschlüsse wie USB, Cardbus/PCMCIA oder Ethernet verwenden wollen.

Interne Lösungen wie PCI-WLAN-Adapter kommen meist nur für stationäre Computer in Frage, denn in Notebooks oder PDAs haben Nicht-Techniker grundsätzlich nichts zu suchen – abgesehen davon, dass interne WLAN-Erweiterungen, etwa Mini-PCI-Module, auf dem freien Markt gar nicht erhältlich sind.

Externe Lösungen für Notebooks

Sollte Ihr Notebook noch nicht mit einem WLAN-Adapter ausgestattet sein, können Sie es dennoch drahtlos vernetzen, indem Sie einen externen Netzwerk-Adapter verwenden. Das kann eine WLAN-Karte sein, die Sie entweder in den Cardbus- beziehungsweise in den PCMCIA-Steckplatz einschieben, oder am USB- oder – so vorhanden – am Ethernet-Anschluss anstecken.

Ein Steckplatz heißt im Fach-Chinesisch *Slot* (englisch für Schlitz). Es gibt Module für den Einbau in einen Tower- oder Desktop-Computer für deren *PCI*-Slots, wobei PCI (Peripheral Component Interconnect) eine Industrienorm für die Kommunikation von Computer-internen Erweiterungskarten darstellt. Die PCI-Steckplätze können Sie jedoch nur erreichen, wenn Sie das Computer-Gehäuse öffnen.

Interne Lösungen für Desktop- und Tower-PCs

Für Desktop- oder Tower-PCs bietet die Industrie WLAN-Adapter an, die in einen freien PCI-Steckplatz passen und als Antenne an der Rückseite des PCs herausgeführt werden. Zur Verbesserung des Sende- und Empfangsverhaltens sollte sich die vorhandene Antenne abschrauben und durch eine mit verlängertem Antennenkabel ersetzen lassen.

Externe Lösungen für PC und Notebook

Ist Ihr Computer oder Ihr Notebook indes bereits mit einer Netzwerkkarte (NIC) für das kabelgebundene Ethernet ausgerüstet, kann der Schraubenzieher ebenfalls in der Werkzeugkiste verbleiben. Denn dann genügt zur „Verdrahtlosung" bereits ein externer WLAN-Ethernet-Adapter, eine so genannte *WLAN-Ethernet-Bridge*. Dieser WLAN-Adapter wird, wie andere kabelgebundene Netzwerkgeräte, mit Hilfe eines Ethernet-Kabels an den Ethernet-Anschluss des Computers angesteckt. Als Ethernet-Kabel benötigen Sie ein so genanntes Cat.5-Kabel.

Cat.5 steht für Kategorie 5 und bezeichnet einen Industriestandard für achtpolige Netzwerkkabel mit einem so genannten *Western-Stecker* der Industrienorm *RJ-45*. Das Cat.5-Kabel zählt zwar üblicherweise zum Lieferumfang eines WLAN-

Ethernet-Adapters, aber fragen Sie beim Kauf vorsichtshalber nach, damit Sie dann am Wochenende nicht in die hohlen RJ-45-Buchsen schauen ...

Bild 2.3 — Ein Ethernet-Kabel der Kategorie 5 (Cat.5) weist achtpolige Stecker auf, die der Industrienorm RJ-45 genügen müssen.

2.3 WLAN-Adapter

Gehen wir jetzt daran, die obige Liste der WLAN-Adapter aufzuschlüsseln. Ein drahtloses Netzwerk ist natürlich in erster Linie für mobile Computer wie Notebooks, Laptops oder Personal Digital Assistants (PDA) interessant. Aus diesem Grunde sind die nachstehend genannten WLAN-Adapter-Bauformen am weitesten verbreitet:

- WLAN-Cardbus-Adapter / WLAN-PCMCIA-Adapter
- WLAN-USB-Adapter
- WLAN-Ethernet-Adapter

Wenn Sie jedoch in den heimischen vier Wänden alle Ihre Computer, also die stationär betriebenen Desktop- oder Tower-PCs ebenfalls drahtlos miteinander zu vernetzen trachten, kommen darüber hinaus WLAN-Einbaumodule in Betracht, die Sie – wie andere Erweiterungskarten auch – in einen der PCI-Steckplätze einbauen, die so genannten

- WLAN-PCI-Adapter.

2.4 Adapter für alle Lebenslagen

Nun geht es an die Auswahl der richtigen Bauform des WLAN-Adapters für Ihren Computer, der folgende Bauformen aufweisen kann:

- Stationärer PC (Desktop, Tower)
- Notebook respektive Laptop
- PDA

Für jeden Computer-Typ und für jeden Computer-Anschluss-Typ hält die Industrie passende WLAN-Adapter bereit. Ihre Bauformen reichen vom USB-Stick – diese Bauform kennen Sie von den kleinen Massenspeichern für Hand- und Hosentasche – bis zum externen, per Netzwerkkabel anzuschließenden WLAN-Ethernet-Adapter.

WLAN-Adapter für stationäre PC

Einen stationären PC binden Sie am besten in ein drahtloses Netzwerk ein per

- WLAN-USB-Adapter
- WLAN-PCI-Adapter
- WLAN-Ethernet-Adapter

Falls der Computer bereits eine moderne USB-2.0-Schnittstelle hat, sollten Sie dem WLAN-USB-Adapter mit USB-Kabel den Vorzug geben, denn die Geschwindigkeit des USB der Version 2 übertrifft mit 480 MBit/s die Übertragungsraten aller anderen WLAN-Adapter beträchtlich. Durch das zumeist einenhalb bis zwei Meter lange USB-Kabel können Sie den Adapter sende- und empfangstechnisch günstiger als unter dem Schreibtisch platzieren, wo stationäre Computer zumeist ihr Dasein fristen.

WLAN ~ echt einfach

Bild 2.4 – Für stationäre Computer mit USB 2.0 bietet sich ein WLAN-USB-Adapter mit USB-Kabel an: Er lässt sich gut aus dem Funkloch unter dem Schreibtisch herausholen.

Hat Ihr stationärer PC nur die langsame Variante 1.1 des USB (12,5 MBit/s), verfügt aber über eine Fast-Ethernet-Schnittstelle (100 MBit/s), ist zur WLAN-Erweiterung der WLAN-Ethernet-Adapter die beste Wahl. Er lässt sich aufgrund der Kabelverbindung ebenfalls aus dem Sendeschatten unter dem Schreibtisch in empfangsfreudigere Höhen platzieren.

Bild 2.5 – Ein WLAN-Ethernet-Adapter wie der D-Link DWL-810+ kann, weil mit einem Netzwerkkabel angeschlossen, relativ frei positioniert werden, benötigt aber eine eigene Stromversorgung über ein Steckernetzteil.

Wenn Sie das Aufschrauben des Computers nicht scheuen, können Sie gleichfalls einen WLAN-PCI-Adapter einsetzen. (Dies ist auch die beste Wahl, wenn Sie nach einem schnellen WLAN trachten, Ihr PC aber weder USB 2.0 noch Fast-Ethernet bietet.)

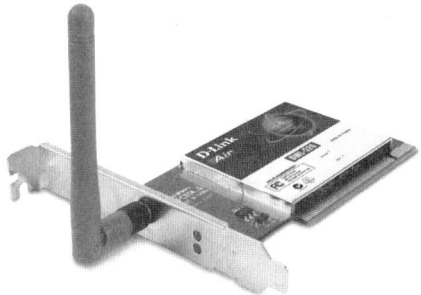

Bild 2.6 ~ Vom WLAN-PCI-Adapter wie dem DWL-520+ von D-Link ragt die Antenne aus dem Computergehäuse heraus. Sie ist abschraubbar und lässt sich bei Bedarf durch ein Modell mit Antennenverlängerungskabel ersetzen.

Beim Einbau eines WLAN-PCI-Adapters sollten Sie eventuell eine externe WLAN-Antenne gleich mitkaufen. Der Grund: Stationäre PCs, vor allem Tower-PCs, stehen zumeist unter dem Schreibtisch, von wo sich Funkwellen nur schlecht ausbreiten können.

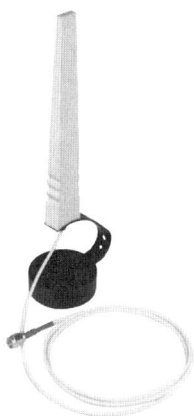

Bild 2.7 ~ Mit einer externen WLAN-Antenne verbessern Sie die Sende- und Empfangsmöglichkeiten eines WLAN-PCI-Adapters,

WLAN-Adapter für Notebooks

Bei einem Notebook kommt ein WLAN-PCI-Adapter grundsätzlich nicht in Betracht. Im günstigsten Fall ist ein WLAN-Adapter bereits eingebaut – dann brauchen Sie sich nur noch um die Gegenstelle, den WLAN-Router zu kümmern.

Wenn Ihr Notebook kein WLAN enthält, stehen folgende Typen zur Auswahl:

- WLAN-USB-Adapter
- WLAN-Cardbus-Adapter
- WLAN-Ethernet-Adapter

Der WLAN-USB-Adapter ist auch in diesem Fall die beste Wahl, denn er ist mit einem (sogar verlängerbaren) Kabel angeschlossen und kann damit für günstigere Empfangsbedingungen ein Stück weit vom Notebook entfernt platziert werden.

Bild 2.8 – Ein WLAN-USB-Adapter wie der D-Link_DWL-122 ist besonders klein, benötigt keine eigene Stromversorgung und lässt sich mit Hilfe eines USB-Verlängerungskabels sendegünstig platzieren.

Beachten Sie, dass es zwei verschieden schnelle USB-Varianten gibt: USB 1.1 erreicht eine Geschwindigkeit von 12 MBit/s, USB 2.0 schafft 480 MBit/s. Ein WLAN-Adapter mit einer Geschwindigkeit von 54 oder gar 108 MBit/s ist sinnvoll also nur an USB 2.0 zu betreiben.

Ist die USB-Schnittstelle für die von Ihnen gewünschte WLAN-Geschwindigkeit zu langsam, bleibt Ihnen nur der Griff zum WLAN-Cardbus-Adapter.

echt einfach ~ **WLAN**

Bild 2.9 — Am häufigsten kommen in Notebooks WLAN-Cardbus-Adapter wie der D-Link_DWL-610 zum Einsatz.

Insbesondere für Notebooks respektive Laptops ist der scheckkartengroße WLAN-Cardbus-Adapter vorgesehen. Es gibt vereinzelte Ausnahmefälle, in denen ein solches Modul auch in stationären Desktop- oder Tower-Computern verwendet wird. Die Computer müssen allerdings einen Cardbus-kompatiblen Modulträger besitzen, der zusätzlich erworben und installiert werden muss. Diese Variante ist nicht nur wesentlich aufwändiger zu realisieren, sondern auch teurer als die Wahl eines PCI- oder USB-Adapters. Aus diesem Grund soll der Fall an dieser Stelle nur erwähnt, nicht jedoch eingehend behandelt werden.

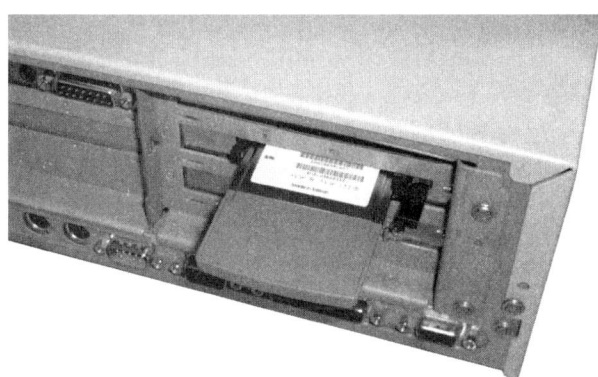

Bild 2.10 — Auch ein Cardbus-Adapter in einem stationären PC ist machbar. Allerdings ist dazu ein PCI-PCMCIA- oder PCI-PC-Card-Adapter erforderlich.

Der große Vorteil eines Cardbus-Moduls ist, dass jeder moderne Laptop mit mindestens einem Einschubplatz ausgestattet ist. Das Modul verschwindet – bis auf den Antennenbereich – weitgehend im Gehäuse des Computers, ohne dass der Rechner geöffnet werden muss.

Die dritte Möglichkeit, ein WLAN-Ethernet-Adapter, kommt nur in Betracht, wenn Ihr Notebook mit einem Ethernet-Anschluss bestückt ist. Weil der Ethernet-Adapter eine zusätzliche Stromversorgung und damit ein zusätzliches Netzteil benötigt und zumeist durch seine klobigen Abmessungen missfällt, raten wir von seinem Einsatz bei Notebooks ab.

WLAN-Adpater für PDAs

Bei Personal Digital Assistants (PDAs) fällt die Auswahl noch knapper aus: Im günstigsten Fall ist in Ihrem PDA ein WLAN-Adapter bereits eingebaut. Dann können Sie sich gleich an die Auswahl der Gegenstelle machen. Andernfalls müssen Sie prüfen, ob Ihr PDA eine Compact-Flash-Schnittstelle (CF) hat. Dafür bietet die Industrie

- WLAN-CF-Adapter

an, die in den Compact-Flash-Steckplatz eingeschoben werden. Im Gegensatz zu einer Speicherkarte muss ein WLAN-CF-Adapter jedoch ein Stück weit aus dem CF-Slot herausragen um weitgehend freies Abstrahlen respektive Empfangen von Funkwellen der eingebauten Antenne nicht zu behindern.

Bild 2.11 – WLAN-CF-Adapter wie der D-Link DCF-660w sind die einzige Möglichkeit, einen WLAN-losen PDA in ein Funknetz einzubinden.

2.5 Die WLAN-Gegenstelle

Wenn Sie sich nur an ein bereits bestehendes WLAN anmelden wollen, etwa an einen privaten WLAN-Zugangspunkt in Ihrer Firma oder an einen öffentlichen Zugangspunkt (Wireless Public Hot Spot) in einem Internetcafé, am Flughafen, Bahnhof oder Biergarten, können Sie gleich in Kapitel 3, „WLAN-Adapter installieren", weiterlesen.

Ansonsten benötigen Sie eine Gegenstelle. Diese Gegenstelle kann zwar ebenfalls ein anderer Computer mit WLAN sein – in diesem Fall spricht man von einem Ad-hoc-Netzwerk. In der Regel aber benötigen Sie einen WLAN-Access-Point, der in den meisten Fällen in einem WLAN-Router integriert ist.

Bild 2.12 — WLAN-Access-Points wie der D-Link_DWL-900AP+ arbeiten mit ihrem Ethernet-Anschluss als Brücke zwischen LAN und WLAN. Sie lassen sich ferner zur Vergrößerung der Ausdehnung einer WLAN-Funkzelle einsetzen.

Denn: Ein „nackter" Access Point bringt Sie weder mit einem lokalen Netzwerk in Kontakt noch mit dem Internet. Für den Internetzugang ist in jedem Fall ein so genannter Router erforderlich.

Ein *Router* ist ein Gerät, das wenigstens zwei Netzwerkschnittstellen hat – eine zum Anschluss des Modems (das häufig schon im Gehäuse des Routers integriert ist), das mit dem Internet Service Provider in Verbindung tritt, und eine zweite, die mit dem lokalen Netzwerk in Verbindung steht.

WLAN ~ echt einfach

Eine dritte Schnittstelle kommt hinzu, wenn zum lokalen Netzwerk eine **drahtlose** Schnittstelle bereitsteht. Ein solches Gerät ist ein WLAN-Router. Er stellt die gängigste Form einer WLAN-Vermittlungsstelle dar. Ist auch noch das Modem drin, spricht man von All-in-One-WLAN-Router oder noch verwirrender von WLAN-Modem.

Bild 2.13 ~ WLAN-Router wie der D-Link DI-614+ beherrschen die gängigen Zugangsprotokolle der Internet-Provider. Ihre beiden Antennen dienen der Verbesserung des Empfangs – zum Senden findet dagegen immer nur eine der beiden Antennen Verwendung.

Zusatzoptionen

Neben der Grundfunktion eines WLAN-Routers, nämlich eine Brücke zwischen dem drahtlosen lokalen Netzwerk und dem kabelgebundenen Internetzugang über die Telefonleitung oder einen Kabelanschluss zu schaffen, kommen weitere Ausstattungsmerkmale in Betracht, u. a.

- Ethernet-Switch
- Print-Server
- Firewall
- VPN

Praktisch alle im Markt befindlichen WLAN-Router sind mit einem Ethernet-Switch ausgestattet, der in der Regel vier Kabelanschlüsse aufweist. Ein Switch ist praktisch, wenn Sie per Netzwerkkabel zusätzliche Geräte anschließen wollen, die in der Nähe des WLAN-Routers stehen. So lassen sich beispielsweise in einem

echt einfach ~ **WLAN**

Büro die fest installierten PCs per Kabel mit vernetzen, so dass die Transportleistung des drahtlosen Netzes uneingeschränkt für Notebooks oder PDAs verfügbar ist.

Wichtiger ist indes die Frage, ob Sie auch Ihren Drucker drahtlos erreichen wollen. Dann sollten Sie nach einem WLAN-Router mit Print-Server Ausschau halten.

Um die richtige Kaufentscheidung treffen zu können, müssen Sie prüfen, wie Ihr Drucker am PC angeschlossen ist:

- per Parallel-Port-Kabel oder
- per USB-Kabel.

Aber Vorsicht: Normalerweise stellen Sie den WLAN-Router in der Nähe Ihres Telefonanschlusses auf, weil er ja über die Telefonleitung (genauer: die DSL-Leitung) die Verbindung ins Internet herstellen soll. Ein Druckerkabel ist aber selten länger als zwei Meter. Wenn sich also die Telefonanschlussdose nicht in der Nähe Ihres Schreibtisches oder in der Nähe des Aufstellortes Ihres Druckers befindet, hilft Ihnen ein WLAN-Router mit integriertem Print-Server nicht weiter. Dann sollten Sie sich nach separaten WLAN-Print-Servern erkundigen. Es gibt sie allerdings nur in Form eines WLAN-USB-Drucker-Adapters – aber die meisten Drucker sind heute mit einer USB-Schnittstelle ansteuerbar.

Und noch einmal Achtung!
WLAN-USB-Drucker-Adapter funktionieren **nicht** mit so genannten GDI-Druckern, weil bei diesen Druckertypen die Aufbereitung der Druckseiten im PC erfolgt und nicht im Drucker selbst.

WLAN ~ echt einfach

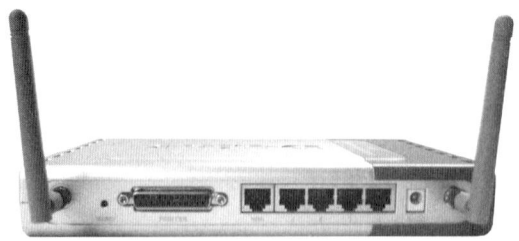

Bild 2.14 – Ein WLAN-Router mit Print-Server D-Link DWL-714+ – links im Bild der Parallel-Port-Anschluss für den Drucker, daneben fünf RJ-45-Buchsen: der WAN-Port zum DSL-Modem und die vier Ethernet-Anschlüsse des integrierten Ethernet-Switches.

2.6 WLAN-Geschwindigkeiten

Kommen wir zum an sich uninteressantesten, aber von den Marketing-Abteilungen der WLAN-Gerätehersteller und der Großflächenmärkte am meisten bemühten Thema – der Geschwindigkeit im WLAN.

Nachrichtentechniker rechnen – anders als Computertechniker – nicht in Byte pro Sekunde, sondern in Bit pro Sekunde (1 Byte = 8 Bit). Ein weiterer Unterschied: Nachrichtenleute rechnen mit echten Zehnerpotenzen (1 Megabit = 1000 Kilobit = 1 Million Bit = 1.000.000 Bit), Computerfritzen mit Zweierpotenzen (1 Megabit = 1024 Kilobit = 1024 * 1024 Bit = 1048576 Bit).

Die Angaben der Hersteller in Megabit pro Sekunde = MBit/s oder mbps beziehen sich immer auf die Bruttodatenmenge, die durch eine Verbindung fließt. Gehen Sie aber ruhig davon aus, dass höchstens die Hälfte davon für Daten zur Verfügung steht – der Rest der so genannten *Bandbreite* wird für Kontroll- und Steuerinformationen benötigt.

Die WLAN-Geschwindigkeiten sind sehr eng an die Standards des amerikanischen Institute of Electrical and Electronics Engineers, Inc. (IEEE) gekoppelt, dessen Arbeitsgruppe 802.11 im Jahr 1997 die erste allgemeinverbindliche Norm verabschiedete: IEEE802.11.

Der Bruttodurchsatz dieser Ur-WLANs lag im Jahr 1997 bei 1 MBit/s und wurde bereits ein Jahr später auf 2 MBit/s verdoppelt.

Anton und Berta und Gustav

So richtig marktgängig wurden WLANs aber erst ab der Version IEEE802.11b, wir nennen sie hier der Einfachheit halber WLAN-B (also Berta), die im Jahr 1999 ihre Markteinführung erlebte und mit 11 MBit/s den Bruttodurchsatz der Ur-WLANs auf das Niveau des alten Ethernet hob (10 MBit/s). WLAN-B arbeitete wie das Ur-WLAN in einem Frequenzband, dessen Nutzung allen und jedem frei steht und das deshalb aus Sicht eines WLAN allerlei Störungen erfährt, etwa durch den Nahbereichsfunk Bluetooth, durch Mikrowellenherde oder Garagentoröffner.

Ein Jahr später kam der Standard IEEE802.11a, kurz: WLAN-A (hier: Anton), der den Bruttodurchsatz auf 54 MBit/s hob, aber anders als WLAN, WLAN-B und WLAN-G (Gustav, s. u.) in einem nicht-lizenzfreien Frequenzband arbeitet. Das 5-GHz-Band nutzt in Bereichen auch das zivile Luftraumüberwachungsradar, weswegen die Regulierungsbehörde für Telekommunikation und Post (RegTP) WLAN-A aufgrund des Fehlens von Schutz- und Regelmechanismen in der Sendeleistung so weit beschnitten hat, dass mit vollem Tempo nur sieben Meter zu überbrücken sind. So war WLAN-A in Deutschland kein Erfolg beschieden. Achtung: Anton kann sich weder mit Berta noch mit Gustav verständigen!

Im Frühjahr 2003 war dann der Standard IEEE802.11g, kurz WLAN-G (sie wissen schon: Gustav) fertig, der die Vorteile von WLAN-A (Geschwindigkeit) mit denen von WLAN-B (dem lizenzfreien Sendebetrieb) kombiniert und heute als Stand der Dinge angesehen wird – weswegen WLAN-G-Geräte heute in den Auslagen zuvorderst zu liegen kommen.

Reichweite und Stabilität bringen mehr als Tempo

Da die meisten Anwender ein WLAN zu Hause als drahtlosen Zugang zum Internet einsetzen, spielt die WLAN-Geschwindigkeit eine kleinere Rolle als gemeinhin angenommen. Denn selbst die schnellste für Otto Normalverbraucher erschwingliche DSL-Verbindung erreicht derzeit einen Durchsatz von höchstens 3 MBit/s. Stand der Dinge ist heute eine DSL-Leitung mit einem Durchsatz von 1 MBit/s.

(Der klassische T-DSL-Zugang bot im *Downstream* genannten „Abwärtsfluss" vom Internet-Provider zum Teilnehmer 768 KBit/s und im *Upstream* genannten „Aufwärtsfluss" zum Internet-Provider 128 KBit/s.)

Daher sollten Sie den **Tempobedarf** an Ihr WLAN nicht überbewerten und sich eher für **Reichweite** und **Stabilität** der Funkverbindung interessieren – und nicht zuletzt für die **Kosten**.

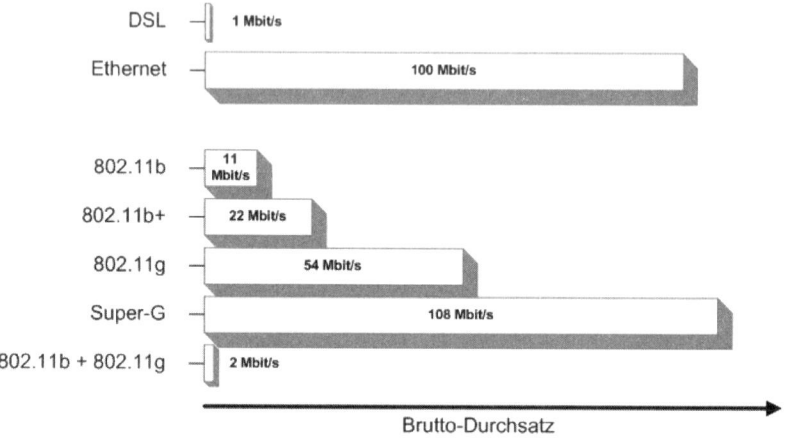

Bild 2.15 – Zum Nutzen eines DSL-Anschlusses genügt bereits ein WLAN gemäß 802.11b. Beachten Sie den beschämend geringen Brutto-Durchsatz beim Mischbetrieb von WLAN-B und WLAN-G.

In WLAN-B-Geräten, mit 60 Millionen Stück am weitesten verbreitet, arbeitet ein weitaus störungssichereres Funkverfahren als in WLAN-G-Geräten. Außerdem überbrückt WLAN-B mit 300 Metern im Freien bei gleicher Sendeleistung die größten Entfernungen und arbeitet selbst durch ein, zwei Wände hindurch noch mit passablem Durchsatz, während WLAN-G schon an der ersten Mauer scheitert und auf Funkstörungen recht empfindlich durch verringerte Übertragungsraten reagiert: Bei Störungen schalten alle WLAN-Geräte stufenweise so lange auf niedrigere Übertragungsraten (54 – 22 – 11 – 5,5 – 2 – 1) herunter, bis die Verbindung wieder stabil arbeitet.

Außerdem „sprechen" heute praktisch alle öffentlichen Zugangspunkte, so genannte *Wireless Public HotSpots*, WLAN-B. Und weil jeder WLAN-G-Zugangspunkt auch WLAN-B spricht, bietet WLAN-B immer noch einige Flexibilität. Nicht zuletzt sind WLAN-B-Geräte sehr preiswert, weil sie nicht mehr als brandneueste Technik vermarktet werden.

WLAN-G ist dann gut, wenn zu Hause eine WLAN-Insel eingerichtet werden soll, aber die Nachteile der geringeren Reichweite und der geringeren Stabilität gegen Störungen nicht ins Gewicht fallen.

Vorsicht ist aber geboten, wenn eine Mischung von WLAN-B- und WLAN-G-Geräten vorliegt. Es ist zwar korrekt, dass WLAN-G-Geräte auch mit WLAN-B-Geräten kommunizieren können – im Fachjargon „abwärtskompatibel" sind. Aber das bedeutet mitnichten, dass die Gustavs munter mit 54 MBit/s und die Bertas mit 11 MBit/s weiter funken würden. Im Mischbetrieb sinkt der Durchsatz **aller** Geräte auf magere 2 MBit/s, und daran wird sich bis zum Eintreffen von WLAN-Geräten der nächsten Generation auch nichts ändern.

Super-Plus-Turbo

Es gibt, wie im Abschnitt „Anton und Berta und Gustav" erläutert, die IEEE-Standards 802.11 in den Spielarten a, b und g, die wir als WLAN-A, WLAN-B und WLAN-G bezeichnet hatten. Hinzu kommen herstellerspezifische Erweiterungen wie

- 11b-Plus oder 11b+
- Turbo-a
- Super-G

Die Plus-Technologie setzt auf dem Standard WLAN-B auf und verdoppelt dessen Durchsatz auf 22 MBit/s, wobei Reichweite und Stabilität gleich bleiben. Außerdem ist der WLAN-B-Plus-Standard Bestandteil von WLAN-G, so dass im günstigsten Fall ein WLAN-B+-Gerät mit einem WLAN-G-Gerät Daten mit 22 MBit/s austauschen kann. Alle WLAN-B+-Geräte können miteinander Daten austauschen, auch wenn sie von verschiedenen Herstellern wie Conceptronic, D-Link, Level One oder U.S. Robotics stammen.

Der Turbo für WLAN-A verdoppelt zwar den Durchsatz auf scheinbar beachtliche 108 MBit/s. Aber zum einen ist schon die WLAN-A-Technologie im Heimbereich wegen ihrer geringen Reichweite von lediglich sieben Metern bei voller Bitrate von 54 MBit/s nicht zu empfehlen, zum anderen müssen in diesem Fall wirklich **alle** Turbo-a-Geräte vom gleichen Hersteller, beispielsweise Lancom Systems, stammen. Also: Finger weg im Heimbereich!

Bleibt der Super-Gustav, der ebenfalls eine Verdoppelung der Bruttodatenrate auf 108 MBit/s verspricht. Aber auch für Super-WLAN-G gilt: Ob Geräte verschiedener Hersteller miteinander „sprechen" können, ist entweder Glückssache oder bedarf intensiver Recherche nach dem darin eingesetzten WLAN-Chip-Satz. Denn wenn der nicht vom gleichen Hersteller wie Atheros, Broadcom oder Texas Instruments stammt und den gleichen Typ aufweist, werden die beteiligten Geräte bestenfalls auf dem kleinsten gemeinsamen Nenner – WLAN-G – zusammenfinden.

Fazit: Wenn Sie nur einen Endgeräte-Adapter kaufen wollen oder sich vorwiegend an öffentliche Zugangspunkte, so genannte Wireless Public Hot Spots anmelden wollen, sollten Sie sich für 802.11b oder 802.11b+ entscheiden. Wenn Sie vornehmlich in den eigenen vier Wänden arbeiten, können Sie sich gerne auch für WLAN-G entscheiden.

Falls Sie beide Standards benötigen, **müssen** Sie WLAN-G nehmen. Allerdings sollten Sie bedenken, dass schon die Inbetriebnahme **eines einzigen WLAN-B-Gerätes** die Geschwindigkeit im gesamten WLAN von theoretischen 54 MBit/s deutlich unter das Tempo von WLAN-B (11 MBit/s) drücken wird.

Wegen der genannten Vorteile Durchsatz, Reichweite, Stabilität, Preis sowie Verträglichkeit mit Gustav arbeiten wir im weiteren Verlauf dieses Buches – wo immer möglich – mit WLAN-B+-Geräten, wie sie beispielsweise die Hersteller D-Link, SMC und U.S. Robotics anbieten.

Wi-Fi und Centrino

Probleme mit der Kompatibilität, also der Verträglichkeit von Geräten verschiedener Hersteller, sind dann nicht zu erwarten, wenn Sie darauf achten, dass die von Ihnen eingesetzten Geräte das Wi-Fi-Logo tragen.

Wi-Fi steht für *Wireless Fidelity* (wörtlich: drahtlose Treue) und klingt nicht ohne Grund wie Hi-Fi, womit in der Welt der Akustik eine Mindest-Klangqualität bezeichnet wird. Die Wi-Fi-Organisation sorgt mit umfangreichen Tests (jeder mit jedem) dafür, dass WLAN-Geräte verschiedener Hersteller, Typen und Modelle zusammenarbeiten können, egal, ob es sich dabei um WLAN-Zugangspunkte oder WLAN-Endgeräte-Adapter handelt.

Bild 2.16 – Die Wi-Fi ist eine Organisation, die mit der Vergabe von Zertifikaten dafür sorgt, dass Geräte verschiedener Hersteller miteinander Daten austauschen können.

Aber Achtung: Auch beim Wi-Fi-Logo müssen Sie noch darauf achten, für welche Art WLAN es vergeben wurde – Anton, Berta oder Gustav.

Centrino ist dagegen ein Markenname der Firma Intel, der seinerseits eine Art Industrienorm darstellt. Dabei geht es aber weniger um herstellerübergreifendes Zusammenarbeiten von WLAN-Geräten, sondern ums Vermarkten eigener Technologie. Denn ein Centrino-Logo erhalten nur solche Notebooks, in denen ein Centrino-WLAN-Adapter der Firma Intel arbeitet, ein Intel-Chipsatz für den internen Datenfluss im Notebook sorgt und in denen auch der Prozessor von Intel stammt.

Waren die ursprünglichen Centrino-Geräte ausschließlich WLAN-B-kompatibel, bietet Intel seit Mitte 2004 die Centrino-Technologie ebenfalls mit WLAN-G an.

WLAN ~ echt einfach

Bild 2.17 ~ Das Centrino-Logo ist eine Marke der Firma Intel, die diese Auszeichnung nur solchen Notebooks gewährt, die auch ansonsten mit Intel-Komponenten – etwa einem Pentium-M-Prozessor – ausgestattet sind.

Zwar hat Intel ebenfalls ein Zertifizierungsprogramm aufgelegt. Dieses soll aber lediglich sicherstellen, dass drahtlose öffentliche Zugangspunkte mit Centrino-Endgeräten kommunizieren können.

Nur ein Wi-Fi-Logo stellt indes – Centrino-Zertifizierung hin oder her – sicher, dass auch Centrino-Notebooks mit anderen WLAN-Geräten wie WLAN-Routern zurechtkommen.

WLAN-Adapter installieren

Das erfahren Sie in diesem Kapitel:
- Welche Anschlussarten für WLAN-Adapter es gibt.
- Installation eines WLAN-Cardbus-Adapters.
- Installation eines WLAN-USB-Adapters.
- Installation eines WLAN-Ethernet-Adapters.
- Konfigurieren eines WLAN-Adapters.

Im vorangegangenen Kapitel haben Sie erfahren, dass es sehr verschiedenartige WLAN-Geräte gibt. Für Endgeräte das Wichtigste ist der WLAN-Adapter, eine drahtlose Netzwerkkarte, die Ihren PC oder Ihr Notebook in ein Funknetz integriert.

Ferner haben Sie gesehen, dass es nicht nur „den einen" WLAN-Adapter gibt, sondern dass für die unterschiedlichen Schnittstellen des Computers wie PCI, Cardbus/PCMCIA, USB oder Ethernet verschiedene Ausführungen existieren. Dank dieser Vielfalt lässt sich nahezu jeder Computer in ein drahtloses Netzwerk einbinden.

Sie haben erfahren, dass Sie bei Wahl der richtigen Bauform nicht einmal Ihren Computer öffnen müssen, um ihn drahtlos ins Netz zu integrieren, und Sie haben gelernt, dass Sie für den drahtlosen Zugang zum Internet einen WLAN-Router plus DSL/Kabel-Modem oder einen so genannten All-in-One-WLAN-Router benötigen.

Also beginnen wir mit der Installation des Client-Adapters, der Ihr Notebook respektive Ihren PC zum drahtlosen Datenaustausch befähigt.

3.1 Installation ohne Kopfzerbrechen

Die Installation der Hardware – für viele eine leidige Pflichtübung – kann die entscheidende Phase sein, die über die Qualität der späteren Netzwerkverbindung entscheidet. So können falsche Treiber Ursachen für Störungen oder gar Totalausfälle sein. Selbst die Sicherheit des Computers ist maßgeblich von dieser Phase betroffen. Sollten Sie sich nämlich auf steinalte Firmware und Treiber-Software verlassen, kann es sein, dass bereits erkannte Sicherheitslücken noch offen sind.

Nun ist es an der Zeit, die Geräte aus der Verpackung zu nehmen und in den Computer einzubauen oder an ihn anzustecken. Je nachdem, wie Ihr Betriebssystem konfiguriert ist, werden Sie möglicherweise die MS-Windows XP-Installations-CD-ROM benötigen. Sie sollten diese deshalb vorsorglich bereitlegen. In den meisten Fällen werden Sie mit dem Inhalt des WLAN-Adapter-Sets die Installation problemlos durchführen können.

Bild 3.1 – In der Regel benötigen Sie nichts weiter als das, was mit dem WLAN-Adapter geliefert wird. In wenigen Ausnahmefällen – insbesondere dann, wenn Sie ein älteres Betriebssystem als Windows XP verwenden – sollten Sie vorsorglich die Windows-Installations-CD bereitlegen.

In unseren Schritt-für-Schritt-Anleitungen beschränken wir uns auf Computer, auf denen als Betriebssystem Microsoft Windows XP läuft. Sinngemäß lassen sich die Erklärungen auch auf andere Windows-Betriebssysteme übertragen, wobei die jeweiligen Konfigurationsdialoge jedoch anders aussehen können.

> **Hinweis**
> Als WLAN-Hardware setzen wir in diesem Buch WLAN-B-Plus-Produkte von D-Link ein. Sie sind abwärtskompatibel zu WLAN-B und aufwärtskompatibel zu WLAN-G. WLAN-B-Plus-Adapter erreichen zwar mit 22 MBit/s nicht die WLAN-G-Datenrate von 54 MBit/s, arbeiten jedoch sehr stabil und über weitaus größere Entfernungen. Der WLAN-G-Durchsatz sinkt mit zunehmender Entfernung und durch Hindernisse drastisch.

3.2 Sonderfall integrierter WLAN-Adapter

Keineswegs unwahrscheinlich ist es, dass in Ihrem Notebook oder PC bereits ein WLAN-Adapter integriert ist. Dann können Sie sich die Lektüre dieses Kapitels sparen und gleich mit der Konfiguration Ihres Netzwerks fortfahren.

Bild 3.2 ~ Das Logo der Wi-Fi-Allianz bürgt für herstellerübergreifende Kompatibilität von WLAN-Komponenten.

Wireless LAN-Adapter sind insbesondere in vielen neuen Notebooks zu finden – dann steht auf ihrer Ausstattungsliste sinngemäß Wi-Fi- oder Centrino-kompatibel (s. Abschnitt 2.6). Moderne stationäre Computer sind dagegen noch selten mit einem WLAN-Adapter, wohl aber mit einer Fast-Ethernet-NIC ausgestattet.

Bild 3.3 ~ Das Centrino-Logo von Intel dürfen nur solche Notebooks tragen, in denen Prozessor, Chipsatz und Funkelektronik von Intel stammen – es ersetzt das Wi-Fi-Logo nicht.

3.3 Treiber-Installation

Die Einrichtung Ihres WLAN-Adapters beginnt immer mit der Treiber-Installation. Treiber sind Programme und Dateien, die in das Betriebssystem eingebunden werden und die Funktion der neuen Hardware steuern. WLAN-Adapter benötigen gleichfalls solche Treiber, die üblicherweise auf einer CD mitgeliefert sind und –

Plug & Play zum Trotz – in der Regel installiert werden sollten, **bevor** die Hardware in den PC eingebaut oder angesteckt wird. Zwar liefert Microsoft in Windows XP für viele Computer- und Netzwerkkomponenten bereits Treiberdateien mit, doch sollten Sie es darauf nicht ankommen lassen. Sicherer ist es, diese Daten von der mitgelieferten CD zu installieren und nach Abschluss der WLAN-Einrichtung auf der Website des Herstellers nach Aktualisierungen zu suchen.

Sie werden im Verlauf der Lektüre dieses Abschnittes erkennen, dass es durchaus sinnvoll ist, sich mit den Details während des Installationsablaufes näher auseinander zu setzen. Im einfachsten Fall dauert das hier beschriebene Prozedere nur wenige Minuten – einschließlich des fast immer erforderlichen Computerneustarts.

Allerdings wollen Sie Ihre(n) Computer ja nicht nur möglichst schnell, sondern auch möglichst sicher in ein WLAN einbinden. Sicherheit ist generell bei drahtlosen Netzen wichtig. Diesem Thema ist deshalb ein eigenes Kapitel gewidmet.

Das Startmenü der Treiber-CD

Die Treiber-CDs der in diesem Buch in der Praxisanleitung verwendeten WLAN-Client-Komponenten von D-Link ähneln sich so sehr, dass wir uns darauf beschränken können, die Einrichtungsprozedur beispielhaft anhand des Cardbus-Adapters DWL-650+ von D-Link durchzugehen. Die USB- und PCI-Varianten zeigen zwar andere Bilder und enthalten andere Treiber, die Vorgehensweise ist indes immer die gleiche. Eine Ausnahmerolle spielt der WLAN-Ethernet-Adapter: Als reinrassiges Netzwerkgerät kommt er – anders als die Adapter für die Bus-Systeme USB, PCI oder Cardbus – zwar ganz ohne Treiber aus, erfordert jedoch einen betriebsbereiten Netzwerkanschluss an Ihrem PC oder Notebook und etwas Konfigurationsarbeit an demselben. Was Sie dazu wissen müssen, lesen Sie im Abschnitt „WLAN-Ethernet-Adapter installieren".

▶ Legen Sie die Treiber- respektive Installations-CD-ROM in das CD-Laufwerk Ihres Computers ein.

In den meisten Fällen startet das Setup-Programm automatisch. Ist dies nicht der Fall, müssen Sie das Autostart-Programm manuell von der CD-ROM starten oder die Autostart-Funktion für das Laufwerk aktivieren.

WLAN ~ echt einfach

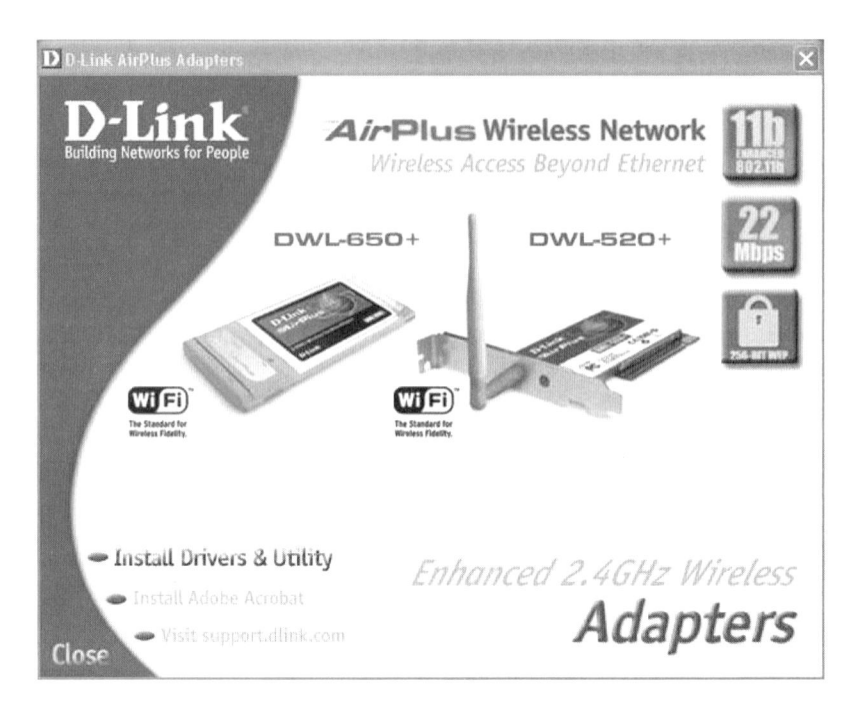

Bild 3.4 ~ Nach dem Einlegen der Treiber-CD öffnet sich das Installationsmenü für den WLAN-Cardbus-Adapter DWL-650+ respektive dessen PCI-Pendant DWL-520+ von D-Link.

Unabhängig davon, ob es automatisch oder manuell von der CD-ROM gestartet wurde, ist nun das Setup-Menü für den D-Link-WLAN-Adapter eingeblendet. Es stehen insbesondere drei Menüpunkte zur Auswahl:

- INSTALL DRIVERS & UTILITY
- INSTALL ADOBE ACROBAT
- VISIT SUPPORT.DLINK.COM

Darüber hinaus zeigt das Startmenü eine Schaltfläche zum Beenden (CLOSE), und für den Aufruf des Manuals klicken Sie auf das Symbol des Gerätes, das Sie verwenden. Es ist zu beachten, dass die Menüstruktur natürlich bei anderen Modellen variieren kann.

Dokumentationen

Sollte der Acrobat Reader™ noch nicht auf Ihrer Festplatte installiert sein, können Sie dies mit einem Klick auf den zweiten Menüpunkt nachholen. Dieses Programm benötigen Sie zur Lektüre der Dokumentation, denn das kleine Handbuch, das Sie im Lieferumfang des WLAN-Adapters finden, enthält lediglich einfache Installations- und Konfigurationshinweise. Das Manual auf der CD-ROM ist wesentlich ausführlicher, auch wenn es leider nur in englischer Sprache vorliegt.

Aktuelle Treiber und Hilfe

Selbst wenn Sie diesen Schritt erst am Ende der Netzwerkeinrichtung durchführen können: Der Besuch der Support-Website lohnt sich meist, denn dort finden Sie für Ihren WLAN-Adapter die jeweils aktuellsten Treiberdateien, Zusatz-Software und problembezogene Informationen – etwa zu Modifizierungen des jeweiligen Betriebssystems. Möglicherweise überdauert Ihr WLAN-Adapter ja mehrere Betriebssystem-Generationen. Entsprechende Downloads von der Support-Seite des Herstellers halten Ihren WLAN-Treiber stets auf dem neuesten Stand der Technik.

Und wenn Sie mit der Installation und dem Betrieb Ihres WLAN-Adapters Probleme haben sollten, hilft Ihnen womöglich die umfangreiche Liste der *Frequently Asked Questions (FAQ)*, zu Deutsch: der „häufig gestellten Fragen", weiter. Bedenken Sie, dass sowohl dieses Buch als auch ein Schnelleinstieg niemals alle Eventualitäten erfassen kann, die den Zustand eines Computers betreffen. Es genügt ein fehlerhafter Treiber eines anderen Gerätes, um die Funktion des gesamten Systems zu beeinflussen.

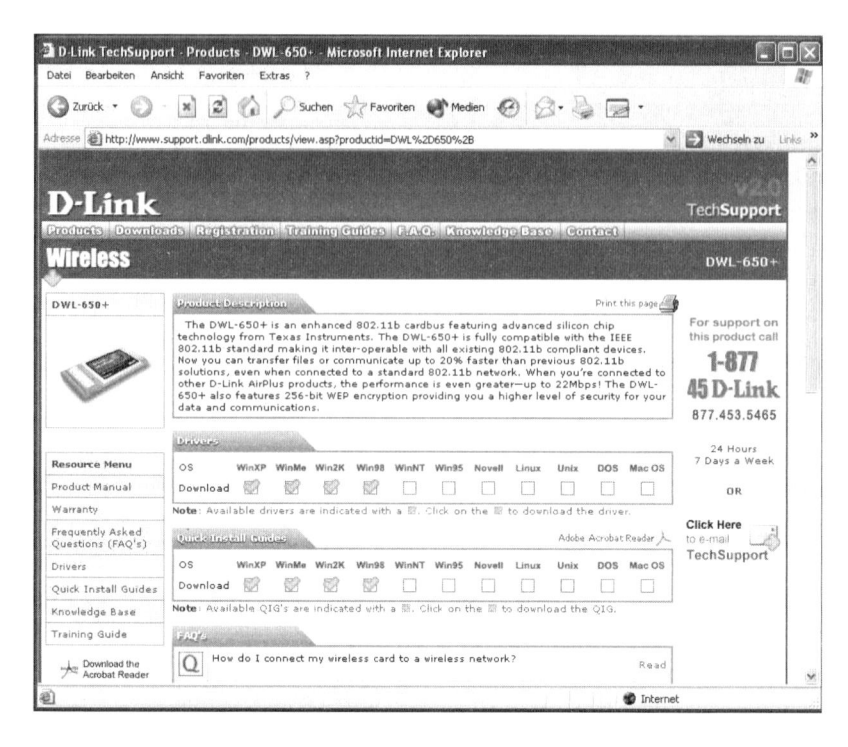

Bild 3.5 ~ Die besten Ergebnisse erzielen Sie mit den aktuellsten Treibern, die Sie neben Antworten auf häufig gestellte Fragen (FAQ) auf der Support-Seite des Herstellers finden.

Installation der Treiber

1 Klicken Sie den Menüpunkt INSTALL DRIVERS & UTILITY an.

Beginnen wir nun, nachdem wir uns im Installationsmenü ein wenig umgesehen haben, mit der eigentlichen Installation der Treiber-Dateien auf dem Computer. Mit einem Klick auf INSTALL DRIVERS & UTILITY öffnet sich wie üblich ein *Installations-Wizard*.

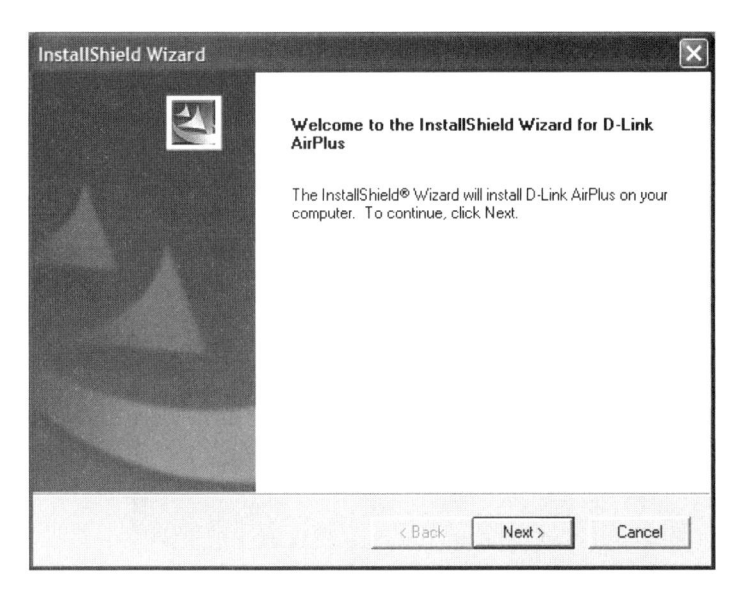

Bild 3.6 ~ Bei der Einrichtung der Treiberdateien hilft Ihnen ein Installationsassistent.

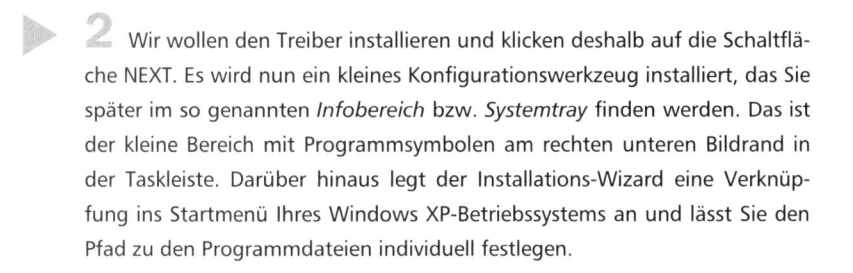

▶ **2** Wir wollen den Treiber installieren und klicken deshalb auf die Schaltfläche NEXT. Es wird nun ein kleines Konfigurationswerkzeug installiert, das Sie später im so genannten *Infobereich* bzw. *Systemtray* finden werden. Das ist der kleine Bereich mit Programmsymbolen am rechten unteren Bildrand in der Taskleiste. Darüber hinaus legt der Installations-Wizard eine Verknüpfung ins Startmenü Ihres Windows XP-Betriebssystems an und lässt Sie den Pfad zu den Programmdateien individuell festlegen.

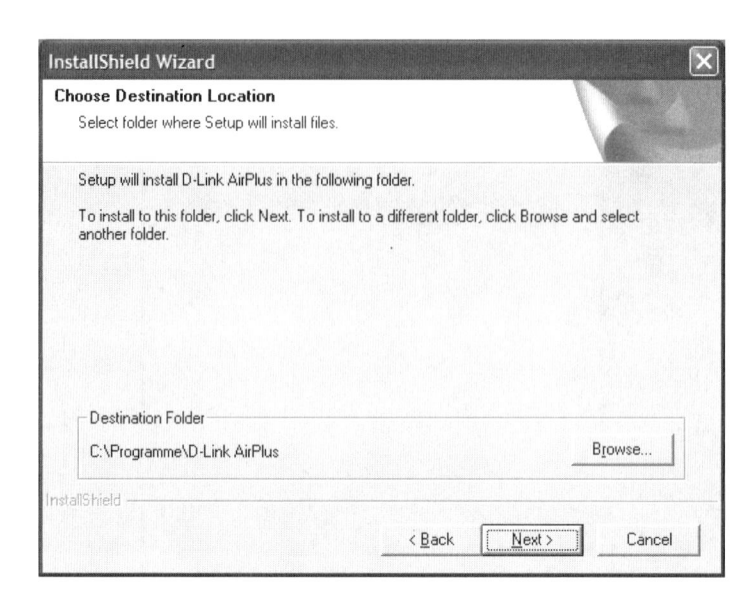

Bild 3.7 — Der Installations-Wizard schlägt Ihnen vor, die Treiberdateien in das Verzeichnis *D-Link AirPlus* unter *C:\Programme* zu kopieren.

▶ 3 Passen Sie den Installationspfad an.

Sollten an Ihrem Computer mehr als eine Person arbeiten, so empfiehlt es sich, aus Sicherheitsgründen einen Pfad zu verwenden, der lediglich dem Administrator zugänglich ist. Der Administrator heißt in diesem Beispiel „verwalter". Darüber hinaus ist auf dem in diesem Beispiel gezeigten Computer noch ein eingeschränkter User definiert. Damit nur der „verwalter" den WLAN-Adapter konfigurieren kann, wählen wir den Pfad:

C:\Dokumente und Einstellungen\verwalter\Startmenü\Programme

Wenn Sie einen anderen Benutzernamen für den Verwalter Ihres Computers vergeben haben, beispielsweise „Administrator", müssen Sie diesen anstelle von „verwalter" eintragen.

echt einfach ~ **WLAN**

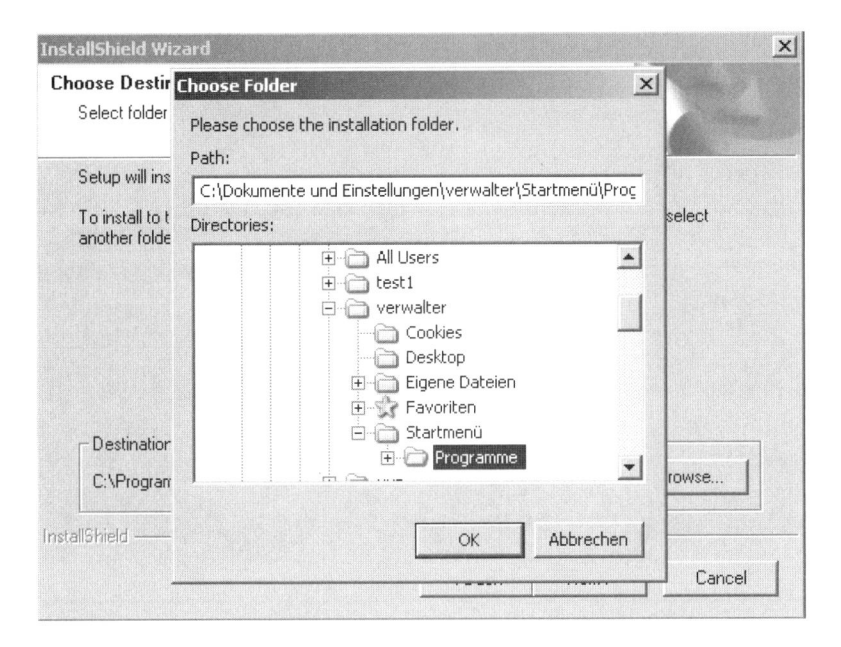

Bild 3.8 – Anstelle des vom Installations-Wizard vorgegebenen Standard-Pfades empfiehlt es sich aus Sicherheitsgründen, den Eintrag im Startmenü so zu definieren, dass dieser nur dem Administrator des Computers zur Verfügung steht. Mit diesen Einstellungen bleibt das WLAN-Konfigurationswerkzeug eingeschränkten Benutzern später zwar nicht verborgen, jedoch können sie es nicht starten.

▶ **Unfug verhindern**

Die WLAN-Installation mit Administratorrechten unter Windows XP verhindert zuverlässig, dass die WLAN-Einrichtung versehentlich oder absichtlich verändert werden kann: Anwender mit eingeschränkten Rechten können das Konfigurationsprogramm zwar finden, aber nicht benutzen.

WLAN ~ echt einfach

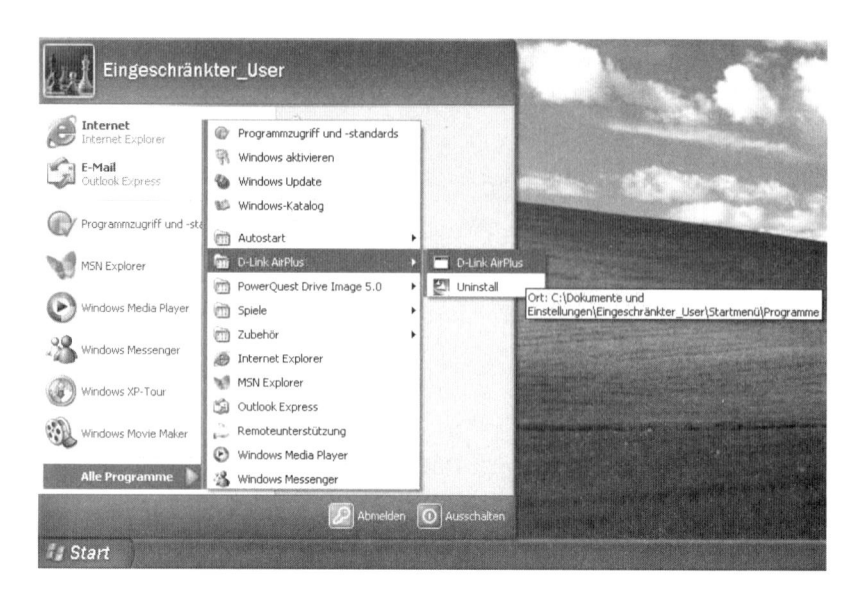

Bild 3.9 — Mit diesen Einstellungen bleibt das WLAN-Konfigurationswerkzeug eingeschränkten Benutzern später zwar nicht verborgen, ...

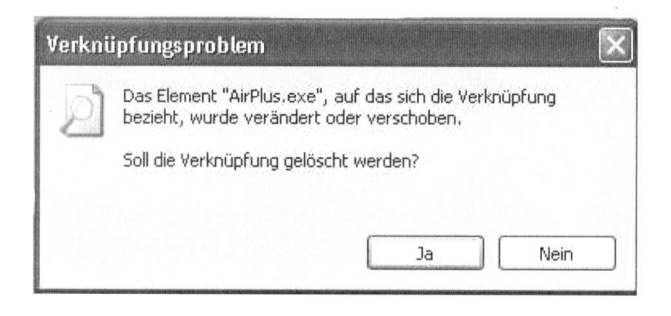

Bild 3.10 — ... sie können es jedoch nicht starten.

Es empfiehlt sich, die Verknüpfung D-LINK AIRPLUS aus dem Startmenü zu löschen.

▶ 4 Klicken Sie dazu mit der rechten Maustaste auf den Eintrag und wählen Sie den Befehl LÖSCHEN.

echt einfach ~ **WLAN**

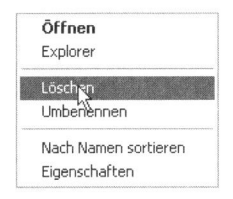

Bild 3.11 – Mit Hilfe der rechten Maustaste entfernen Sie überflüssige Einträge im Startmenü und in dessen Unterordnern.

▶ 5 Starten Sie den Computer neu.

Nach der Installation des Treibers fordert Sie der Installations-Wizard dazu auf, den Computer neu zu starten. Allerdings sollten Sie dieser Aufforderung nicht blind folgen, sondern erst nachdenken, ob noch irgendwelche Dateien geöffnet sind, die zuvor gespeichert werden müssen. Starten Sie den Rechner erst dann neu.

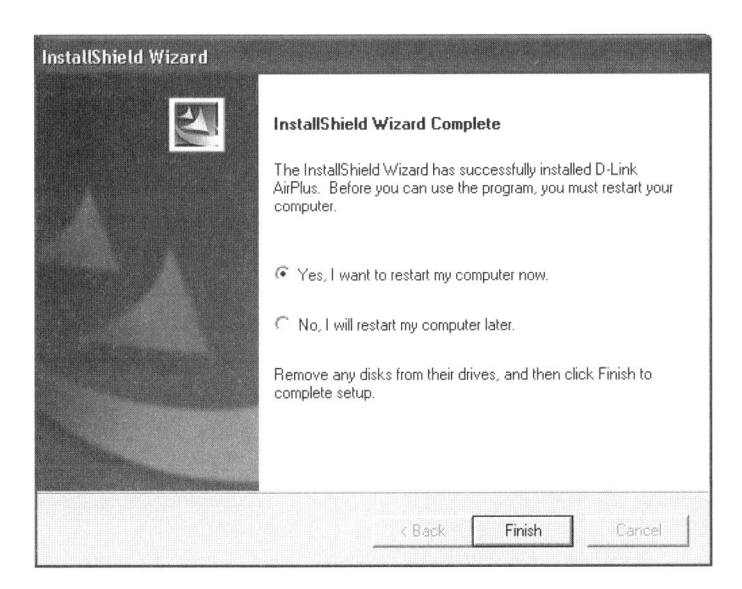

Bild 3.12 – Nach der Treiberinstallation müssen Sie den Rechner neu starten.

Während der Neustartphase des Computers können Sie nun bereits den WLAN-Adapter bereitlegen. Dessen Anschluss wird Thema des nächsten Abschnittes sein.

3.4 WLAN-Hardware anschließen

Der erste Teil der Installation des WLAN-Adapters – die Installation der Treibersoftware – ist abgeschlossen. Sie verläuft in ähnlicher Weise für alle WLAN-Adapterarten.

Nun müssen Sie die Hardware mit dem Computer verbinden. Das ist dank der standardisierten und vor allem sehr kleinen externen Schnittstellen wie USB oder unauffälligen Einschublösungen wie dem Cardbus-Slot kein größeres Problem.

Wir betrachten hier die drei häufigsten Fälle:

- WLAN-Cardbus-Adapter
- WLAN-USB-Adapter
- WLAN-Ethernet-Adapter

PC-Cardbus-Adapter einrichten

1 Wenn nach der Installation der Treibersoftware der Computer heruntergefahren ist, schieben Sie den WLAN-Adapter in den Cardbus-Slot Ihres Notebooks hinein. Führen Sie die Karte mit Daumen und Zeigefinger ein und bringen Sie sie mit sanftem Daumendruck zum Anschlag. Das war es auch schon. Aus dem Slot ragt nun die in Kunststoff gefasste Antenne.

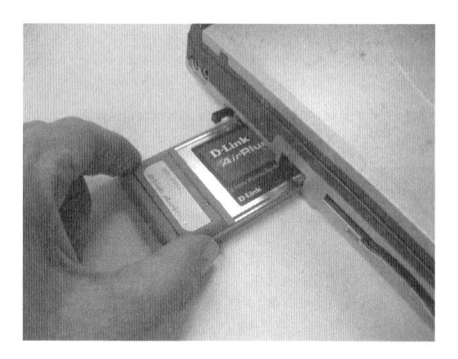

Bild 3.13 – Fast narrensicher: Der Einschub eines WLAN-Cardbus-Adapters in den PCMCIA-Slot des Notebooks. Anschließend ragt nur mehr die Antenne heraus.

▶ **2** Starten Sie den Computer neu. Nach dem Hochfahren meldet der Computer in der Statusleiste am unteren Bildrand, dass er neue Hardware gefunden hat.

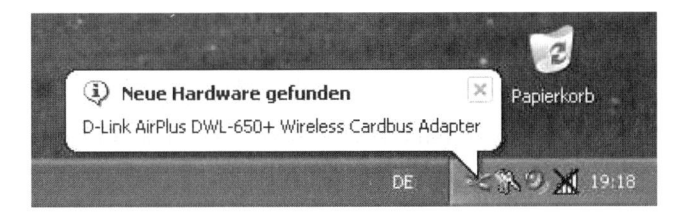

Bild 3.14 – Nach dem Neustart meldet der Computer, dass er die neue Hardware D-Link AirPlus DWL-650+ gefunden hat.

▶ **3** Legen Sie die Treiber-CD bereit. Unmittelbar nach dem Einsetzen des Cardbus-Moduls reagiert der Computer und erkennt – dank vorher installiertem Treiber – die neue Hardware korrekt. Jetzt benötigt er noch weitere Dateien, so dass Sie die Installations-CD-ROM bereithalten sollten.

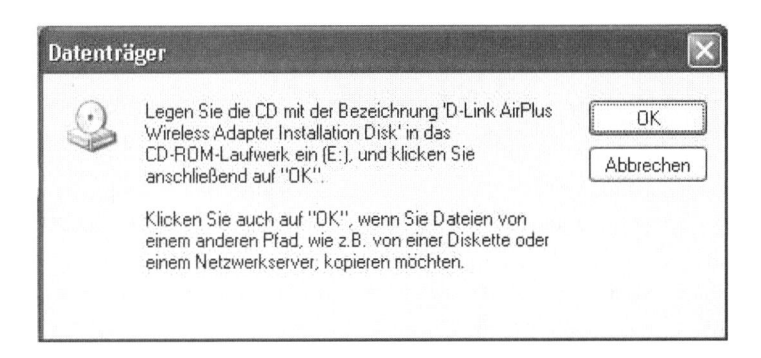

Bild 3.15 – Um die Erstinstallation abschließen zu können, benötigt der Computer noch einmal die Treiber-CD-ROM des Herstellers.

Nun ist der WLAN-Cardbus-Adapter betriebsbereit und braucht nur noch für den Betrieb im WLAN konfiguriert zu werden.

Wenn Sie eine drahtlose Direktverbindung zu einem anderen Computer herstellen wollen, lesen Sie bitte in Kapitel 4, „Ad-Hoc-Netzwerk", weiter. Wollen Sie Ihren

Computer drahtlos mit einem Netzwerk verbinden, lesen Sie bitte in Kapitel 5, „WLAN-Infrastruktur", weiter.

WLAN-USB-Adapter anschließen

Einen WLAN-USB-Adapter schließen Sie ebenso einfach an wie einen WLAN-Cardbus-Adapter. Der USB-Adapter ist klein wie ein Schlüsselanhänger – eine Platz sparende Alternative zum WLAN-Cardbus-Adapter.

> **USB-Bremse**
>
> Ein USB-Anschluss der Version 1.1 setzt mit seinem auf 12 MBit/s beschränkten Durchsatz einem 22 MBit/s schnellen WLAN-USB-Adapter rechnerseitig Grenzen – zumal sich alle am USB angeschlossenen Geräte diese Bandbreite teilen müssen. USB 2.0 bietet mit 480 MBit/s genug Reserven.

Allerdings darf auch der Vorzug eines Cardbus-Moduls in der D-Link-WLAN-Serie nicht verschwiegen werden: Das Cardbus-Modul unterstützt im Gegensatz zum USB-Adapter die 22 MBit/s-Übertragungstechnologie. Das hängt mit den begrenzten Geschwindigkeiten der USB 1.1-Schnittstelle zusammen. Wie bereits erwähnt, können maximal 12 MBit/s gefahren werden. Diese Geschwindigkeit müssen sich die angeschlossenen Geräte teilen.

▶ **1** Legen Sie die Treiber-CD Ihres WLAN-USB-Adapters in das CD-Laufwerk Ihres PCs ein. Normalerweise öffnet sich automatisch das Startmenü der CD.

▶ **2** Die Einrichtung des USB-WLAN-Adapters beginnt wieder mit der Installation der Treibersoftware. Klicken Sie auf den Menüpunkt INSTALL DRIVER.

echt einfach ~ **WLAN**

Bild 3.16 — Die Einrichtung des USB-WLAN-Adapters beginnt mit der Installation der Treibersoftware.

▶ 3 Folgen Sie den Anweisungen am Bildschirm – sie unterscheiden sich nicht wesentlich von denen, die Ihnen im Zusammenhang mit der Installation des WLAN-Cardbus-Adapters begegnet sind.

▶ 4 Starten Sie den Computer neu.

▶ 5 Stecken Sie nach dem Neustart des Computers den kleinen WLAN-USB-Adapter an den USB-Anschluss des Computers an. Ziehen Sie dazu die kleine Schutzkappe vom WLAN-USB-Adapter ab und verbinden Sie ihn entweder direkt oder mit Hilfe des mitgelieferten Verlängerungskabels mit der USB-Schnittstelle des Computers.

WLAN ~ echt einfach

Bild 3.17 – Den WLAN-USB-Adapter stecken Sie an der USB-Buchse des Computers an. Anschließend werden noch einige Dateien von der Treiber-CD-ROM installiert.

Kabel trotz WLAN

Der Sinn des Verlängerungskabels ist für den technischen Laien meist nicht direkt erkennbar. Ist doch – zumindest für die Vernetzung der Computer – der überragende Vorteil der WLAN-Technologie die Unabhängigkeit von Kabeln. Allerdings entscheiden der Aufstellungsort und die Ausrichtung der Antenne über die maximal erreichbare Geschwindigkeit und die maximal überwindbare Distanz der Funkstrecke. Wenn Ihr Computer unter dem Schreibtisch steht, sollten Sie den WLAN-USB-Adapter mit dem Kabel anschließen und ihn über dem Schreibtisch platzieren – dort findet er weitaus bessere Sende- und Empfangsbedingungen vor.

USB-Brecher Notebook im Bett

Sollten Sie es lieben, sich mit Ihrem Notebook gemütlich aufs Bett zu fläzen, laufen Sie Gefahr, den USB-Stecker abzubrechen. Verwenden Sie in diesem Fall ebenfalls besser das USB-Verlängerungskabel.

echt einfach ~ **WLAN**

Bild 3.18 — Den USB-Adapter können Sie direkt am Notebook anstecken ...

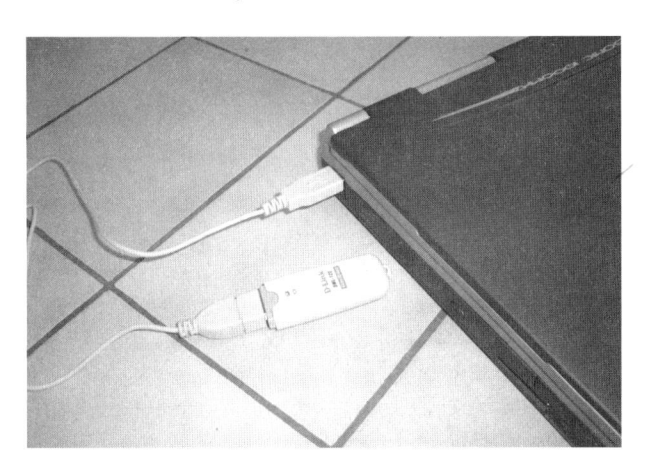

Bild 3.19 ~ ... oder am Verlängerungskabel, um ihn an einem funktechnisch besseren Ort zu platzieren.

▶ 6 Warten Sie ab, bis der PC die restlichen Dateien kopiert hat.

Nachdem Sie den USB-WLAN-Adapter an den Computer angesteckt haben, installiert der Computer noch einige Dateien von der Treiber-CD-ROM.

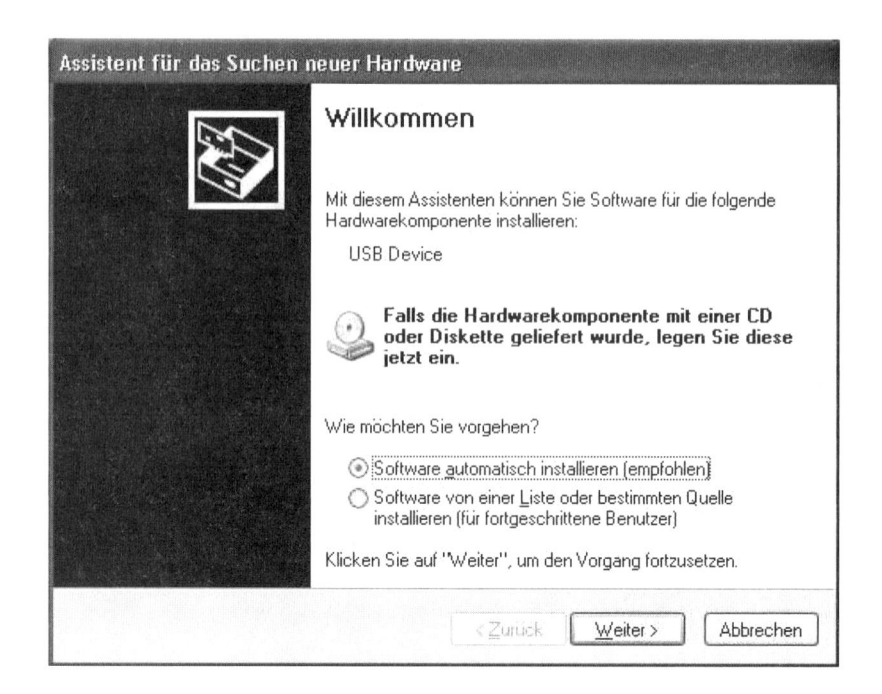

Bild 3.20 – Einige Programmteile müssen auch bei einem WLAN-USB-Adapter nach dem erstmaligen Anschluss der Hardware nachinstalliert werden.

Es meldet sich eine kleine Auswahlbox, in der Sie die richtige Programmversion wählen müssen – konkret: Achten Sie darauf, dass Sie das richtige Betriebssystem wählen. Installieren Sie den Adapter beispielsweise auf einem Computer mit Windows XP, muss in der Spalte ORT im Pfade *winxp* zu finden sein. In diesem Fall ist also der zweite Eintrag korrekt.

echt einfach ~ **WLAN**

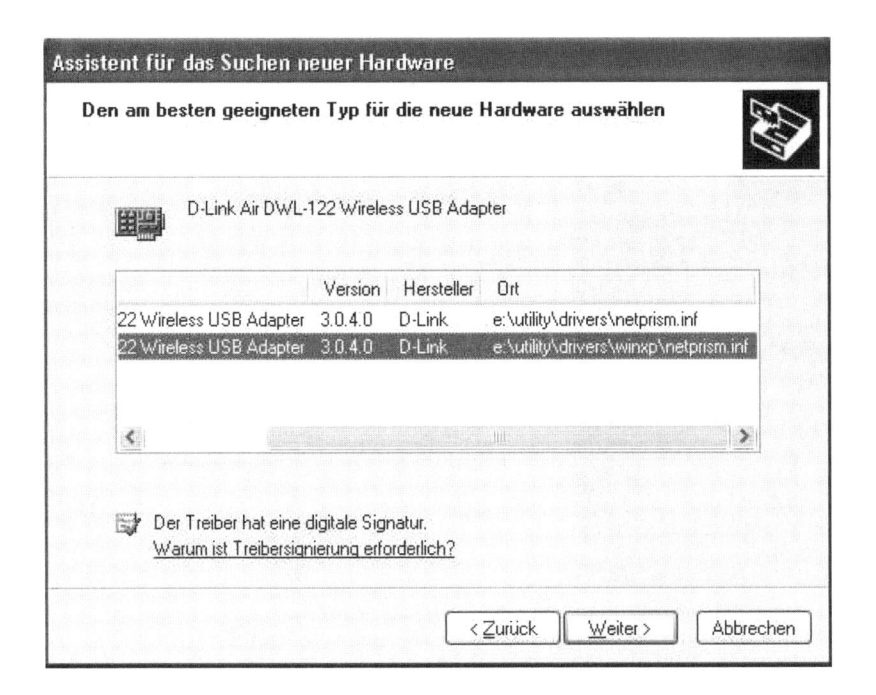

	Version	Hersteller	Ort
22 Wireless USB Adapter	3.0.4.0	D-Link	e:\utility\drivers\netprism.inf
22 Wireless USB Adapter	3.0.4.0	D-Link	e:\utility\drivers\winxp\netprism.inf

Bild 3.21 — Wichtig: Sie müssen die zum Betriebssystem passende Treiberversion wählen.

> **Treibersignatur**
> Der Hinweis auf die Signatur des Treibers besagt übrigens, dass dieser Treiber für den Einsatz im jeweiligen Betriebssystem von Microsoft zertifiziert wurde. Im Klartext heißt das für den Anwender, dass mit diesem Treiber keine Störungen des Systems zu erwarten sind. Natürlich besagt diese Signatur nicht, dass der Treiber reibungslos mit unzertifizierter Software kooperiert.

▶ 7 Das war auch für's Erste alles. Schließen Sie die Einrichtung des WLAN-USB-Adapters mit einem Klick auf die Schaltfläche FERTIG STELLEN ab.

WLAN ~ echt einfach

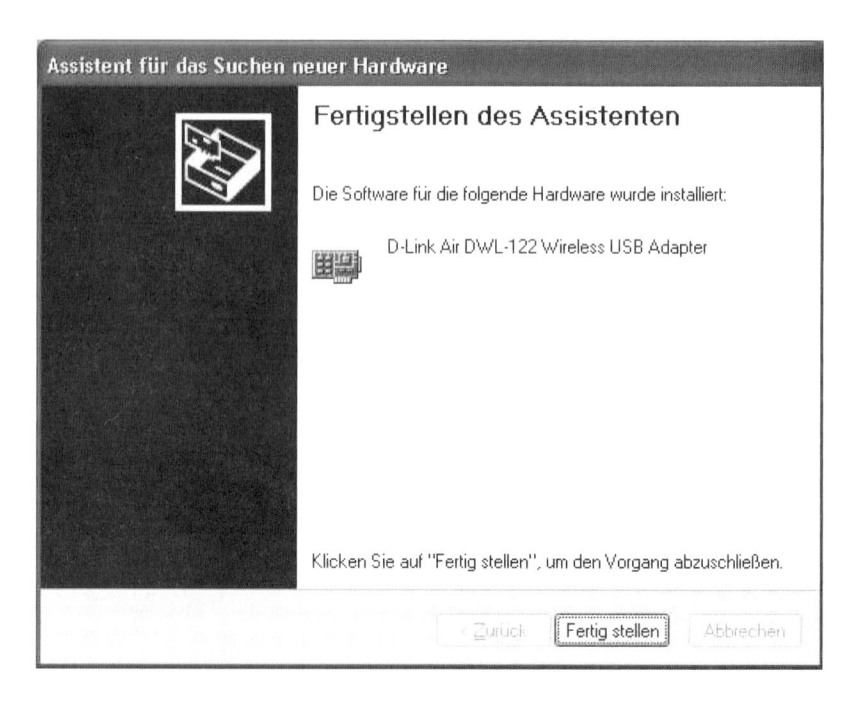

Bild 3.22 — Die Installation der Hardware ist abgeschlossen. Jetzt können Sie mit der Konfiguration des Netzwerkes beginnen.

Wie bereits beim WLAN-Cardbus-Adapter beschrieben, müssen Sie nun das Funknetz noch konfigurieren – worauf Sie das Icon im Infobereich der Taskleiste aufmerksam macht. Es weist mit einer kleinen „Sprechblase" darauf hin, dass der WLAN-Adapter noch keine Verbindung zu einem anderen Netzwerk hat.

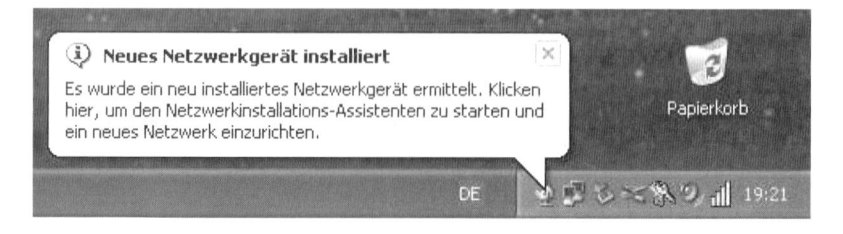

Bild 3.23 — Diese kleine Sprechblase des Systemtray-Icons weist darauf hin, dass noch weitere Konfigurationen erforderlich sind.

Wenn Sie eine drahtlose Direktverbindung zu einem anderen Computer herstellen wollen, lesen Sie bitte in Kapitel 4, „Ad-Hoc-Netzwerk", weiter. Wollen Sie Ihren Computer drahtlos mit einem Netzwerk verbinden, lesen Sie bitte in Kapitel 5, „WLAN-Infrastruktur", weiter.

WLAN-Adapter sicher entfernen

Cardbus- und USB-Anschlüsse haben den Vorteil, dass Sie die Hardware selbst während des laufenden Betriebes einsetzen oder wieder entfernen können. Beachten Sie dazu den Infobereich (Systemtray).

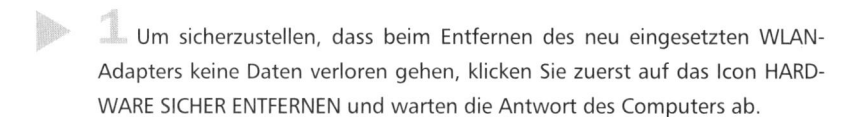

▶ **1** Um sicherzustellen, dass beim Entfernen des neu eingesetzten WLAN-Adapters keine Daten verloren gehen, klicken Sie zuerst auf das Icon HARDWARE SICHER ENTFERNEN und warten die Antwort des Computers ab.

Bild 3.24 ~ Um einen etwaigen Datenverlust zu vermeiden, sollten Sie den WLAN-Cardbus-Adapter erst dann während des laufenden Betriebes aus dem Notebook ziehen, nachdem Sie auf das Systemtray-Icon HARDWARE SICHER ENTFERNEN geklickt haben.

▶ **2** Wählen Sie in der sich öffnenden Dialogbox dasjenige Gerät aus, das Sie entfernen wollen.

WLAN ~ echt einfach

> **Hardware sicher entfernen**
>
> Wählen Sie das Gerät aus, das Sie entfernen möchten, und klicken Sie auf "Beenden". Sie erhalten eine Benachrichtigung, wenn Sie das Gerät sicher entfernen können.
>
> Hardwarekomponenten:
>
> D-Link AirPlus DWL-650+ Wireless Cardbus Adapter
>
> D-Link AirPlus DWL-650+ Wireless Cardbus Adapter an PCI-Bus 65, Gerät 0, Funktion 0
>
> [Eigenschaften] [Beenden]
>
> ☐ Gerätekomponenten anzeigen
>
> [Schließen]

Bild 3.25 ~ Um die Hardware störungsfrei aus dem System zu entfernen, wird sie markiert und mit der Schaltfläche BEENDEN deaktiviert. Jetzt kann das Modul gezogen werden.

▶ **3** Nun können Sie das WLAN-Modul selbst während des laufenden Computerbetriebes aus dem Cardbus-Slot ziehen.

▶ **4** Wenn Sie den WLAN-Adapter erneut einschieben, stellt der Computer die Netzwerkverbindung automatisch wieder her.

Verpackung aufheben

Beim Auspacken der Hardware haben Sie bemerkt, dass sie nicht nur im Karton, sondern auch in einer Kunststoffhülle steckt. Bewahren Sie diese Hülle auf. Darin können Sie Ihr WLAN-Cardbus-Modul geschützt vor elektrostatischen Entladungen verwahren, wenn es einmal nicht im Computer steckt: Jeder kennt die kleinen Stromschläge, die man gelegentlich bekommt, wenn man metallische Teile in der Wohnung oder im Auto berührt. Was für den Menschen ungefährlich ist, kann für die Hardware eines Computers absolut destruktiv sein. Zwar schirmt das metallische Gehäuse des Adapters die elektronischen Schaltkreise im Inneren gut ab, doch seine Kontakte sind eine Schwachstelle.

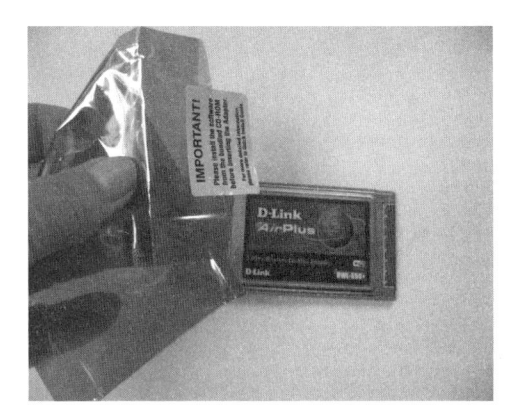

Bild 3.26 – Nicht wegwerfen, sondern das Cardbus-Modul darin aufbewahren. Diese antistatische Schutzfolie verlängert die Lebensdauer des WLAN-Adapters.

Die Installation der Hardware – sprich: des Cardbus-Adapters und der Treiber – ist damit beendet. Dennoch kann der Rechner noch nicht über das WLAN Kontakt mit anderen Geräten aufnehmen. Dazu müssen Sie die Netzwerkverbindung erst noch konfigurieren. Wenn Sie keinen WLAN-Adapter einer anderen Bauform an einem Computer einrichten müssen, dann können Sie zum Abschnitt 3.5, „Konfiguration des Netzwerkanschlusses", weiterblättern.

WLAN-PCI-Adapter installieren

Bei Cardbus- und USB-WLAN-Adaptern hatten Sie zur Installation überwiegend mit Software zu tun, weil Sie die Hardware lediglich an eine Schnittstelle anstecken bzw. in einen Karten-Slot einschieben mussten.

Bild 3.27 ~ Einen stationären PC können Sie mit einem WLAN-PCI-Adapter – im Bild das Modell DWL 520+ von D-Link – WLAN-fähig machen. Aus dem PC ragt nach dem Einbau lediglich die schwenk- und drehbare Antenne heraus.

Das ist bei einer PCI-Einbaukarte anders, denn hier müssen Sie den PC mit Werkzeug öffnen und den WLAN-PCI-Adapter direkt in den Rechner einbauen. Arbeiten Sie dabei sehr sorgfältig und vor allem vorsichtig.

Vorsicht und Sorgfalt bei Arbeiten am offenen PC

Generell gilt für alle elektrischen Geräte: Vor dem Öffnen des Gehäuses Netzstecker ziehen! Denn eine Berührung von Teilen, die Netzspannung (230 V) führen, ist lebensgefährlich. Solche Teile sollten sich zwar sicher abgeschottet im Gehäuse des Netzteils befinden, doch besteht ein weiteres Risiko, wenn der Computer mit dem Stromnetz verbunden ist: Es können Bausteine des Computers beschädigt werden. Gemeinerweise geschieht dies oftmals nicht mit dem berühmt-berüchtigten großen Knall, sondern völlig ohne Geräusche und „Rauchzeichen". Von den angeschlossenen Geräten ausgehende Spannungen können im Falle eines Kurzschlusses auf Leiterbahnen fatale Folgen haben.

Ziehen Sie also besser auch die anderen Stecker vom Computer ab, bevor Sie sein Gehäuse öffnen. Kurzschlüsse können in einem Computer übrigens sehr schnell entstehen. So kann das goldene Armband versehentlich eine Leiterplatte berühren oder – hoppla! – eine kleine Schraube fällt herunter.

Wer nun meint, hier alles berücksichtigt zu haben – alle Stecker sind abgezogen und die Schrauben und andere metallische Teile berühren keinen Teil des Computers – sollte dennoch nicht allzu stürmisch in den offenen Rechner hineingreifen. Wir Menschen stellen nämlich für die empfindlichen Halbleiterbausteine – dazu gehören neben den Speicher- und Controllerchips auch so „nebensächliche" Chips wie der teure Mikroprozessor – eine große Gefahr dar. Wer elektrostatisch geladen ist, kann durch bloße Berührung eines integrierten Schaltkreises oder einer Leiterbahn wichtige Bauteile des Computers zerstören. Auch hier gilt wieder: Hochintegrierte Schaltungen sterben oft lautlos. Das heißt: Sie merken von dem Defekt erst dann etwas, wenn Sie versuchen, den Computer einzuschalten.

Was können Sie also tun? – Die Antwort ist ein *Potenzialausgleich*. Keine Bange, hinter diesem Fachbegriff verbirgt sich nichts Kompliziertes. Man könnte meinen, Sie schützen den Computer durch pures „Hand auflegen". Das tun Sie übrigens im wahrsten Sinne des Wortes. Berühren Sie mit beiden Händen das metallische Gehäuse des Rechners. Ganz sicher gehen Sie, wenn Sie während der Arbeit am Rechner dauerhaft mit dem Gehäuse (mit einem Erdungsarmband, das es im Elektronikfachhandel gibt) verbunden sind.

Trotz aller Vorsicht sollten Sie es generell vermeiden, elektronische Bauteile auf den Karten, Kontakte oder Leiterbahnen direkt zu berühren.

▶ 1 Beginnen Sie mit der Installation der Treiber-Software. Wie das geht, haben wir bereits beim Cardbus-Adapter dargestellt.

▶ 2 Schalten Sie nun den Rechner aus, ziehen Sie alle Stecker ab, öffnen Sie das Gehäuse und entfernen Sie das Abdeckblech an einem freien PCI-Steckplatz.

▶ 3 Setzen Sie die PCI-Karte in einen freien PCI-Slot ein, wobei Sie die Antenne durch die beim Entfernen des Abdeckbleches entstandene Öffnung fädeln – oder sie vorübergehend abschrauben. Die Karte muss merklich einrasten. Dennoch sollten Sie niemals mit roher Gewalt die Karte in den Steckplatz drücken. Achten Sie vor allem darauf, dass sich die WLAN-PCI-Karte nicht verkantet.

WLAN ~ echt einfach

Bild 3.28 – Der Einbau des PCI-Moduls erfolgt direkt in den Computer. Zur Vereinfachung der Montage können Sie die Antenne vorübergehend abschrauben.

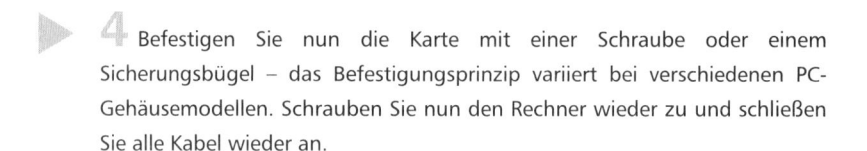

▶ 4 Befestigen Sie nun die Karte mit einer Schraube oder einem Sicherungsbügel – das Befestigungsprinzip variiert bei verschiedenen PC-Gehäusemodellen. Schrauben Sie nun den Rechner wieder zu und schließen Sie alle Kabel wieder an.

Bild 3.29 — Eine korrekte Installation beugt Problemen im Betrieb vor: Nehmen Sie sich auf jeden Fall die Zeit für das Anziehen der Sicherungsschraube.

▶ 5 Starten Sie den Rechner neu und warten Sie ab, bis – wie im Abschnitt „PC-Cardbus-Adapter einrichten" ab Seite 50 beschrieben – der PC die restlichen noch erforderlichen Dateien von der Installations-CD kopiert hat.

Nun ist der WLAN-PCI-Adapter betriebsbereit und braucht nur noch für den Betrieb im WLAN konfiguriert zu werden.

Wenn Sie eine drahtlose Direktverbindung zu einem anderen Computer herstellen wollen, lesen Sie bitte in Kapitel 4, „Ad-Hoc-Netzwerk", weiter. Wollen Sie Ihren Computer drahtlos mit einem Netzwerk verbinden, lesen Sie bitte in Kapitel 5, „WLAN-Infrastruktur", weiter.

Bild 3.30 – Nachdem die WLAN-PCI-Karte nun im Computer fest eingebaut ist, verschließen Sie das Gehäuse und stecken die zuvor abgezogenen Kabel wieder ein.

> **Hinweis**
>
> In der Regel stehen stationäre Tower-Computer unter dem Schreibtisch – ein aus funktechnischer Sicht denkbar schlechter Standort. Besser platzieren Sie die Antenne auf oder über dem Schreibtisch. Hier können Sie eine externe Antenne verwenden, die Sie über ein Koaxialkabel an den Antennenausgang Ihres WLAN-PCI-Adapters anschließen.
>
> Die preiswertere Alternative zum Kauf einer externen Antenne stellt allerdings die Wahl eines WLAN-USB- oder WLAN-Ethernet-Adapters dar – beide können Sie wegen ihres Anschlusskabels ebenfalls günstig über dem Schreibtisch positionieren.

WLAN-Ethernet-Adapter installieren

Wenn Ihr Computer mit einer Ethernet-Schnittstelle ausgerüstet ist, können Sie diese ebenfalls für die Vernetzung mit einem WLAN verwenden. Die Brücke zwischen drahtgebundenem Netzwerk und Funknetz schlägt ein WLAN-Ethernet-Adapter oder kürzer WLAN-LAN-Adapter. Eine solche Wireless Bridge liefert D-Link unter der Bezeichnung DWL-810+.

Interessant ist das Prinzip der Erstkonfiguration, denn zur Inbetriebnahme und Konfiguration dieses Gerätes brauchen Sie weder Treiber noch Software. So verwundert es auch nicht, dass auf der CD-ROM ausschließlich Dokumentationen und der Acrobat Reader zu finden sind.

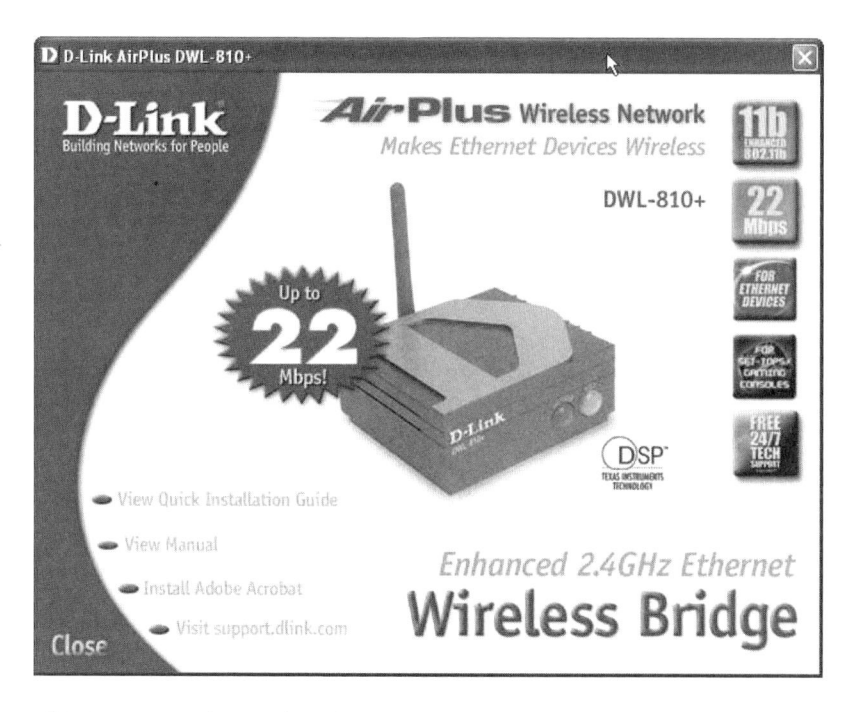

Bild 3.31 — WLAN-Ethernet-Adapter benötigen weder Treiber noch Software, und so findet sich auf der CD kein Installationsprogramm.

Einen Treiber braucht eine WLAN-Ethernet-Bridge als reinrassiges Netzwerkgerät im Gegensatz zum Card- und Universal Serial Bus nicht. Sobald dieser WLAN-LAN-Adapter für Ihren eingebauten Netzwerkanschluss erreichbar ist, stellt er sein Konfigurationsmenü in einem Browser-Fensters bereit – daher bedarf es keiner zusätzlichen Software auf dem Computer.

WLAN ~ echt einfach

Grundsätzlich arbeitet eine WLAN-LAN-Bridge transparent, taucht also – wie ein Switch – im Netzwerk nicht mit einer eigenen IP-Adresse auf. Für die Funktion als Brücke zwischen LAN und WLAN ist eine IP-Adresse gar nicht erforderlich. Eine IP-Adresse benötigt nur der interne Mini-Server, über den Sie den WLAN-LAN-Adapter konfigurieren.

▶ **1** Verbinden Sie den WLAN-Ethernet-Adapter mit Hilfe des beiliegenden Ethernet-Kabels mit dem Netzwerkanschluss Ihres PCs oder Notebooks.

▶ **2** Verbinden Sie das Steckernetzteil mit dem WLAN-Ethernet-Adapter.

Damit ist die Installation der Hardware abgeschlossen.

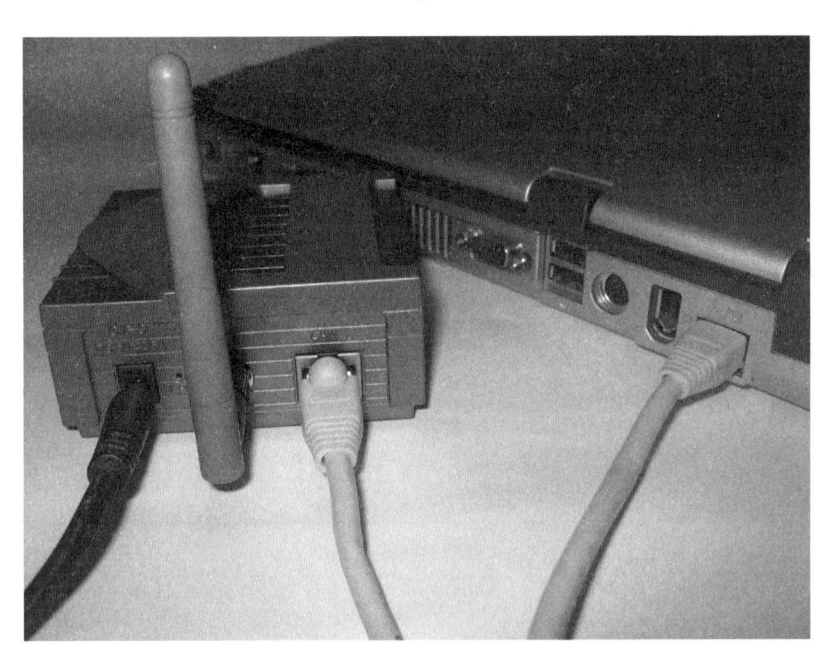

Bild 3.32 ~ Eine WLAN-Bridge kann, soweit es das Kabel erlaubt, an eine funktechnisch günstige Position gestellt werden.

Die Konfiguration eines WLAN-Ethernet-Adapters setzt eine funktionsfähige Ethernet-Schnittstelle an Ihrem Computer voraus. Windows XP trägt vorhandene Ethernet-Schnittstellen automatisch in der NETZWERKUMGEBUNG ein.

Netzwerkkarte einrichten

Bereiten Sie die Netzwerkkarte Ihres Computers für die Konfiguration des WLAN-Ethernet-Adapters vor.

▶ 1. Öffnen Sie dazu im ARBEITSPLATZ die NETZWERKUMGEBUNG.

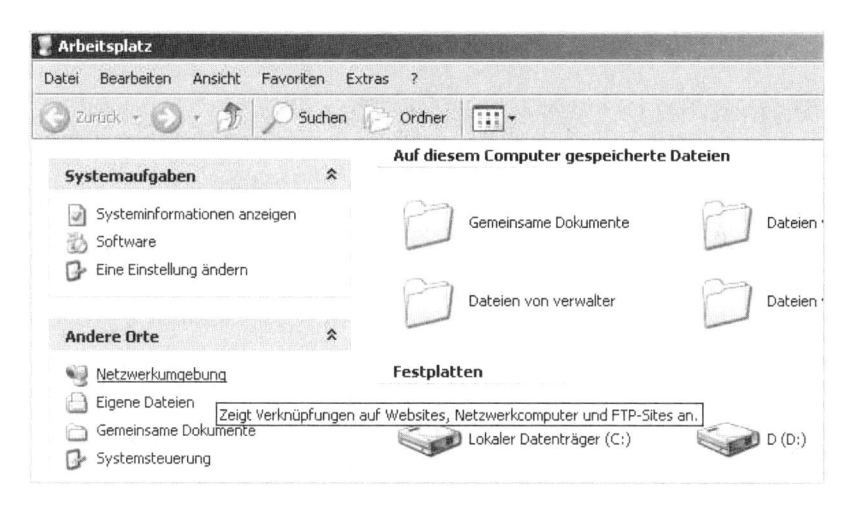

Bild 3.33 ~ Ein direkter Weg: Aufruf der NETZWERKUMGEBUNG über den ARBEITSPLATZ.

▶ 2. Klicken Sie mit der rechten Maustaste auf die LAN-VERBINDUNG, um sich deren EIGENSCHAFTEN anzeigen zu lassen.

WLAN ~ echt einfach

LAN oder Hochgeschwindigkeitsinternet

```
LAN-Verbindung
Aktiviert
Realtek RTL8139-Familie-PCI-...

Deaktivieren
Status
Reparieren

Verbindungen überbrücken

Verknüpfung erstellen
Löschen
Umbenennen

Eigenschaften
```

Bild 3.34 ~ Mit den EIGENSCHAFTEN der Ethernet-Schnittstelle des Computers öffnen Sie ein umfangreiches Menü für die weitere Konfiguration.

Damit Sie den WLAN-Ethernet-Adapter über das Netzwerkkabel erreichen können, muss die IP-Adresse des Netzwerkanschlusses im PC zu der Grundeinstellung passen, die der Hersteller dem WLAN-Ethernet-Adapter als Default- oder Werkseinstellung vorgegeben hat. Sie brauchen nur zwei Einstellungen zu beachten:

- die IP-Adresse und
- die Subnetzmaske.

▶ **1** Markieren Sie im Fenster EIGENSCHAFTEN VON LAN-VERBINDUNG den Eintrag INTERNETPROTOKOLL (TCP/IP) und klicken Sie auf EIGENSCHAFTEN. Notieren Sie sich die dort angegebenen aktuellen Einstellungen.

echt einfach ~ **WLAN**

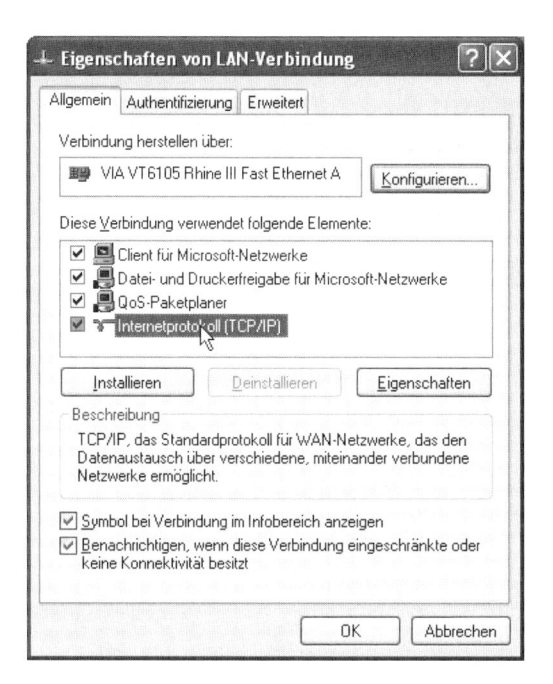

Bild 3.35 — Die IP-Adresse der LAN-Verbindung können Sie ändern, wenn Sie die Eigenschaften von INTERNETPROTOKOLL (TCP/IP) durch einen Doppelklick öffnen.

Die Wireless Bridge DWL-810 D-Link hat ab Werk die IP-Adresse 192.168.0.30 und die Subnetzmaske 255.255.255.0. Die IP-Adresse des Computers muss – mit Ausnahme der letzten Zahlenfolge – mit der des WLAN-LAN-Adapters übereinstimmen.

Zulässige Adressen liegen also in den Bereichen:

- 192.168.0.1 bis 192.168.0.29 und
- 192.168.0.31 bis 192.168.0.254.

Die Adressen „0" und „255" benötigt das Netzwerk selbst, die 30 trägt der WLAN-LAN-Adapter. Darüber hinaus dürfen Sie keine Adressen verwenden, die bereits einem anderen Computer im Netzwerk zugewiesen wurden.

▶ 2 Tragen Sie also beispielsweise die Adresse 192.168.0.1 ein.

Eigenschaften von Internetprotokoll (TCP/IP)

Allgemein

IP-Einstellungen können automatisch zugewiesen werden, wenn das Netzwerk diese Funktion unterstützt. Wenden Sie sich andernfalls an den Netzwerkadministrator, um die geeigneten IP-Einstellungen zu beziehen.

○ IP-Adresse automatisch beziehen
◉ Folgende IP-Adresse verwenden:

IP-Adresse:	192 . 168 . 0 . 1
Subnetzmaske:	255 . 255 . 255 . 0
Standardgateway:	. . .

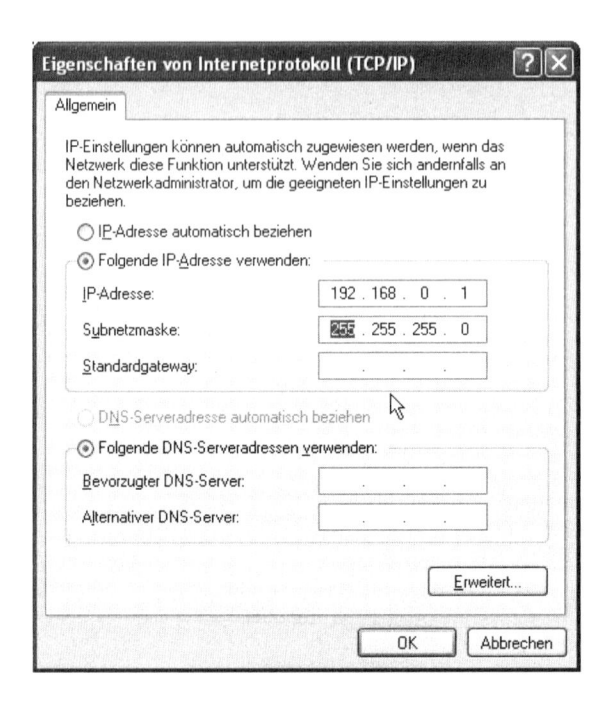

○ DNS-Serveradresse automatisch beziehen
◉ Folgende DNS-Serveradressen verwenden:

| Bevorzugter DNS-Server: | . . . |
| Alternativer DNS-Server: | . . . |

[Erweitert...]

[OK] [Abbrechen]

Bild 3.36 – Zum Konfigurieren stellen Sie das automatische Beziehen der IP-Adresse ab und geben stattdessen eine feste ein, die zur IP-Adresse des WLAN-Ethernet-Adapters passt.

▶ 3 Lassen Sie Ihren Computer mit einem Klick auf OK die Änderung am Netzwerk-Adapter übernehmen.

▶ 4 Nachdem Sie die Einstellungen der im Rechner vorhandenen Netzwerkschnittstelle abgeschlossen haben, rufen Sie einen Internet-Browser auf.

WLAN-Ethernet-Adapter anpassen

Damit ist Ihr Computer darauf vorbereitet, per Netzwerkkabel mit einem WLAN-Adapter Daten auszutauschen. WLAN-Geräte, die nicht direkt, sondern über eine Netzwerkverbindung mit Ihrem Computer in Verbindung stehen, erreichen Sie mit einem Internet-Browser. Dieser sollte zwar einigermaßen auf dem neuesten Stand sein, bedarf aber nicht der Mächtigkeit des hier gezeigten Internet Explorers von Microsoft. Ein schlanker Mozilla Firefox, wie ihn *http://firebird-browser.de/* kostenlos bereithält, reicht völlig.

▶ **1** Starten Sie den Browser.

Bild 3.37 – Zum Konfigurieren der Wireless Ethernet Bridge benötigen Sie einen Web-Browser.

▶ **2** Tragen Sie im Browser in der Zeile ADRESSE die IP-Adresse des WLAN-LAN-Adapters ein – im Fall des D-Link DWL-810 also `http:// 192.168.0.30`. Es öffnet sich das Anmeldefenster der WLAN-LAN-Bridge und fordert Sie zur Eingabe von BENUTZERNAME und KENNWORT auf.

WLAN ~ echt einfach

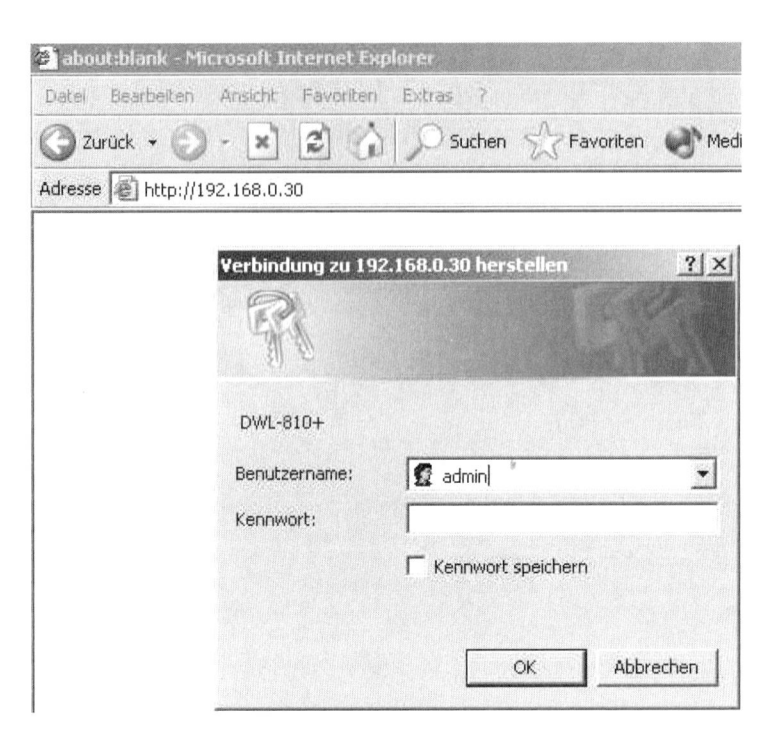

Bild 3.38 — Der Zugang zur Konfigurationsoberfläche ist mit einer Authentifizierung gesichert.

▶ 3 Tragen Sie die Zugangsdaten ein. Das sind ab Werk für den DWL-810+:

- BENUTZERNAME: admin
- KENNWORT: Dieses Feld bleibt leer.

▶ 4 Schließen Sie die Eingabe der Zugangsdaten mit einem Klick auf OK ab.

Es öffnet sich die Konfigurationsseite des WLAN-Adapters.

echt einfach ~ **WLAN**

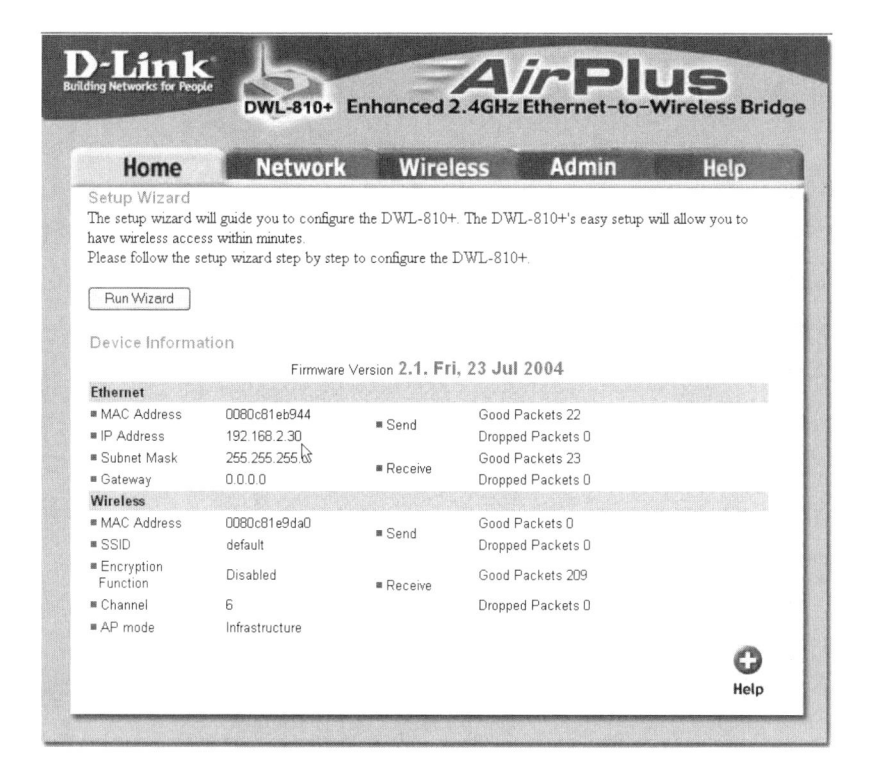

Bild 3.39 ~ Wenn Sie die Netzwerkverbindung hergestellt, die IP-Adresse der Wireless Bridge eingegeben und sich angemeldet haben, zeigt Ihnen der Browser die Seite HOME.

An dieser Stelle wird deutlich, warum die Wireless Bridge ohne Treiber oder Software für den Computer auskommt: Alles Nötige ist nämlich als Firmware bereits fest im Gerät gespeichert und braucht nur noch über die HTML-Oberfläche in einem Web-Browser dargestellt zu werden.

5 Damit ist die Installation beendet.

Nun ist der WLAN-Ethernet-Adapter betriebsbereit und braucht nur noch für den Betrieb im WLAN konfiguriert zu werden.

Wenn Sie eine drahtlose Direktverbindung zu einem anderen Computer herstellen wollen, lesen Sie bitte in Kapitel 4, „Ad-Hoc-Netzwerk", weiter. Wollen Sie Ihren

WLAN ~ echt einfach

Computer drahtlos mit einem Netzwerk verbinden, lesen Sie bitte in Kapitel 5, „WLAN-Infrastruktur", weiter.

IP-Adresse des Netzwerkgerätes ändern

Passen Sie bei Bedarf die IP-Adresse des WLAN-LAN-Adapters Ihrem Netzwerk an. Klicken Sie dazu auf das Register NETWORK und tragen Sie im Feld IP ADDRESS einen Wert ein, der zu Ihrem Netzwerk passt.

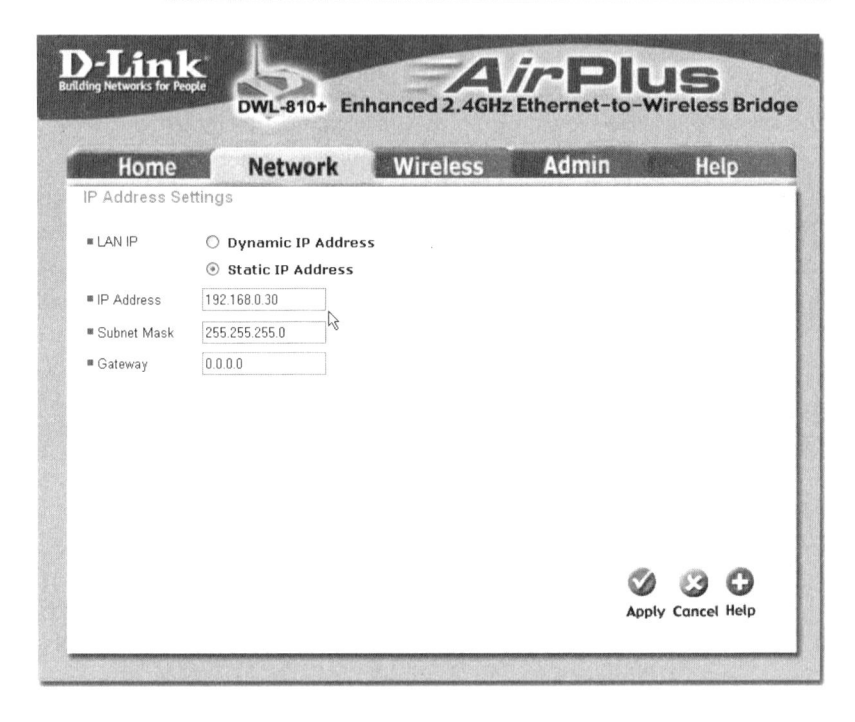

Bild 3.40 ~ Der Netzwerkdialog der Wireless Bridge zeigt die voreingestellte IP-Adresse, die Sie an dieser Stelle den Erfordernissen Ihres Netzwerks anpassen können.

Sollte in Ihrem Netzwerk ein DHCP-Server die Adressen der Netzwerkgeräte verwalten, stellen Sie DYNAMIC IP ADDRESS ein.

3.5 Konfiguration des Netzwerkanschlusses

Im Zusammenhang mit der Beschreibung der Einrichtung eines WLAN-Adapters über die Ethernet-Schnittstelle (D-Link Wireless Bridge DWL-810+) wurde bereits die Konfiguration des Netzwerkes in der Windows-Umgebung angesprochen. Wesentlich war in dieser Ausführung die Konfiguration der IP-Adresse. Während für die Erstkonfiguration der Bridge eine Adresse aus einem genau definierten Bereich zwingend gewählt werden muss, kann die IP-Adressstruktur innerhalb des späteren eigenen Netzes frei gewählt werden. Es muss lediglich verhindert werden, dass die Adressen in einem öffentlichen Netz verwendet werden, in dem die Vergabehoheit einer zentralen Instanz obliegt.

Nicht zuletzt bietet der Hersteller des WLAN-Adapters ebenfalls ein Konfigurationswerkzeug an, mit dem die Eigenschaften des drahtlosen Netzes konfiguriert werden können. Diese Details werden in den folgenden Kapiteln behandelt. Allerdings sollen Ihnen an dieser Stelle noch einige allgemeine Informationen zur Einrichtung und Konfiguration vermittelt werden.

Wenn Sie die Eigenschaften der Netzwerkverbindung betrachten, finden Sie möglicherweise vier Einträge. Was genau in Ihrer Konfiguration zu finden ist, richtet sich natürlich danach, was Sie zusätzlich installiert oder entfernt haben. Bei einer Standardinstallation werden Sie jedoch die folgenden Einträge vorfinden:

- Client für Microsoft-Netzwerke
- Datei- und Druckerfreigabe
- QoS-Paketplaner
- Internetprotokoll (TCP/IP)

WLAN ~ echt einfach

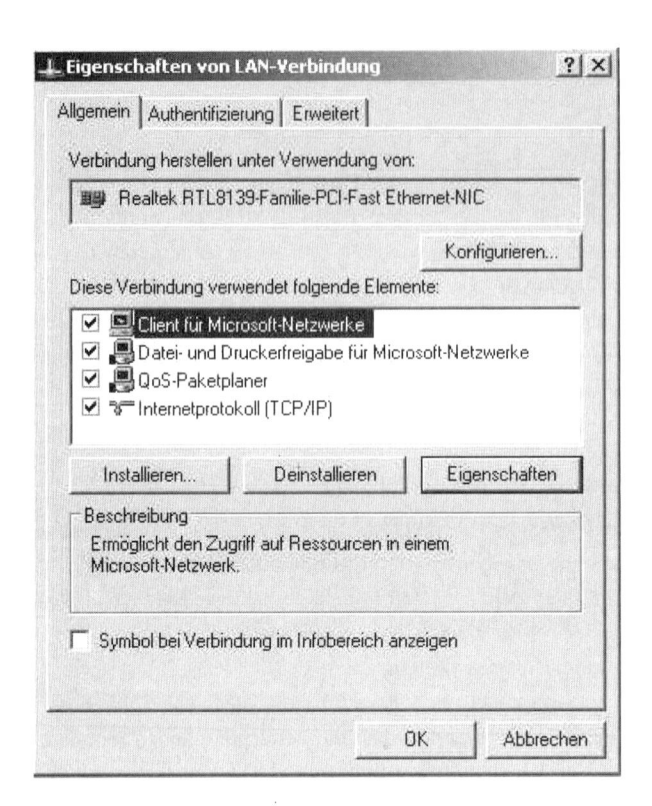

Bild 3.41 – Der CLIENT FÜR MICROSOFT-NETZWERKE muss installiert sein, damit die Computer innerhalb eines Windows-Netzwerkes miteinander kommunizieren können.

Wenn Sie Computer miteinander vernetzen wollen, dann ist es wichtig, dass diese Maschinen miteinander kommunizieren können. Dazu sind in jedem Fall der CLIENT FÜR MICROSOFT-NETZWERKE und das INTERNETPROTOKOLL (TCP/IP) erforderlich. Während Sie in den Eigenschaften des Clients für Microsoft-Netzwerke keine Änderungen vornehmen müssen – in fast allen Fällen ist die Grundeinstellung WINDOWS-LOCATOR die richtige Wahl – müssen Sie für das TCP/IP-Protokoll möglicherweise spezielle Adressen festlegen. Neben der bereits im Zusammenhang mit der Grundkonfiguration der Wireless Bridge in diesem Kapitel gezeigten Festlegung der IP-Adresse und der Subnetzmaske kommen noch weitere Parameter hinzu.

So müssen Sie beispielsweise die Adresse eines *DNS (Domain Name Servers)* eintragen, wenn Sie sich über einen Router ins Internet einwählen. Einzutragen ist dann die IP-Adresse des Routers. Der DNS dient der Auflösung von Namen in IP-Adressen. Ohne den DNS könnten Sie beispielsweise die Seite *www.franzis.de* nicht mit dem Web-Browser aufrufen. Wenn Sie die Adresse des Routers eintragen, dann übergibt der Router Anfragen zur Namenauflösung an einen echten DNS im Internet und liefert die eingehenden Antworten stellvertretend wieder an den Web-Browser zurück.

Ebenso ist für den Betrieb eines Routers von Bedeutung: Mit der Vorgabe eines *Standard-Gateways* teilen Sie dem Computer mit, an welche Adresse Daten zu senden sind, deren Ziel sich eindeutig – die Rechner erkennen dies in einem Vergleich der IP-Adresse und der Subnetzmaske – nicht im eigenen Netzwerk befindet.

Glücklicherweise beherrschen die meisten DSL-Router das Verteilen der TCP/IP-Parameter per DHCP-Dienst. In diesem Fall genügt das Markieren der Option IP-ADRESSE AUTOMATISCH BEZIEHEN in den EIGENSCHAFTEN VON INTERNETPROTOKOLL. Dabei verteilt der Router nicht nur die IP-Adresse, sondern alle oben besprochenen Schnittstellenparameter ganz selbsttätig.

Weitere Einstellungen müssen Sie nicht vornehmen. Auch die unter dem Register OPTIONEN konfigurierbare *TCP/IP-Filterung* ist nicht das optimale Sicherheitstool. Hier kann nur eine gute *Firewall* empfohlen werden, die es oft im Zusammenhang mit anderen Sicherheitsprogrammen am freien Markt gibt. Eine Firewall ist aber auch in besseren WLAN-Routern wie beispielsweise dem DWL-714P+ integriert.

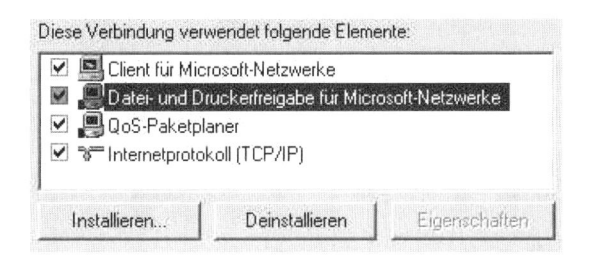

Bild 3.42 — Voraussetzung für das vernetzte Arbeiten, aber auch ein Sicherheitsrisiko: Freigaben im Netzwerk.

Kommunikation der Rechner untereinander bedeutet noch keineswegs, dass wir als Anwender auch ohne Probleme auf die Ressourcen anderer Rechner im Netzwerk zugreifen können. Ressourcen, das sind in diesem Fall Dateien, Ordner und Drucker. Hierzu müssen zweierlei Voraussetzungen erfüllt sein:

- Alle Rechner, die auf Ressourcen anderer Rechner zugreifen sollen, müssen den Dienst CLIENT FÜR MICROSOFT-NETZWERKE eingerichtet haben. Dazu genügt es, das Häkchen links neben dem Eintrag zu setzen.
- Der Dienst DATEI- UND DRUCKERFREIGABE FÜR MICROSOFT-NETZWERKE muss in den Eigenschaften der Netzwerkverbindung aller Rechner eingerichtet werden, die Ressourcen bereitstellen sollen. Es gibt keine weiteren Einstellungen an dieser Stelle. Auch hier muss lediglich das Häkchen links neben dem Eintrag gesetzt sein.
- Die betreffenden Ressourcen müssen auf dem jeweiligen Computer gezielt freigegeben werden. Nur freigegebene Ressourcen werden überhaupt in den Listen der anderen Computer im Netzwerk aufgeführt und können genutzt werden.

Es darf allerdings nicht verschwiegen werden, dass derartige Freigaben in einem ungesicherten WLAN jedem zugänglich sind, der sich Zugang zum Netz verschaffen kann. Das so genannte *Wardriving* („Kriegsfahren"), also das Ausspähen nicht gesicherter offener WLANs, ist zu einem „Massensport" geworden, und insbesondere in Großstädten ist die Chance, einer Wardriving-Attacke zum Opfer zu fallen, sehr groß. An späterer Stelle in diesem Buch werden daher Sicherheitsrisiken und Schutzmaßnahmen besprochen.

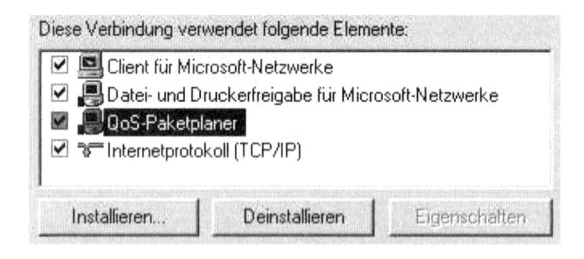

Bild 3.43 ~ Der QoS-Paketplaner kann bis zu 20% der verfügbaren Bandbreite für zeitkritische Übertragungen reservieren.

Der dritte Eintrag, der in den meisten Fällen in den Netzwerkeigenschaften zu finden ist, ist der QOS-PAKETPLANER. Dieser Dienst kann sehr nützlich sein, denn obwohl er in vielen Publikationen verurteilt wird, reserviert er nicht permanent 20% der Bandbreite der Netzwerkverbindung, sondern stellt diese 20% speziellen Diensten bei Bedarf garantiert (!) zur Verfügung. Nur dann, wenn die Reserve nachgefragt wird, werden 20% der Übertragungsgeschwindigkeit für zeitunkritische Dienste abgezweigt. Damit lassen sich zeitkritische Dienste (Video on Demand, Internet-Telefonie etc.) optimieren.

3.6 Update der Soft- und Firmware

Zum Abschluss der Installation können Sie, sobald Sie Zugang zum Internet haben, im Support-Bereich des Hardware-Herstellers nach aktuellen Informationen suchen, um damit Ihr WLAN-Gerät (Firmware), dessen Einbindung ins Betriebssystem (Treiber) oder seine Bedienung (Software) auf den neuesten Stand zu bringen.

Die Aktualität der verwendeten Software, der Gerätetreiber und der Firmware in den Geräten entscheidet maßgeblich über die Störungsfreiheit beim Betrieb des Rechners und des gesamten Netzwerkes sowie über die Sicherheit im Betrieb.

Aktuelle Versionen von Firmware und Software finden

▶ 1 Öffnen Sie einen Internet-Browser und tragen Sie die Adresse des Geräteherstellers – in diesem Beispiel D-Link – ein: www.dlink.de.

WLAN ~ echt einfach

Bild 3.44 — Auf der Homepage des Herstellers ist in der Regel ein Link zu einem Download- oder Support-Bereich. Hier finden Sie aktuelle Treiber, Software, Installationsanleitungen und Datenblätter.

> 2 Klicken Sie auf den Link DOWNLOAD-BEREICH links.

echt einfach ~ **WLAN**

Bild 3.45 — In diesem Beispiel suchen wir in den Support-Seiten von D-Link ein Firmware-Update für den WLAN-Cardbus-Adapter DWL-650+.

▶ **3** Suchen Sie hier das pasende Gerät, in unserem Beispiel ist das der WLAN-Cardbus-Adapter DWL-650+, und klicken Sie anschließend unter DATEI TYP auf die Option TREIBER/FIRMWARE.

WLAN ~ echt einfach

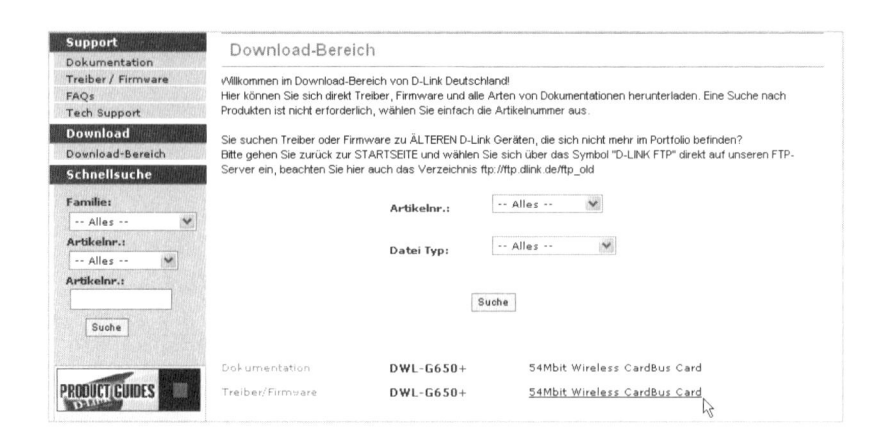

Bild 3.46 – Mit einem Klick auf den Link neben TREIBER/FIRMWARE laden Sie die aktuelle Firmware herunter.

Nach dem Download einer neuen Firmware müssen Sie diese noch in das WLAN-Gerät übertragen. Verwenden Sie dazu keinesfalls die Funkstrecke. Einen WLAN-Ethernet-Adapter müssen Sie genauso via Netzwerkkabel updaten, wie auch WLAN-Access-Points oder –Router. Cardbus-, USB- oder PCI-Adapter stecken ohnehin direkt im oder am PC.

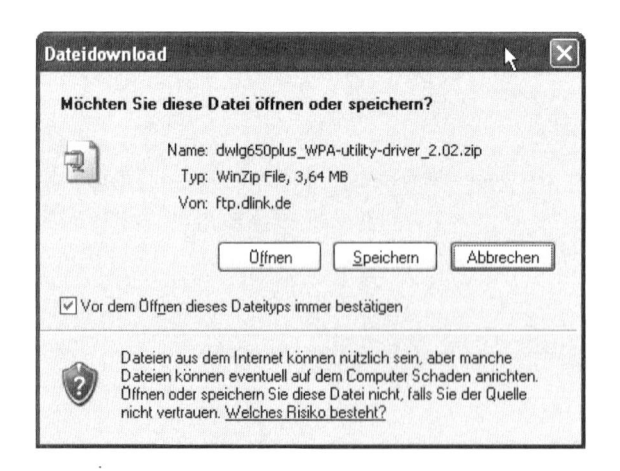

Bild 3.47 – Das Update liegt in einem ZIP-Archiv vor, das Windows XP direkt durch einen Klick auf ÖFFNEN entpackt. Es wird auf der Festplatte zwischengespeichert.

Firmware übertragen

Wie Sie die Firmware vom Computer in ein WLAN-Geräte übertragen, zeigen wir am Beispiel der Wireless Bridge DWL-810+ von D-Link.

▶ 1 Rufen Sie mit einem Web-Browser die Konfigurationsoberfläche des WLAN-Ethernet-Adapters auf. Tragen Sie dazu seine IP-Adresse ein – ohne www, dafür mit http://. Ab Werk steht sie auf 192.168.0.30. Falls die Konfigurationsoberfläche nicht erscheint, helfen Ihnen die Ausführungen zur Grundeinstellung der Wireless Bridge in diesem Kapitel weiter.

Die Übertragung des Firmware-Updates erfolgt im Menü ADMIN. Natürlich bekommt man in diesem Menü auch eine Information zur bereits im Gerät installierten Firmware. Ist diese Firmware älter als die im Downloadbereich angebotene Version, dann wird mit der Schaltfläche DURCHSUCHEN ein Explorer-Fenster geöffnet. Darin wird zum Verzeichnis, in das Sie zuvor die Firmware abgelegt haben, navigiert. Mit der Schaltfläche ÖFFNEN wird die Auswahl übernommen.

▶ 2 Jetzt muss die Übertragung nur noch aktiviert werden. Dazu genügt ein Klick auf die Schaltfläche APPLY auf der ADMIN-Seite.

WLAN ~ echt einfach

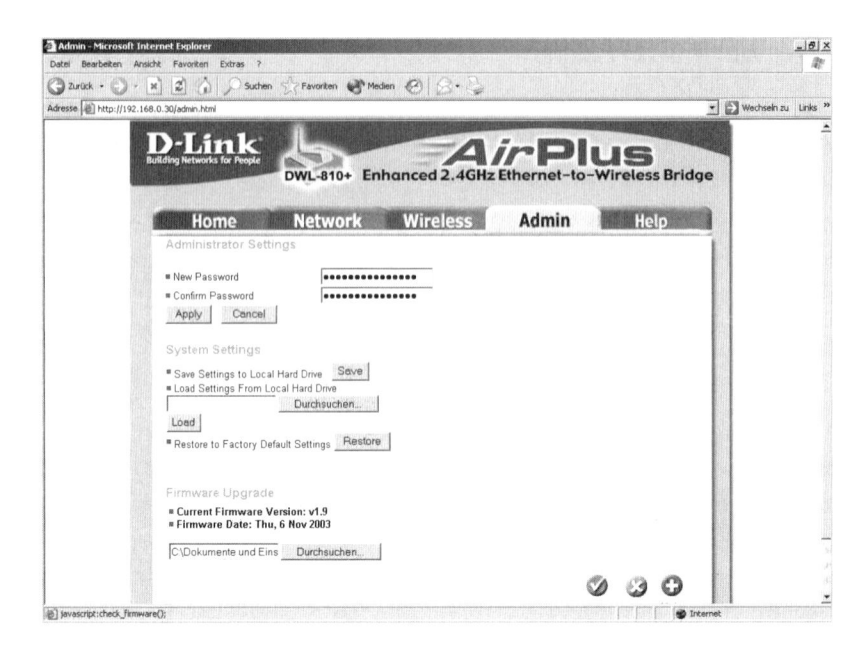

Bild 3.48 – Der Pfad auf das eben aus dem Internet bezogene Firmware-Update wird über die Schaltfläche DURCHSUCHEN festgelegt.

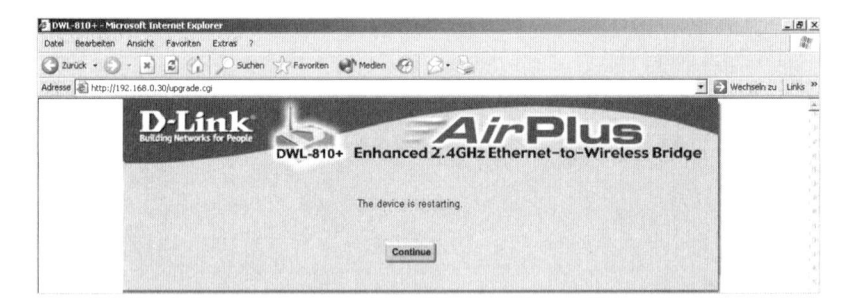

Bild 3.49 – Nach der Übertragung wird das WLAN-Gerät neu gestartet. Die neue Firmware ist nun aktiv.

Das ist im Prinzip ein sehr einfacher Ablauf, allerdings kann man dennoch einiges falsch machen. „Netzwerk ist Netzwerk" mögen manche Laien denken und das Firmware-Update über die WLAN-Schnittstelle übertragen. Das kann klappen, doch wenn es eine Übertragungsstörung gibt, ist auch die Firmware im WLAN-Gerät beschädigt. Firmware-Updates sollten also generell über die drahtgebundene Schnittstelle vorgenommen werden.

Systematische Fehlersuche

Nobody is perfect, heißt es. So kann es natürlich passieren, dass nicht wie erwartet die Anmeldung am Konfigurationsdialog, sondern eine Fehlermeldung im Browser erscheint. Hier kann der Fehler systematisch gesucht und damit schnell gefunden werden. In Betracht kommen:

- Stromversorgungs- und Verkabelungsprobleme sowie
- falsche IP-Adressen.

Die Einstellung der richtigen IP-Adresse ist sehr wichtig, denn nur so kann der Computer mit der Wireless Bridge über das Netzwerk kommunizieren. Schnell schleichen sich hier Tippfehler ein. Aus 192 wird dann schnell einmal aus Versehen 193. Damit klappt dann der Aufruf nicht mehr. Denkbar ist aber auch, dass die IP-Adresse im WLAN-Gerät selbst fehlerhaft eingetragen ist. Insbesondere nach einer manuellen Änderung oder beim Erwerb eines Gebrauchtgerätes ist dies nicht unwahrscheinlich. Weil ein direkter Konfigurationszugriff, mit dem die IP-Adresse der Wireless Bridge korrigiert werden könnte, so nicht möglich ist, muss ein *Reset* durchgeführt werden.

Dazu befindet sich auf der Gehäuserückseite ein kleines Loch, hinter dem sich ein Miniaturschalter verbirgt. Mit einem spitzen Gegenstand (Kugelschreibermine, aufgebogene Büroklammer etc.) kann dieser betätigt werden. Die WLAN-Bridge muss natürlich über das Steckernetzteil eingeschaltet sein. Nach dem Drücken der Reset-Taste sind die ursprünglichen Herstellervorgaben im Gerät gespeichert und die Wireless Bridge kann wie beschrieben konfiguriert werden.

Heimtückischer sind Verkabelungsfehler. Scheinbar ist alles richtig angesteckt: Der Computer wurde möglicherweise direkt mit der Wireless Bridge über das mitgelieferte Netzwerkkabel verbunden. Doch genau hier liegt schon der Fehler, denn dieses Kabel ist nur zum Anschluss der Wireless Bridge an einen Hub oder einen Switch geeignet. Ein direkter Anschluss an den PC erfordert ein so genanntes

Cross-over-Cable („gekreuztes Kabel"), das in einem gut sortierten EDV-Fachgeschäft zu bekommen ist.

Liegt die Störung nicht am Kabeltypus, dann sollte der Sitz der Stecker überprüft werden. Sind diese korrekt eingerastet? Ist der Switch (siehe Kapitel 2) eingeschaltet und auch die Verbindung vom Switch zum Computer hergestellt? Einen guten Hinweis liefern die Kontrollleuchten. Ist eine LED erloschen, an der eigentlich eine Aktivität erwartet wird, dann ist die Verbindung unterbrochen (Kabel, Anschlüsse, Gerät nicht eingeschaltet).

Natürlich kann die Verbindung nur funktionieren, wenn tatsächlich alle Geräte eingeschaltet und mit Strom versorgt wurden. In der Tat ist gerade diese Störungsursache – so banal sie erscheinen mag – ein sehr häufiger Grund für Verbindungsprobleme im Netz. Nicht immer stehen alle Geräte in trauter Gemeinsamkeit nebeneinander im Blickwinkel des Benutzers auf dem Schreibtisch. Nicht einmal im gleichen Raum müssen sie installiert sein. Ein schneller, aber kritischer Blick auf die LED-Anzeigen aller Geräte erspart unter Umständen längere Fehlersuchen.

Bild 3.50 — Erscheint diese Ansicht, sollten Sie die Anschlüsse des Netzwerkkabels und die Einstellung der IP-Adresse überprüfen.

Die Konfiguration einer Wireless Bridge im eigentlichen Sinne des Begriffes wird in einem eigenen Kapitel eingehender behandelt. Bereits vorweg: Das Modell DWL-810+ ist nicht zur Herstellung von WLAN-Funkfestverbindungen – auch diese werden in der Fachsprache als *Wireless Bridge* bezeichnet – vorgesehen.

An dieser Stelle soll jedoch bereits ein wichtiger Schritt vollzogen werden: Die Änderung des Zugangskennwortes. Auch wenn es sich um Ihr eigenes Netzwerk handelt, in dem nur Sie oder enge Vertraute ihre Computer verbinden, sollten Sie stets beachten, dass ein Wireless LAN keine Grenzen kennt, wie sie Kabel darstellen. Mauern und Wände stellen kein wesentliches Hindernis dar und auch der Konfigurationsdialog ist über das WLAN zugänglich. Aus diesem Grunde gehört die Definition eines neuen – möglichst kryptischen – Kennwortes zu den Pflichtübungen eines jeden WLAN-Betreibers. Merken Sie sich dieses Kennwort gut, denn sonst können Sie nur nach einem Hardware-Reset (Rückkehr zu den Werkseinstellungen) auf den Konfigurationsdialog zugreifen und müssen alle Einstellungen erneut vornehmen.

Die Änderung des Kennwortes nehmen Sie im Menü ADMIN vor. Ein Tipp zur Wahl des neuen Kennwortes: Suchen Sie sich einen für Sie leicht zu merkenden Satz aus. Ein Beispiel: Emmas Hund ist 2001 geboren. Nun können Sie aus jedem Wort einen Buchstaben wählen. Wir wollen jeweils den ersten Buchstaben des Wortes in unserem Kennwort verwenden. Damit wählen wir beim ersten Wort den Buchstaben „E", im zweiten das „H" und so weiter. Das neue Kennwort heißt nun *EHi2001g*. Optimal wäre es, wenn es noch etwas länger wäre, denn kurze – oder in einem Wörterbuch zu findende Begriffe – sind schnell mit geeigneten Hackerprogrammen zu knacken.

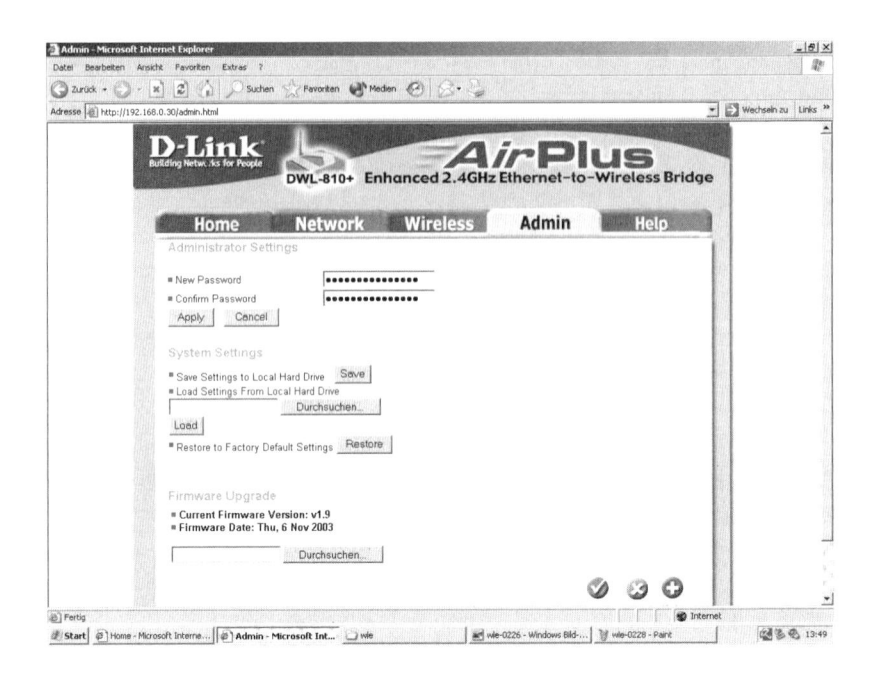

Bild 3.51 – Das Kennwort sollten Sie bereits beim ersten Aufruf des Konfigurationsdialoges vergeben.

Ziel dieses Kapitels:
- *Prüfen, ob die Voraussetzungen für ein Ad-hoc-WLAN vorhanden sind.*
- *Die Funktionsweise eines Ad-hoc-WLAN klären.*
- *Das WLAN mit der Hersteller-Software einrichten.*
- *Die wesentlichen Funk-Parameter eingeben.*
- *Einen vorhandenen Internetzugang über WLAN gemeinsam nutzen.*

Ad-hoc-Netzwerk

WLAN ~ echt einfach

Nach der Installation der Hardware werden Sie in diesem Kapitel erstmals ein drahtloses Netzwerk errichten und in Betrieb nehmen. Es handelt sich um die einfachste Form der drahtlosen Vernetzung. Sie werden schnell ein Erfolgserlebnis erfahren, doch Vorsicht: Das Netz, das auf den folgenden Seiten erklärt wird, ist noch nicht vor Angriffen über die Funkschnittstelle geschützt. In diesem Kapitel werden ausschließlich die funktionellen Grundlagen gelegt.

Das Ad-hoc-Netzwerk (ad hoc, lat. = aus dem Augenblick entstanden) vernetzt mehrere Computer ohne einen Access Point, Router oder ähnliche, koordinierende Geräte unmittelbar miteinander. Ein solches Netz ist schnell und einfach aufzubauen und eignet sich daher am besten als „Kabelersatz" für die Verbindung von zwei Computern.

4.1 Voraussetzungen für ein Ad-hoc-WLAN

Dieses Kapitel setzt voraus, dass der oder die WLAN-Adapter bereits installiert sind, wie Sie es im vorangegangenen Kapitel 3 gelernt haben. Da in einem Ad-hoc-Netzwerk jeder mit jedem kommuniziert, eine zentrale Instanz also nicht gegeben ist, müssen zwischen allen Benutzer, die ihren Computer in ein Ad-hoc-Netzwerk integrieren wollen, dessen grundlegende Parameter vereinbart werden. Dieses Kapitel geht auf deren Bedeutung im Detail ein:

- Der Funkkanal, in dem das Netzwerk arbeiten soll.
- Der Funknetzname – der Service Set Identifier (SSID).
- Die IP-Adresse und Subnetzmaske der beteiligten Computer.
- Das Verschlüsselungsverfahren für die WLAN-Verbindung und das Kennwort.

> **Sicherheitshinweis**
>
> In diesem Kapitel wird das Thema Sicherheit noch bewusst ausgeklammert. Es soll das Verständnis für die Einrichtung und den Betrieb des Netzwerkes im Vordergrund stehen. Dennoch ist die Sicherheitsfrage sehr ernst zu nehmen, denn insbesondere in Ballungsgebieten ist das Risiko, einem Wardriver-Angriff zum Opfer zu fallen, sehr groß.

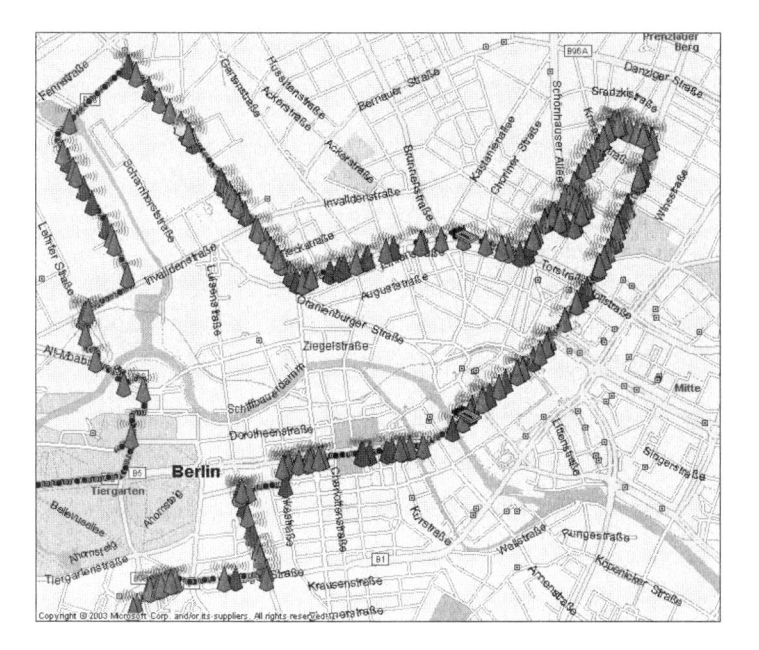

Bild 4.1 ~ Ein Wardrive durch Berlin Mitte zeigt jede Menge offener WLANs (heller).

Wardriving („Kriegsfahren") nennt sich im schönsten US-amerikanisch der beliebte „Freizeitsport", ungeschützte drahtlose Netze auszuspähen, indem man mit dem Auto durch die Stadt fährt, wobei ein WLAN-fähiges Notebook gegebenenfalls mit einer WLAN-Zusatzantenne mit Hilfe so genannter Sniffer-Software (Schnüffler) und eines GPS-Empfängers die Standorte offener WLANs identifiziert und diese mit ihren WLAN-Kennungen in eine Karte einträgt.

Nach der erfolgreichen Konfiguration und Inbetriebnahme des Ad-hoc-Netzes sollten Sie daher unbedingt auch die Ausführungen zur Sicherheit im Wireless LAN lesen und Ihr Netzwerk so gut wie möglich absichern.

4.2 Funktionsweise des Ad-hoc-Netzes

Das wesentliche Merkmal eines Ad-hoc-Netzes ist, dass Sie zwei oder mehr Computer beinahe beliebig über das Funksystem zusammenschalten können. Jeder kommuniziert also mit jedem im Netz.

WLAN ~ echt einfach

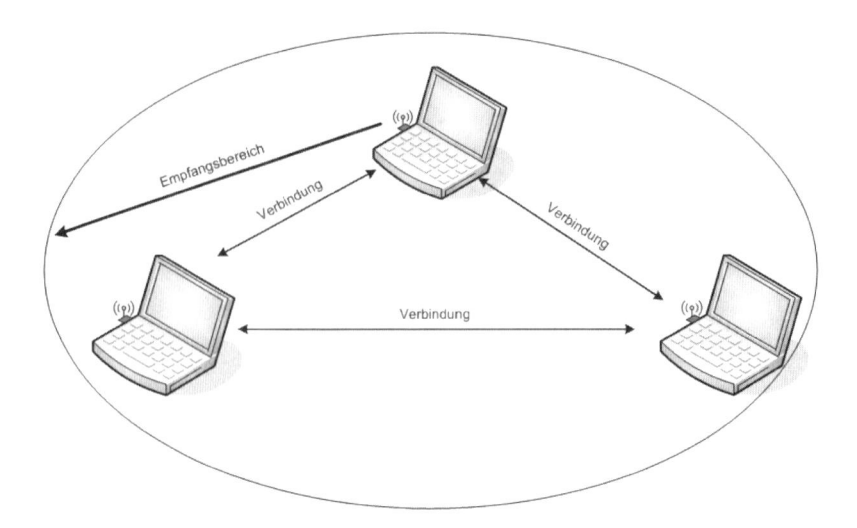

Bild 4.2 ~ Das Prinzip des Ad-hoc-Netzwerkes: jeder mit jedem. Mehr als acht Computer sollten Sie auf diese Weise aus Performance-Gründen jedoch nicht vernetzen.

Um zu verstehen, welche Grenzen solch einem System gesetzt sind, stellen Sie sich bitte bildlich einen Raum vor, in dem sich zwei Personen unterhalten. Die Begegnung entsteht ja „aus dem Augenblick". Die Verständigung wird sehr gut sein, denn beide sind ausschließlich aufeinander fixiert. Kommt eine dritte Person in den Raum, die an dem Gespräch teilnehmen möchte, dann wird die Koordination des Gespräches schon etwas schwieriger. Irgendwann ist eine Grenze erreicht, ab der ein solches Ad-hoc-Netz keinen Sinn mehr macht. Man stelle sich wieder bildlich eine Fernseh-Talkshow zum Thema „Steuerreform" vor: Wenn alle durcheinander reden, dauert es länger, bis Sie etwas verstehen und Ihr Gesprächspartner muss das, was er gesagt hat, mehrfach wiederholen.

In einem Ad-hoc-Netzwerk herrschen ähnliche Bedingungen: Alle Computer verwenden für den Datenaustausch den gleichen Funkkanal, müssen sich also dessen Bandbreite teilen. Da ohne eine zentrale Instanz – siehe das folgende Kapitel 5, „WLAN-Infrastruktur" – jeder WLAN-Adapter munter drauflos senden kann, wächst die Gefahr, dass Datenpakete nicht ankommen und erneut gesendet werden müssen, mit der Zahl der vernetzten Computer.

Die Schlussfolgerung ist: Ad-hoc-Netzwerke eignen sich wirklich nur für einen kleinen Kreis von Computern. Die exakte Zahl hängt davon ab, wie viele Daten die einzelnen Computer miteinander austauschen. So kann bei vier Computern bereits das Limit einer erträglichen Übertragungsgeschwindigkeit erreicht sein, wenn etwa alle Rechner hochauflösende Grafiken untereinander austauschen. Im Allgemeinen sollten Sie nicht mehr als sechs bis acht Computer in einem Ad-hoc-Netz zusammenschließen.

4.3 Ad-hoc-Netz einrichten

Um Computer zu einem drahtlosen Ad-hoc-Netzwerk zusammenzuführen, müssen Sie sie zunächst auf drahtloser Ebene einander bekannt machen. Dazu müssen Sie auf jedem der beteiligten Computer folgende WLAN-Parameter identisch vorgeben:

- SSID = Funknetzname
- Channel = Funkkanal
- WEP-Key = Schlüsselung der Funkstrecke

Damit sich nicht nur die WLAN-Adapter der Computer „sehen", sondern die Computer selbst miteinander in Verbindung treten können, müssen sie auch netzwerktechnisch vorkonfiguriert sein: Sie benötigen alle zueinander passende IP-Adressen.

Übernehmen Sie für die IP-Adresse beispielsweise die Struktur, die Sie bereits im Zusammenhang mit der Installation des WLAN-Ethernet-Adapters kennen gelernt haben – also 192.168.0.x, wobei jeder Computer einen anderen Wert für x bekommt. Damit stellen Sie sicher, dass alle beteiligten Computer innerhalb dieses Ad-hoc-Netzes kommunizieren können.

Funk-Parameter einrichten

Um die Funk-Parameter einzustellen, öffnen Sie das Konfigurationsmenü des jeweiligen WLAN-Adapters. Wir praktizieren das in diesem Beispiel mit dem WLAN-USB-Adapter DWL-120+ von D-Link, den wir nach erfolgreicher Treiberinstallation an der USB-Schnittstelle unseres Computers angeschlossen haben.

WLAN ~ echt einfach

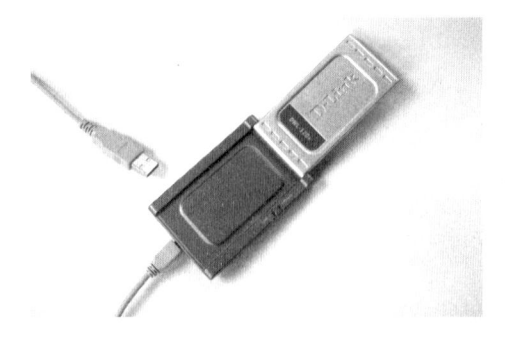

Bild 4.3 – Den Aufbau eines Ad-hoc-Netzes demonstrieren wir anhand des WLAN-USB-Adapters DWL-120+ von D-Link.

Wir konzentrieren uns an dieser Stelle auf die herstellerspezifischen Konfigurations-Dialoge – die Einrichtung eines Funknetzes mit Hilfe der Windows-XP-Assistenten wird in Abschnitt 5.4 erläutert.

Um die herstellerspezifischen Einstellungsoptionen zu erreichen, müssen Sie zunächst den Windows-Assistenten abschalten.

▶ **1** Öffnen Sie mit START / SYSTEMSTEUERUNG / NETZWERK- UND INTERNET-VERBINDUNGEN / NETZWERKVERBINDUNGEN den Ordner der Netzwerkverbindungen.

▶ **2** Klicken Sie mit der rechten Maustaste auf das Symbol der drahtlosen Netzwerkverbindung und im Kontextmenü auf EIGENSCHAFTEN.

Bild 4.4 – Über die EIGENSCHAFTEN kommen Sie an das Konfigurationsmenü eines Netzwerkadapters heran.

▶ **3** Schalten Sie den Windows-Konfigurations-Assistenten aus, indem Sie auf der Registerkarte DRAHTLOSNETZWERKE durch einen Klick das Häkchen vor WINDOWS ZUM KONFIGURIEREN DER EINSTELLUNGEN VERWENDEN entfernen.

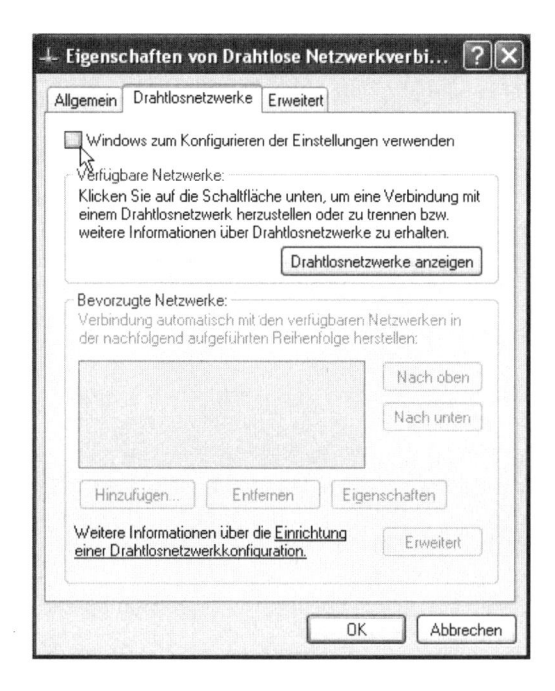

Bild 4.5 – Um mit der Konfigurations-Software des Herstellers zu arbeiten, müssen Sie zuerst den Windows-Assistenten ausschalten.

▶ **4** Schließen Sie das Fenster mit einem Klick auf OK.

▶ **5** Nun können Sie die Hersteller-Software zum Einstellen verwenden. Öffnen Sie das Konfigurationsprogramm Ihres WLAN-Adapters. Sie finden es im Programmmenü unter D-LINK AIRPLUS DWL-120+ WIRELESS USB ADAPTER.

WLAN ~ echt einfach

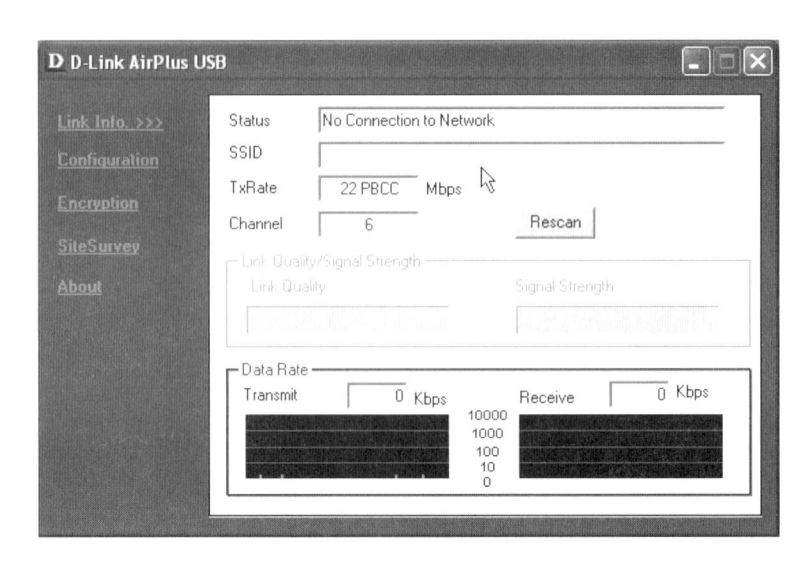

Bild 4.6 – Die LINK INFO zeigt, dass noch keine WLAN-Verbindung besteht. Im Ad-hoc-Betrieb zeigen die Fenster für die Verbindungsgüte (LINK QUALITY) und die Signalstärke (SIGNAL STRENGTH) nichts an. Der Sendekanal (CHANNEL) ist ab Werk auf 6 voreingestellt.

▶ 6 Klicken Sie auf CONFIGURATION, um die weiteren Einstellungen vorzunehmen. Überlegen Sie sich einen Namen für das Ad-hoc-Funknetz. Wir nennen unseres – dem Titel dieses Buches folgend – WLAN-echt-einfach.

▶ 7 Tragen Sie in das Feld SSID den Namen des Funknetzes ein, stellen Sie den WIRELESS MODE auf AD-HOC und den Kanal beispielsweise auf 1.

echt einfach ~ **WLAN**

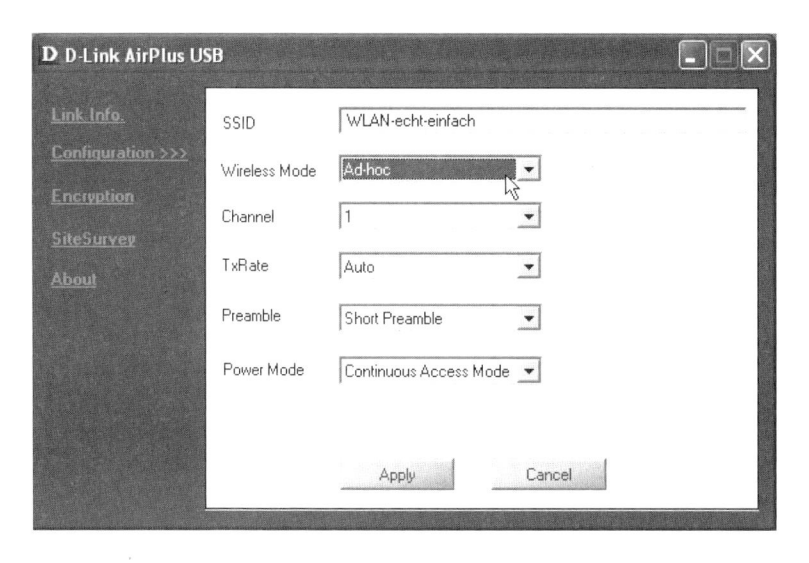

[Screenshot: D-Link AirPlus USB Konfigurationsfenster mit SSID "WLAN-echt-einfach", Wireless Mode "Ad-hoc", Channel 1, TxRate Auto, Preamble Short Preamble, Power Mode Continuous Access Mode]

Bild 4.7 ~ Während Sie den Namen für das Funknetz (SSID) frei eingeben (bitte ohne Umlaute oder Sonderzeichen) und den Funkkanal zwischen 1 und 13 frei bestimmen können, müssen Sie den WIRELESS MODE auf AD-HOC stellen.

▶ 8 Schließen Sie die Konfiguration mit einem Klick auf APPLY (Anwenden). Es erscheint erneut der Schirm mit der LINK INFO.

▶ 9 Geben Sie diese Werte bei jedem Computer ein, der Zugang zum Ad-hoc-Netz „WLAN-echt-einfach" bekommen soll. Wir haben beispielsweise ein in der Nähe stehendes Notebook mit WLAN-Cardbus-Adapter (DWL-650+ von D-Link) im Ad-hoc-Netz angemeldet. Prompt zeigt die LINK INFO unter STATUS ein WLAN-Gerät an, wenngleich mit einer etwas kryptischen Bezeichnung.

WLAN ~ echt einfach

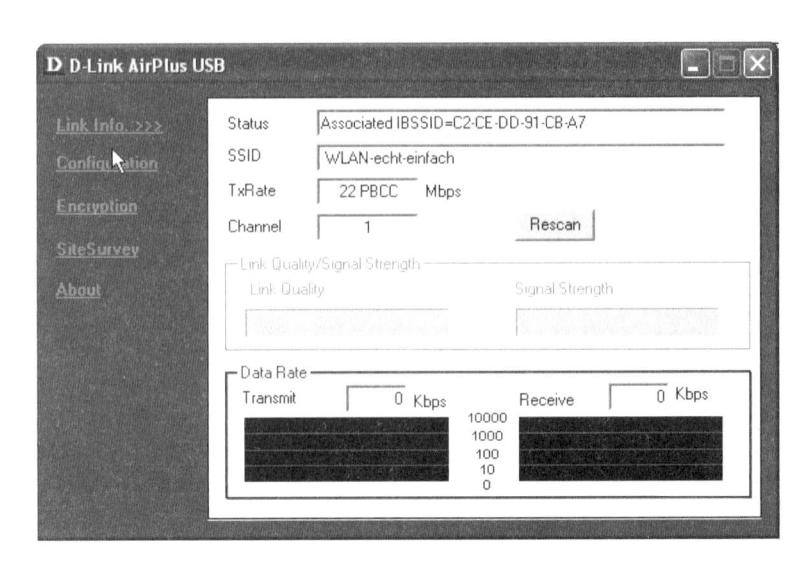

Bild 4.8 – Der WLAN-USB-Adapter hat ein weiteres Gerät gefunden und meldet es mit dessen MAC-Adresse C2 CE DD 91 CB A7 – sie gehört zu einem WLAN-Cardbus-Adapter der Baureihe DWL-650+ von D-Link.

In dieser Grundkonfiguration werden sich die Computer des Ad-hoc-Netzes problemlos treffen, doch ist das Netz noch ungesichert. Einen Schlüssel können Sie unter ENCRYPTION eingeben – doch dem Thema Sicherheit wenden wir uns in einem eigenen Kapitel zu.

Das Konfigurationsmenü bietet Ihnen mit SITESURVEY ein einfaches Werkzeug an, mit dem Sie sich funktechnisch in der Umgebung umsehen können

Erscheint die WLAN-Verbindung nicht? Der von Ihnen eingestellte Kanal „1" könnte bereits belegt oder schlicht gestört sein. Wählen Sie bei Schritt 7 einfach einen anderen Kanal. Eine ausführliche Darstellung der Kanalwahl finden Sie in Kapitel 5.

echt einfach ~ **WLAN**

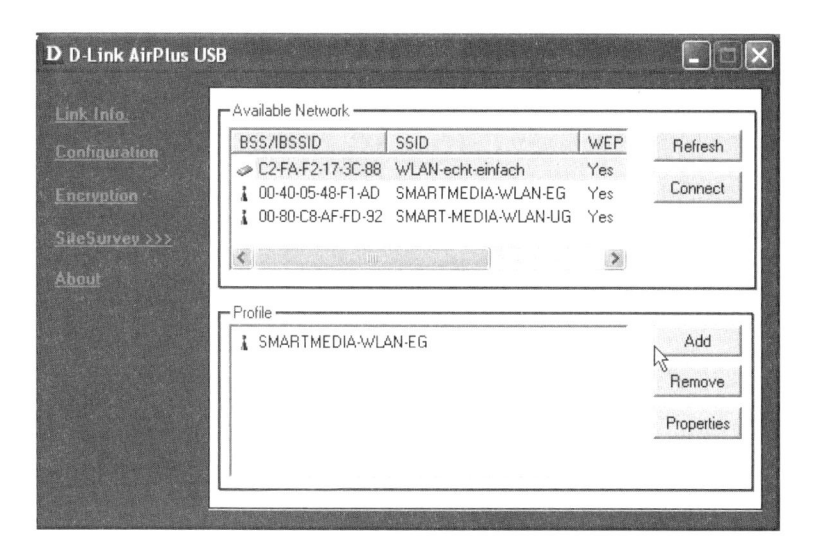

Bild 4.9 — Mit einem Blick in das SITESURVEY-Werkzeug ermitteln Sie alle WLANs im Empfangsbereich Ihres WLAN-Adapters. Zuoberst sehen Sie die Ad-hoc-Verbindung zum DWL-650+, gefolgt von zwei Infrastruktur-Netzwerken.

Damit steht funkseitig die Ad-hoc-Netzwerkverbindung, und sofern beide Computer im gleichen IP-Subnetz sind, müssen sie sich nun auch auf Betriebssystemebene gegenseitig wahrnehmen können.

Wie Sie die IP-Adresse Ihrer WLAN-Adapter einstellen, haben Sie bereits in Kapitel 3 erfahren.

Ob auch auf Ebene des Internetprotokolls eine Verbindung steht, können Sie testen, indem Sie im Startmenü die EINGABEAUFFORDERUNG öffnen und den Befehl ping gefolgt von der IP-Adresse des anderen Gerätes, z. B. des Notebooks, eingeben. Welche IP-Adresse Ihr Computer hat, finden Sie in der Eingabeaufforderung mit dem Befehl ipconfig heraus. Welche Computer überhaupt im Netz erreichbar sind, erfahren Sie durch Eingabe des Befehls net mit dem Zusatz view.

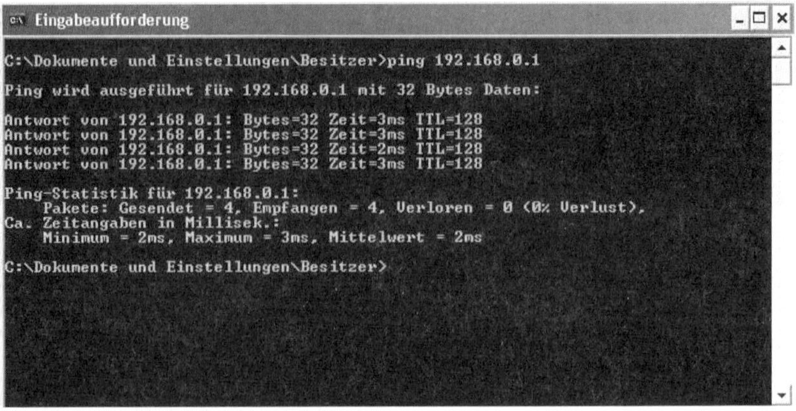

WLAN ~ echt einfach

```
C:\Dokumente und Einstellungen\Besitzer>ping 192.168.0.1

Ping wird ausgeführt für 192.168.0.1 mit 32 Bytes Daten:

Antwort von 192.168.0.1: Bytes=32 Zeit=3ms TTL=128
Antwort von 192.168.0.1: Bytes=32 Zeit=3ms TTL=128
Antwort von 192.168.0.1: Bytes=32 Zeit=2ms TTL=128
Antwort von 192.168.0.1: Bytes=32 Zeit=3ms TTL=128

Ping-Statistik für 192.168.0.1:
    Pakete: Gesendet = 4, Empfangen = 4, Verloren = 0 (0% Verlust),
Ca. Zeitangaben in Millisek.:
    Minimum = 2ms, Maximum = 3ms, Mittelwert = 2ms

C:\Dokumente und Einstellungen\Besitzer>
```

Bild 4.10 ~ Ist der Computer des Partners erreichbar? In der Eingabeaufforderung können Sie das mit dem `ping`-Kommando prüfen.

4.4 Internetzugang im Ad-hoc-Netz

Wie eingangs beschrieben, ist ein Ad-hoc-Netz nicht unbedingt ein System für den dauerhaften Einsatz. Profis schließen ihre Computer beispielsweise in Konferenzen zusammen und heben diese Vernetzung nach dem Meeting wieder auf. Doch gerade für Familien ist das Ad-hoc-Netz eine interessante und vor allem preiswerte Alternative zum Kauf eines Routers, wenn nur zwei oder drei Computer einen gemeinsamen Zugang zum Internet bekommen sollen. Das ist durchaus möglich und soll an einem Beispiel gezeigt werden.

Ist nämlich einer der im Ad-hoc-vernetzten Computer selbst am Internet angeschlossen, beispielsweise mit einem ISDN-Adapter oder DSL-Modem, kann er ohne weiteres über das klassische DFÜ-Netzwerk im Internet surfen und E-Mails abrufen bzw. versenden. Andere Computer des Netzes können dies zunächst noch nicht. Das können Sie mit Hilfe der Windows-Funktion *Internet Connection Sharing (ICS)* ändern.

Beim ICS handelt es sich im Grunde genommen zunächst einmal um die Freigabe der Ressource eines Rechners im LAN, jedoch mit dem Unterschied, dass es sich weder um einen Drucker noch um einen Ordner bzw. eine Datei, sondern um eine möglicherweise kostenpflichtige Verbindung ins Internet handelt. Dies sollten Sie bedenken, wenn Sie das WLAN ungeschützt lassen.

> **Sicherheitshinweis**
> Weil in diesem Buch auf die Sicherheit des Wireless LAN in einem eigenen Kapitel eingegangen wird, werden in diesem Kapitel keinerlei Schutzmaßnahmen besprochen. Ein wie in diesem Beispiel konfiguriertes WLAN ist also nicht sicher! Jeder, der das Netz mit einem geeigneten Sniffer-Programm findet, kann sich also problemlos der freigegebenen Ressourcen der angeschlossenen Computer bedienen. Das gilt auch für eine eventuelle Freigabe eines Internetverbindungsweges. Die Konsequenzen können im einfachsten Fall hohe Kosten sein, die durch eine fremde Nutzung des Internet-Accounts entstehen. Es können aber auch strafrechtlich relevante Probleme entstehen, wenn ein Angreifer über Ihren Internetzugang mit Ihrem Account verbotene Inhalte – z. B. Kinderpornografie etc. – konsumiert. Lesen Sie deshalb bitte unbedingt auch Kapitel 6 zur Sicherheit im Wireless LAN und schützen Sie Ihr Netz vor fremden Zugriffen.

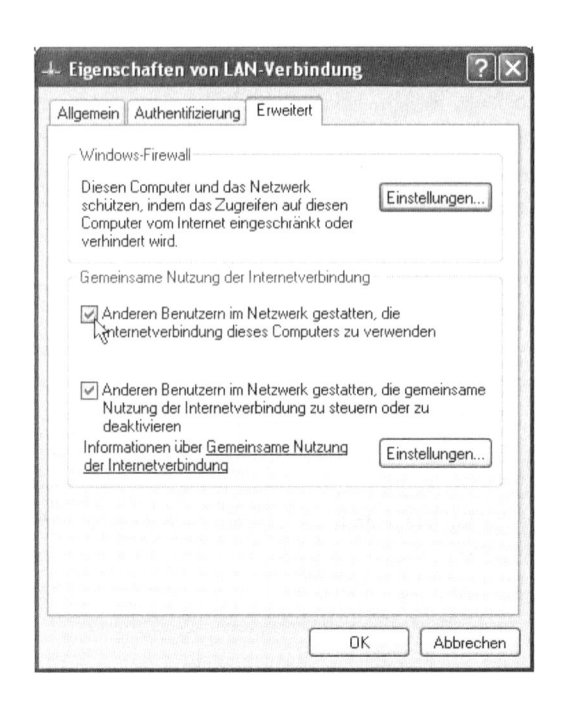

Bild 4.11 – Mit der Aktivierung der Optionen zu GEMEINSAME NUTZUNG DER INTERNETVERBINDUNG geben Sie die auf diesem Computer verfügbare Internetverbindung für alle im Netz angeschlossenen Rechner frei.

Mit der Aktivierung des ICS führt Windows alle nötigen Änderungen in der Netzwerkkonfiguration völlig selbsttätig und ohne weitere Rückfragen durch. So wird beispielsweise für die Netzwerkverbindung die feste IP-Adresse 192.168.0.1 eingestellt und ein DHCP-Dienst zur automatischen IP-Adressenvergabe gestartet.

> **Automatische IP-Adressenvergabe per DHCP**
> Wenn im gesamten Netzwerk die automatische Vergabe der IP-Adressen vorgesehen ist, ist dies zweifellos die einfachste Möglichkeit, um ein funktionsfähiges Netzwerk einzurichten. Das dazugehörige Dienstprogramm, der DHCP-Server, vergibt auf Anforderung von Rechnern im Netzwerk gültige Adressen. Meist werden auch weitere Parameter wie Gateway und DNS-Server-Adresse übertragen.

echt einfach ~ **WLAN**

Auch wenn die Sicherheit eines drahtlosen Netzwerkes in einem eigenen Kapitel behandelt wird, so soll an dieser Stelle nicht verschwiegen werden, dass auch die Funktion „Internet Connection Sharing" sehr interessante Möglichkeiten anbietet, um den Zugriff von Computern aus dem Internet zu beschränken. Sie sollten in jedem Fall die Windows-eigene Firewall aktivieren.

Damit nun auch die anderen Computer im Netzwerk – unabhängig davon, ob sie drahtgebunden oder drahtlos angeschlossen sind – auf diese Internetverbindung zugreifen können, müssen noch einige Parameter in deren Einstellungen konfiguriert werden. Neben der IP-Adresse des eigenen Rechners und der Netzmaske – diese Parameter haben Sie schon kennen gelernt – müssen zwei weitere IP-Adressen bekannt sein:

- Das Standard-Gateway definiert den Computer (oder Router), der den Zugang zum Internet bereitstellt.
- Der DNS-Server übersetzt Server-Namen – zum Beispiel *www.tomsnetworking.de* – in gültige IP-Adressen.

Beide Adressen sind beim Internetzugang mit ICS gleich, weil der Computer, der die Internetverbindung zur Verfügung stellt, auch gleichzeitig die Anfragen zur Namenauflösung an einen DNS-Server im Netz weiterleitet.

Dank des von ICS gestarteten DHCP-Servers ist dies sehr einfach: Aktivieren Sie in den EIGENSCHAFTEN VON INTERNETPROTOKOLL die Punkte IP-ADRESSE AUTOMATISCH BEZIEHEN und DNS-SERVERADRESSE AUTOMATISCH BEZIEHEN.

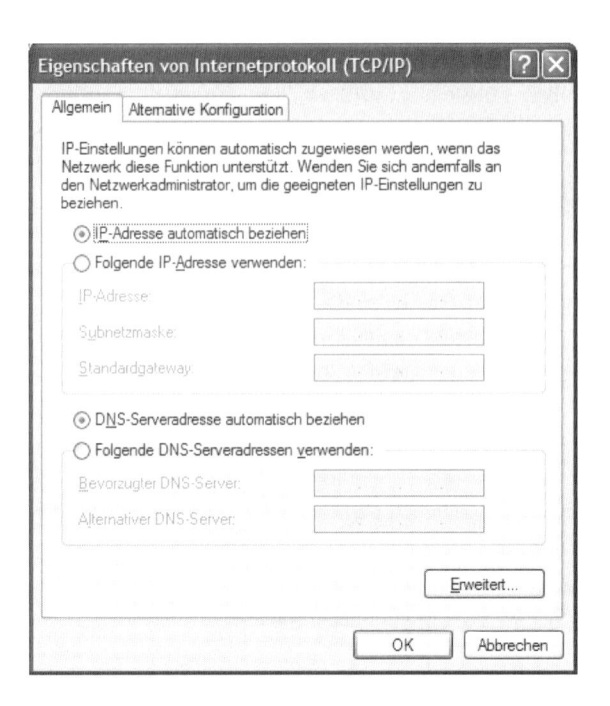

Bild 4.12 – Alle Computer, die auf das Internet über ICS zugreifen, müssen ihre Netzwerkparameter automatisch beziehen.

In diesem Kapitel erfahren Sie:

- *Was ist ein Infrastruktur-WLAN?*
- *Welche Infrastruktur-WLAN-Arten gibt es?*
- *Welche Voraussetzungen müssen Sie beachten?*
- *Wie wird ein WLAN-Internet-Router installiert?*
- *Wie wird die WLAN-Ausdehnung vergößert?*

WLAN-Infrastruktur

Nachdem Sie die einfachste Form eines drahtlosen Netzes, das Ad-hoc-Netz, kennen gelernt haben, wollen wir nun ein so genanntes Infrastruktur-Netzwerk aufbauen. Das Infrastruktur-WLAN kommt immer dann zum Einsatz, wenn ein drahtloses mit einem verdrahteten Netzwerk gekoppelt wird, sei es

- ein Heim- oder Büro-Netzwerk mit Internetzugang,
- ein flächendeckendes Firmennetz oder
- ein Wireless Public Hotspot im Internetcafé.

5.1 Was ist ein Infrastruktur-WLAN?

Diese Form des Wireless LAN erfordert zwar ein zusätzliches zentrales Gerät, den Access Point, bietet aber verschiedene Vorteile, die den zusätzlichen Aufwand rechtfertigen. Ein Infrastruktur-WLAN besteht aus einer Vermittlungszentrale, dem so genannten Access Point (Zugangspunkt), und einem oder mehreren Computern, den so genannten WLAN-Clients.

In einer WLAN-Infrastruktur lassen sich meist mehr WLAN-Geräte betreiben als in einem Ad-hoc-Netz, weil die Zuteilung der Sendezeiten zentral von einem so genannten *Access Point* gesteuert wird. Ein Funknetz, bestehend aus einem solchen Zugangspunkt und den assoziierten Client-Computern, wird als *Basic Service Set* (BSS) bezeichnet.

Ein gemeinsamer Zugang zum Internet ist im häuslichen Einsatz oberstes Ziel, und aus dem Geschäftsleben ist ein Internetzugang für das Gros der Mitarbeiter ebenfalls nicht mehr wegzudenken.

Ein drahtloses Netzwerk allein kann den Zugang ins Internet nicht herstellen – es vernetzt lediglich die eingebuchten Computer untereinander. Den Weg ins Internet eröffnet erst ein Gerät namens Router. Er ist es, der die Datenpakete aus dem lokalen Netz, dem LAN (Local Area Network) ins globale Netz, das WAN (Wide Area Network) umdirigiert, sofern ein DSL- oder Kabelmodem eine Verbindung zum Internet-Provider hergestellt hat.

echt einfach ~ **WLAN**

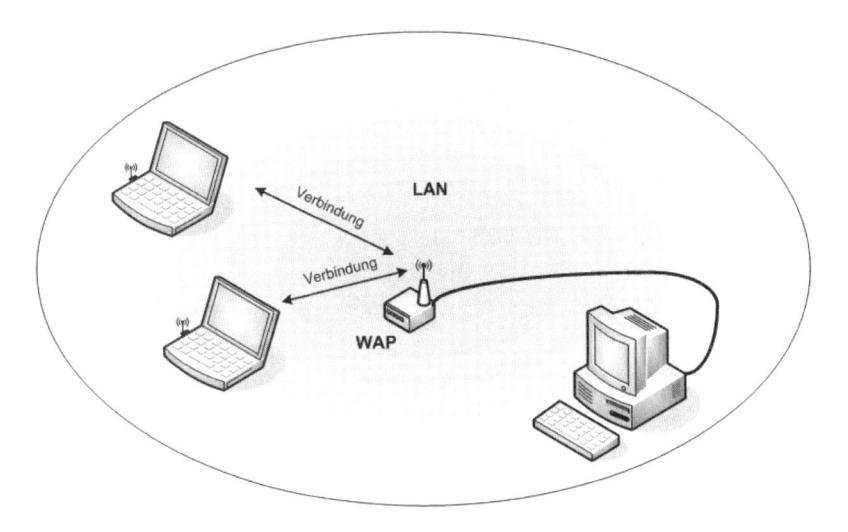

Bild 5.1 ~ Das einfachste Infrastruktur-WLAN ist das Basic Service Set (BSS), bestehend aus *Wireless Access Point* (WAP) und mehreren Client-Computern.

Es gibt zwei Gründe, warum in einem Infrastruktur-Netzwerk mehr Benutzer teilnehmen können als in einem Ad-hoc-Funknetz:

- Zum einen managt im Infrastruktur-WLAN eine zentrale Instanz – der Access Point – den gesamten drahtlosen Funkverkehr, indem er ihn ausschließlich über sich abwickelt. Unkoordiniertes Funken von PC zu PC unterbleibt, die Bandbreite der Funkzelle wird optimal ausgenutzt.
- Zum anderen lassen sich mehrere Access Points so miteinander vernetzen, dass sie größere Bereiche oder mehrere Räume in einem Gebäude drahtlos abdecken können. Dann kann ein Anwender mit seinem Notebook sogar von Raum zu Raum gehen (*Roaming*), ohne die Verbindung zum Funknetz zu verlieren, auch wenn sich sein WLAN-Gerät immer wieder bei anderen Access Points einbucht.

109

5.2 Client-Voraussetzungen im Infrastruktur-WLAN

Beim Ad-hoc-Netzwerk haben wir bereits auf einige Voraussetzungen hingewiesen, die zur Errichtung des drahtlosen Netzwerkes gegeben sein müssen. Im Ad-hoc-Netz müssen sich alle Benutzer über die Wahl des Sendekanals und Funknetznamens des *Service Set Identifiers* (SSID) einig sein. Im Infrastruktur-WLAN gibt der Verwalter diese Einstellungen dem Access Point respektive WLAN-Router vor.

Die Konfiguration der Client-Computer innerhalb des Infrastruktur-Netzwerkes unterscheidet sich nicht wesentlich vom Ad-hoc-Netzwerk.

Der wichtigste Unterschied: Der Betriebsmodus muss auf INFRASTRUKTUR stehen, damit sich die Computer am Access Point anmelden können. Den SENDEKANAL gibt der Access Point vor.

Zur Wiederholung:

▶ 1. Geben Sie den Computern im (W)LAN zueinander passende IP-Adressen, oder verwenden Sie einen DHCP-Server, um den Client-PCs IP-Adressen automatisch zuweisen zu lassen.

▶ 2. Buchen Sie die Netzwerkadapter der einzelnen Computer auf einen einheitlichen – vom Verwalter des Access Points vorgegebenen – Netzwerknamen ein, den Service Set Identifier.

▶ 3. In einem Infrastruktur-WLAN erhalten die WLAN-Clients die Information, auf welchem Kanal sie senden dürfen, vom Access Point.

▶ 4. Auch bei der Infrastruktur ist zu beachten: Sobald das Netzwerk erstmalig in Betrieb genommen und dessen Funktion sichergestellt ist, muss es abgesichert werden. Bitte lesen Sie deshalb unbedingt das entsprechende Kapitel 6 in diesem Buch.

Wenn Sie in einem Haus mehrere Access Points betreiben wollen, sollten Sie zwischen ihnen Verbindungskabel verlegen. Hier kommen klassische Netzwerkkabel mit einer Qualität der Kategorie 5 (Cat.5) in Frage. Wenn die Verbindung weder über einen Hub noch einen Switch – also direkt – erfolgt, muss ein *gekreuztes Kabel* (Cross-over-Cable) verwendet werden.

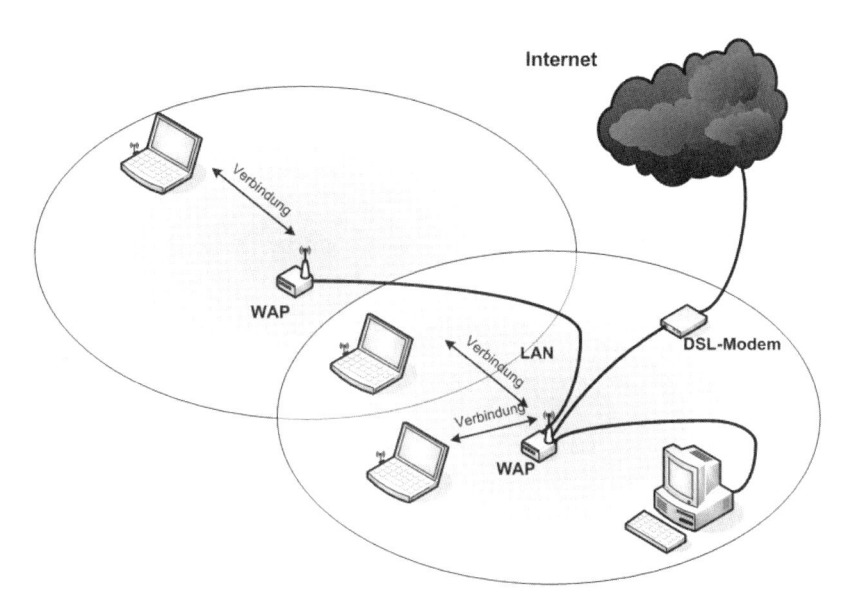

Bild 5.2 – Mehrere Access Points (WAP) können miteinander vernetzt werden und so ein großräumiges Funknetz bilden.

5.3 WLAN-Internet-Access-Router einrichten

In diesem Abschnitt erfahren Sie, wie Sie allen Computern innerhalb des lokalen Netzwerkes einen gemeinsamen Zugang zum Internet öffnen und diesen darüber hinaus vor Missbrauch schützen. Insbesondere bei der Nutzung des Internetzugangs durch Kinder sind hier die Filterfunktionen zu betonen.

Zum drahtlosen Surfen benötigen Sie, wie eingangs erwähnt, einen WLAN-Access-Point und einen Router, der über ein Modem die Verbindung zum Internet-Provider herstellt.

WLAN ~ echt einfach

Bild 5.3 – Access-Point, Internet-Access-Router, Ethernet-Switch und Print-Server vereint der DI-714P+ von D-Link in sich.

Ein solches Kombi-Gerät ist der Wireless Router DI-714P+ von D-Link, der folgende Komponenten und Funktionen in sich vereint:

- WLAN-Access-Point,
- Internet-Access-Router,
- Vier-Port-Switch,
- Print-Server und
- Firewall.

Die Funktion eines WLAN-Access-Points lernen Sie en détail im Abschnitt 15.4, „Einfache WLAN-Infrastruktur", kennen, den Print-Server beschreiben wir weiter unten und die Firewall in Kapitel 6, „Sicheres WLAN".

Internet-Access-Router

Der DI-714P+ ist ein Breitband-Internet-Access-Router für den Anschluss an ein Kabel- oder DSL-Modem. Das Gerät besitzt keine ISDN- oder serielle Schnittstelle für den Anschluss eines analogen Modems. Dies sollte bereits vor der Auswahl des Gerätes beachtet werden.

Für die Konfiguration des Routers setzen wir voraus, dass dieser bereits im Netzwerk eingebunden wurde. Wie Sie eine WLAN-Infrastruktur mit einem Access Point einrichten, erfahren Sie en détail im folgenden Abschnitt. Das, was Sie zum

echt einfach ~ **WLAN**

Einrichten der Funkzelle eines WLAN-Internet-Access-Routers benötigen, haben Sie bereits in Kapitel 4 erfahren:

- Es wird ein Netzwerkname (SSID) festgelegt, der auch in allen Clients eingetragen werden muss. Nur so können sich die einzelnen Computer innerhalb des drahtlosen Netzes am Access Point anmelden.
- Der Access Point wird auf einen bestimmten Kanal eingestellt, der zweckmäßigerweise nicht mit den Kanälen benachbarter Netze kollidiert.

Diese Konfigurationen werden im Menü HOME / WIRELESS vorgenommen. Auf der drahtgebundenen Seite müssen Sie eine zum Netzwerk passende IP-Adresse konfigurieren.

> **Hinweis**
> Den WLAN-Internet-Access-Router DI-714P+ können Sie ebenfalls als DHCP-Server einrichten, so dass er den angeschlossenen Computern eine IP-Adresse automatisch zuweisen kann.

Inbetriebnahme des WLAN-Internet-Access-Routers

Bevor Sie sich der Inbetriebnahme und Konfiguration Ihres neuen WLAN-Internet-Access-Routers zuwenden, legen Sie sich bitte folgende Materialien zurecht:

- zwei Ethernet-Patch-Kabel und
- die Zugangsdaten Ihres Internet-Service-Providers.

Ferner gehen wir davon aus, dass Sie bereits einen DSL- oder Kabelanschluss sowie das zugehörige DSL- oder Kabel-Modem haben und dass es an der Telefonleitung über den allfälligen Splitter angeschlossen ist.

Auf der Rückseite des Gerätes befinden sich – optisch identische – RJ-45-Steckbuchsen. An diese Steckbuchsen können Sie Cat.5-Netzwerkkabel anschließen. Vier dieser Buchsen führen zum internen Switch. Sie dienen zum direkten Anschluss von Computern im kabelgebundenen LAN. (Die mit „1" bezeichnete Buchse verwenden Sie bei Bedarf, um mehrere Switches hintereinander zu schalten.) Der

WLAN ~ echt einfach

fünfte, mit „WAN" beschriftete Anschluss ist für die Verbindung zum DSL- oder Kabelmodem vorgesehen.

▶ 1 Schließen Sie die Stromversorgung an.

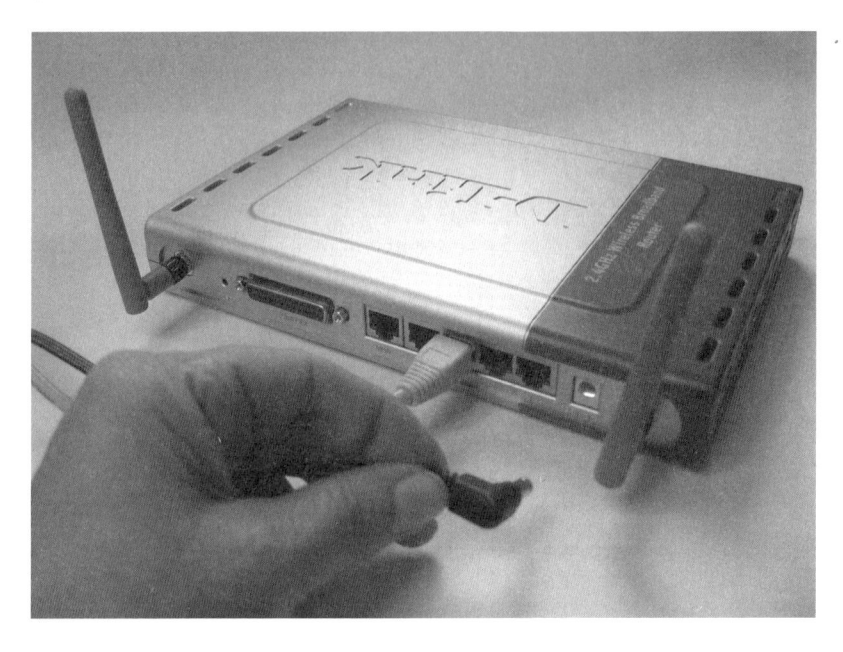

Bild 5.4 – Wichtig: Der Netzwerkstecker darf nicht gewaltsam in die Buchse gesteckt werden, muss aber spürbar einrasten.

Nun muss auf der Vorderseite die POWER-Anzeige grün leuchten.

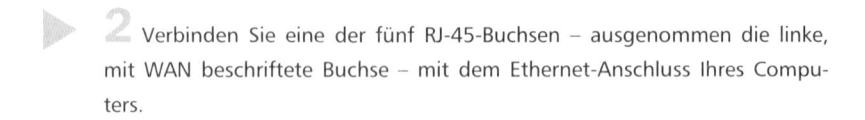

▶ 2 Verbinden Sie eine der fünf RJ-45-Buchsen – ausgenommen die linke, mit WAN beschriftete Buchse – mit dem Ethernet-Anschluss Ihres Computers.

echt einfach ~ **WLAN**

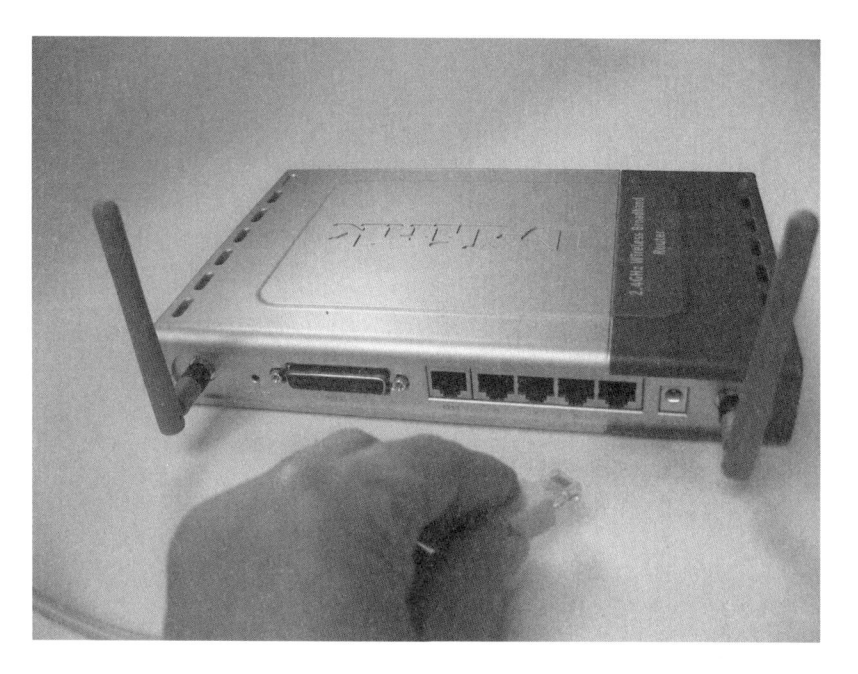

Bild 5.5 — Anschluss eines Cat.5-Netzwerkkabels zur Verbindung des Access Points mit einem Switch im drahtgebundenen Netzwerk. Die mit WAN beschriftete Buchse ist für den Anschluss des DSL- oder Kabelmodems reserviert.

Nun muss auf der Vorderseite im Feld LOCAL AREA NETWORK die korrespondierende Anzeige grün leuchten. Wenn nicht, ist Ihr Computer ausgeschaltet, seine Ethernet-Netzwerkkarte ist inaktiv oder Sie haben ein falsches oder defektes Kabel verwendet.

▶ 3 Verbinden Sie den WAN-Anschluss (Wide Area Network) mit Ihrem DSL- oder Kabelmodem mittels eines Ethernet-Kabels.

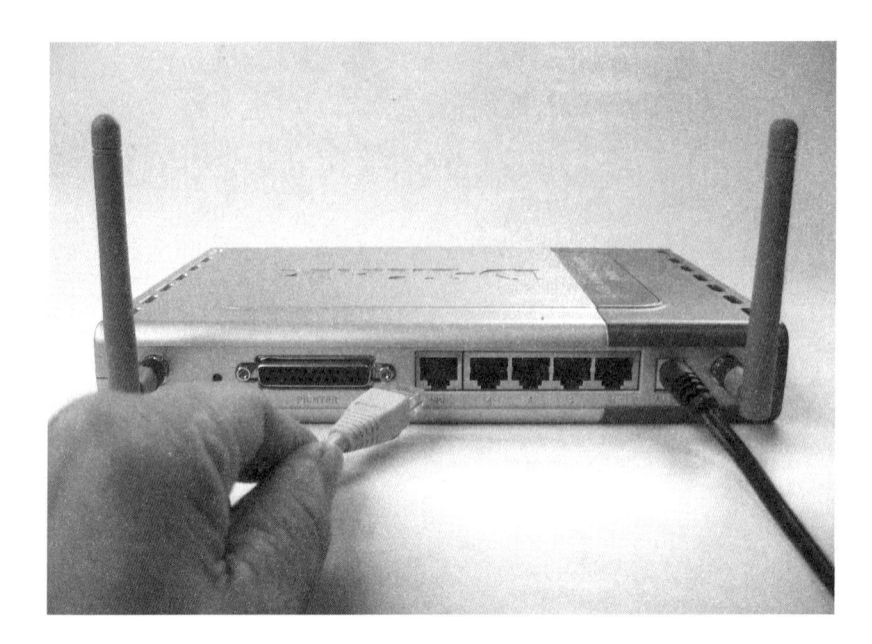

Bild 5.6 – Der korrekte Anschluss für das DSL- oder Kabelmodem ist die linke der fünf RJ-45-Buchsen. Sie ist mit WAN beschriftet.

Bereiten Sie nun den Netzwerkanschluss Ihres Computers für die Kontaktaufnahme zum WLAN-Internet-Access-Router vor.

▶ 4 Öffnen Sie durch Klicken auf START und auf SYSTEMSTEUERUNG das Fenster der Systemsteuerung und klicken Sie auf NETZWERK- UND INTERNETVERBINDUNGEN.

echt einfach ~ **WLAN**

Bild 5.7 – Die Netzwerkeinstellungen Ihres PCs erreichen Sie über die Systemsteuerung.

▶ 5 Öffnen Sie mit einem Klick auf NETZWERKVERBINDUNGEN das Fenster, das Ihnen die vorhandenen Netzwerkverbindungen anzeigt.

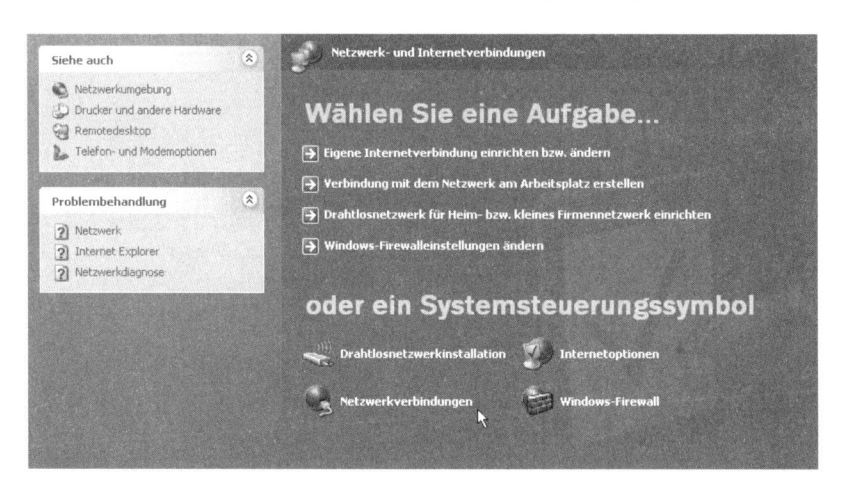

Bild 5.8 – Ein Klick auf NETZWERKVERBINDUNGEN führt Sie an die Stelle, an der Sie Ihre Netzwerkverbindungen konfigurieren können. Die WINDOWS-FIREWALL rechts unten müssen Sie deaktivieren.

WLAN ~ echt einfach

▶ **6** D-Link rät: Schalten Sie vorübergehend alle Firewall-Programme wie Zonealarm, Norton- oder McAfee Internet Security oder ähnliche ab – ebenso die Windows-eigene. Dazu genügt ein Klick auf INAKTIV (NICHT EMPFOHLEN) und die Bestätigung mit OK. Danach finden Sie sich im Fenster NETZWERK- UND INTERNETVERBINDUNGEN wieder.

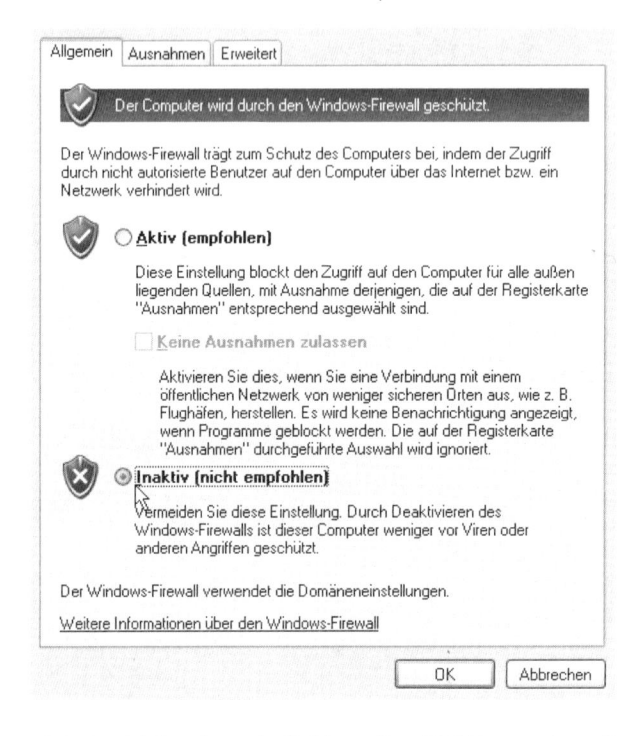

Bild 5.9 – Schalten Sie vor der Einrichtung Ihres WLAN-Internet-Access-Routers vorübergehend alle Firewalls ab – hier die Windows-eigene.

▶ **7** Klicken Sie nun im Fenster NETZWERK- UND INTERNETVERBINDUNGEN entweder mit der rechten Maustaste auf das Symbol der LAN-VERBINDUNG oder markieren Sie es und klicken Sie im Bereich NETZWERKAUFGABEN auf EINSTELLUNGEN DIESER VERBINDUNG ÄNDERN. Beachten Sie, dass dieses Fenster je nach Rechnerausstattung unterschiedliche Verbindungen anzeigen wird. Die für Sie relevante ist freilich die LAN-Verbindung, denn Sie sollten den WLAN-Internet-Access-Router über seine Ethernet-Schnittstelle konfigurieren.

Bild 5.10 ~ Die Eigenschaften des Netzwerkanschlusses erreichen Sie über EINSTELLUNGEN DIESER VERBINDUNG ÄNDERN – oder mit einem Klick der rechten Maustaste auf das Symbol der LAN-VERBINDUNG.

Es öffnet sich das Eigenschaftenfenster LAN-VERBINDUNG, das Ihnen anzeigt, welche Netzwerkelemente bereits installiert sind.

WLAN ~ echt einfach

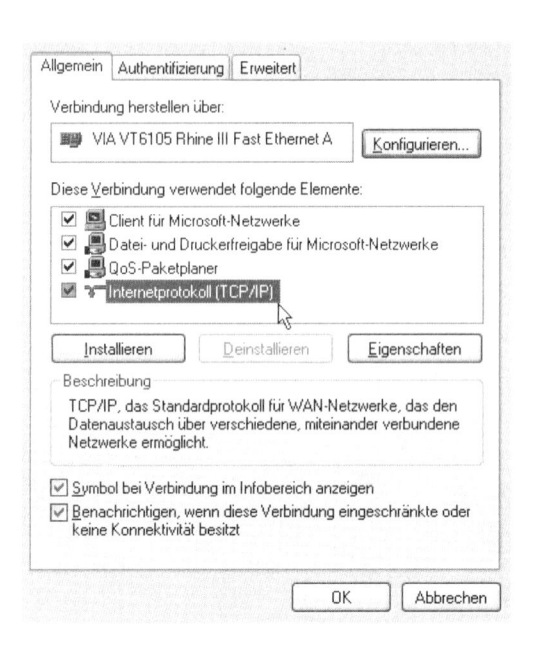

Bild 5.11 ~ Um die LAN-Verbindung für den Zugriff auf Ihren WLAN-Internet-Access-Router fit zu machen, müssen Sie die des Internetprotokolls ändern. Sollte INTERNETPROTOKOLL (TCP/IP) noch nicht installiert sein, so fügen Sie es bitte mit einem Klick auf INSTALLIEREN hinzu.

▸ 8 Führen Sie nun einen Doppelklick auf das INTERNETPROTOKOLL TCP/IP aus oder setzen Sie die Markierung darauf und klicken Sie auf EIGENSCHAFTEN. Wichtig ist hier, dass wie unten abgebildet die IP-Adresse und die DNS-Serveradresse automatisch bezogen wird. So erhält nun der PC eine gültige IP-Adresse sowie alle weiteren Informationen vom DI-714P+, um später online zu gehen.

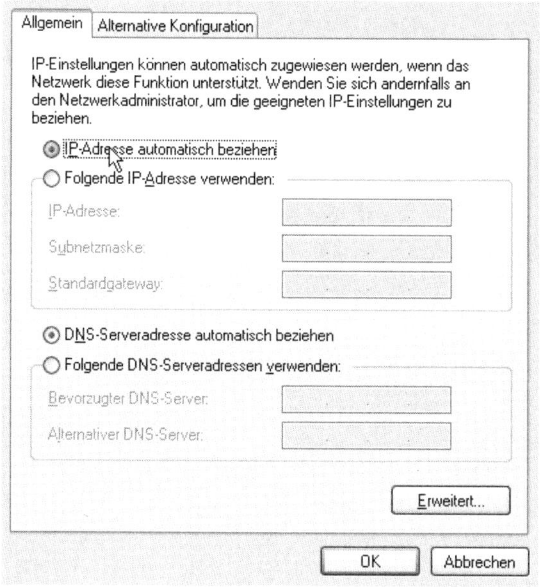

echt einfach ~ **WLAN**

Bild 5.12 ~ Am bequemsten gelingt die Konfiguration Ihres Internet-Access-Routers, wenn Sie IP-ADRESSE AUTOMATISCH BEZIEHEN sowie DNS-SERVERADRESSE AUTOMATISCH BEZIEHEN aktiviert haben.

Sollten Sie mit festen IP-Adressen arbeiten, dann tragen Sie vorübergehend eine IP-Adresse aus dem Bereich 192.168.0.x ein. Die vorletzte Null bezeichnet eines von 255 möglichen Subnetzen. Wichtig: x kann nicht 0, darf nicht 1 und sollte nicht größer als 254 sein. Die 0 benötigt das Netzwerk selbst und die 1 ist die Werkseinstellung des DI-714P+, die Sie anschließend aufrufen werden.

121

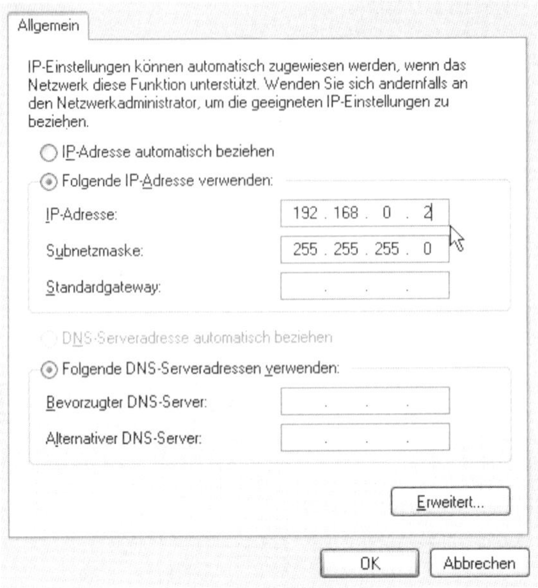

Bild 5.13 – Wenn Sie statische IP-Adressen verwenden, muss das Subnetz das gleiche sein wie dasjenige, das im DI-714P+ ab Werk eingestellt ist. Im Fall einer statischen IP-Adresse benötigen Sie Angaben zum DNS-Server, die Ihnen Ihr Internet-Provider mit Ihrem Vertrag mitgeteilt hat.

▶ **9** Haben Sie alle Einstellungen überprüft und gegebenenfalls geändert, dann schließen Sie nun alle Fenster mit einem Klick auf OK.

Nun können Sie Ihren neuen WLAN-Internet-Access-Router via Netzwerkkabel erreichen. Fahren Sie jetzt mit seiner Konfiguration fort, die ausschließlich über seinen integrierten HTML-Server erfolgt, den Sie über einen Internet-Browser erreichen können.

▶ **10** Öffnen Sie einen Internet-Browser – in diesem Beispiel ist das der mit Windows XP ausgelieferte Internet Explorer 6. Diesen Browser müssen Sie noch etwas anpassen, indem Sie auf EXTRAS und dann auf INTERNETOPTIONEN klicken.

echt einfach ~ **WLAN**

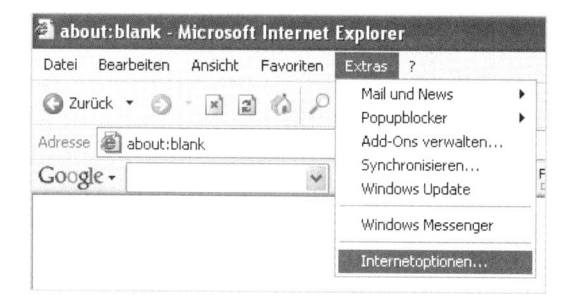

Bild 5.14 – Beim Internet Explorer 6 müssen Sie die Internetoptionen noch einstellen.

▶ **11** Es öffnet sich das Fenster INTERNETOPTIONEN, in dem Sie in der Registerkarte VERBINDUNGEN folgende Einstellungen vornehmen.

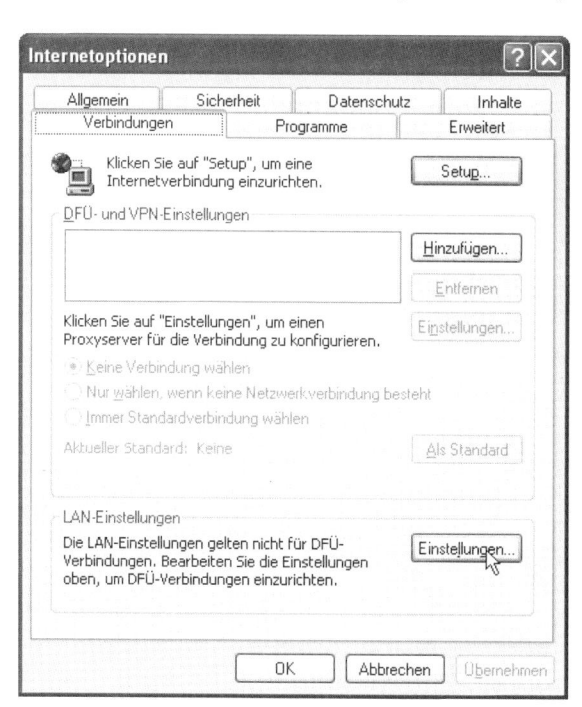

Bild 5.15 – Auf dieser Registerkarte sollten Sie gegebenenfalls KEINE VERBINDUNG WÄHLEN.

123

WLAN ~ echt einfach

▶ **12** Aktivieren Sie in den INTERNETOPTIONEN bitte KEINE VERBINDUNG WÄHLEN. Sollte in der Liste DFÜ- UND VPN-EINSTELLUNGEN kein Eintrag vorhanden sein, dann ist diese Einstellung automatisch aktiv.

▶ **13** Schließen Sie nun die Seite der INTERNETOPTIONEN und tragen Sie in die Adressleiste des Browsers die ab Werk vorgegebene IP-Adresse 192.168.0.1 des D-Link DI-714P+ ein.

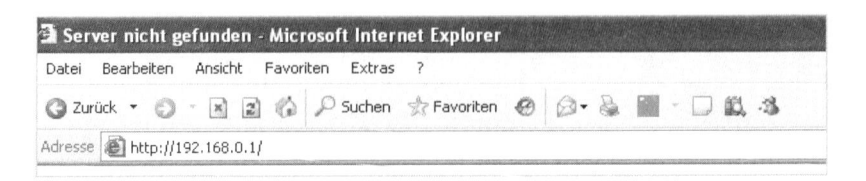

Bild 5.16 – Über diese IP-Adresse erreichen Sie den DI-714P+ über die Kabelverbindung.

▶ **14** Es öffnet sich der Anmeldedialog des WLAN-Internet-Access-Routers, in dem Sie in das Feld BENUTZERNAME bitte das Kennwort admin eintragen. Das Eingabefeld für das Kennwort bleibt zunächst leer – ab Werk ist der Internet-Access-Router nicht passwortgeschützt.

Bild 5.17 – In den Anmeldedialog tragen Sie bitte als BENUTZERNAME admin ein. Da noch kein Kennwort vergeben ist, bleibt dieses Eingabefeld zunächst leer.

echt einfach ~ **WLAN**

▶ **15** Es öffnet sich die *Homepage*, also die Startseite des Internet-Access-Routers, von deren Mitte die Schaltfläche RUN WIZARD prangt. Sobald Sie auf diesen „Zauberer" klicken, startet der Internet-Access-Router seine vollautomatisierten Konfigurationsdialoge, so dass Sie ohne weiteres Handbuchlesen die wesentlichen Konfigurationseinträge der Reihe nach vornehmen können.

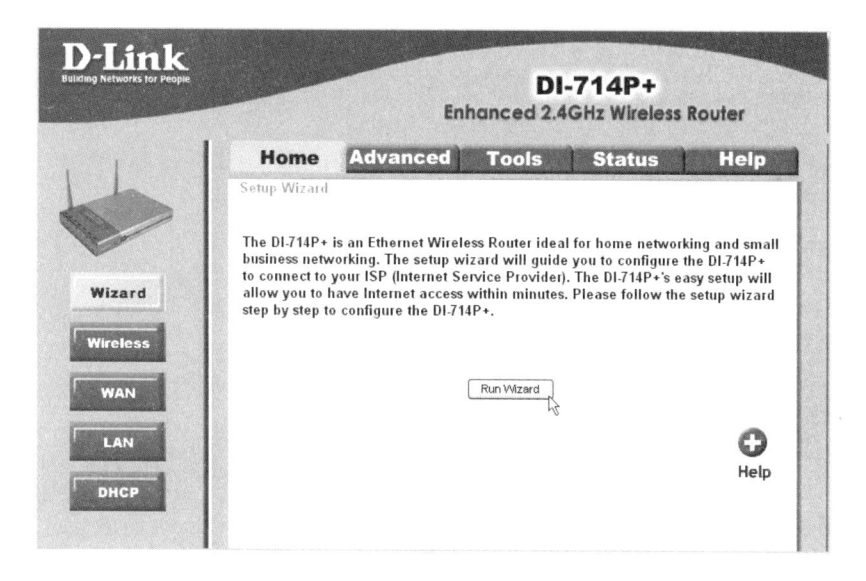

Bild 5.18 – Über die Homepage des DI-714P+ erreichen Sie sämtliche Konfigurationsoptionen. Der Wizard führt Sie durch die betriebsnotwendigen Einstellungen.

▶ **16** Nun begrüßt Sie der Wizard des DI-714P+ mit einer Liste der Aufgaben, die für die Grundeinstellung des WLAN-Internet-Access-Routers erforderlich sind. Mit NEXT, soll heißen: nächste Seite, geht es weiter.

WLAN ~ echt einfach

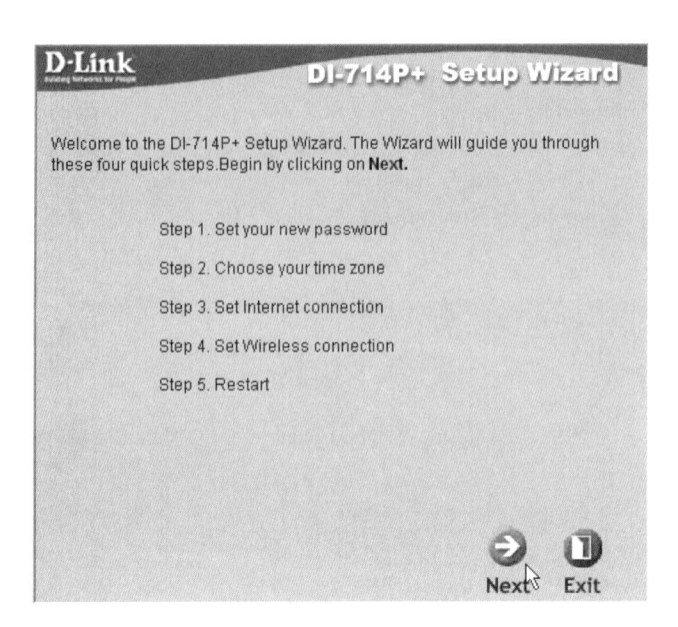

> **D-Link**
> **DI-714P+ Setup Wizard**
>
> Welcome to the DI-714P+ Setup Wizard. The Wizard will guide you through these four quick steps. Begin by clicking on **Next**.
>
> Step 1. Set your new password
> Step 2. Choose your time zone
> Step 3. Set Internet connection
> Step 4. Set Wireless connection
> Step 5. Restart
>
> Next   Exit

Bild 5.19 – Nach fünf Schritten sind die Grundeinstellungen des DI-714P+ vorgenommen.

▶ **17** Geben Sie als Allererstes dem WLAN-Internet-Access-Router ein Passwort. Beachten Sie, dass Sie bei der Ersteinrichtung in das Feld OLD PASSWORD nichts einzutragen brauchen und dass Sie das in NEW PASSWORD eingetragene Kennwort im Feld RECONFIRM erneut eintragen müssen, bevor Sie ein Klick auf NEXT zur nächsten Seite des Wizards führt.

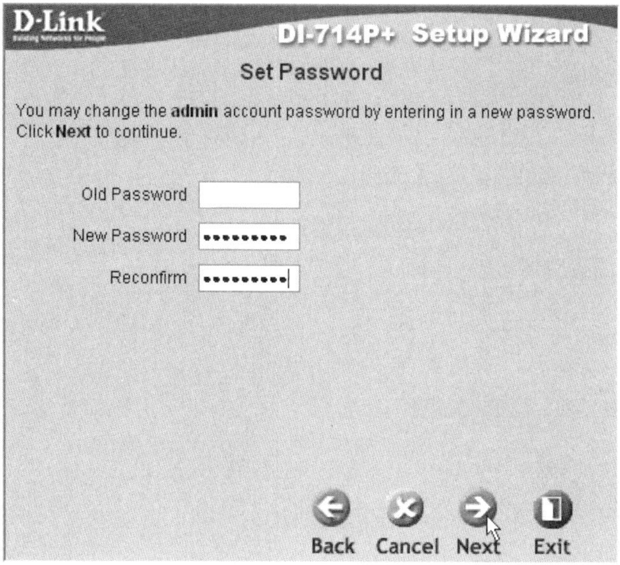

Bild 5.20 – Tragen Sie in das Feld NEW PASSWORD ein Kennwort Ihrer Wahl ein – es darf aus einer Folge von maximal neun Buchstaben oder Ziffern ohne Sonderzeichen bestehen.

▶ 18 Nun öffnet der Wizard das Fenster CHOOSE TIME ZONE, in dem Sie aus einer Liste die Zeitzone Ihres Standortes auswählen können. GMT steht für Greenwich Mean Time, das ist die westeuropäische Zeit. Eine Stunde weiter sind Sie richtig – orientieren Sie sich einfach an BERLIN. Mit NEXT gelangen Sie ins Folgefenster.

WLAN ~ echt einfach

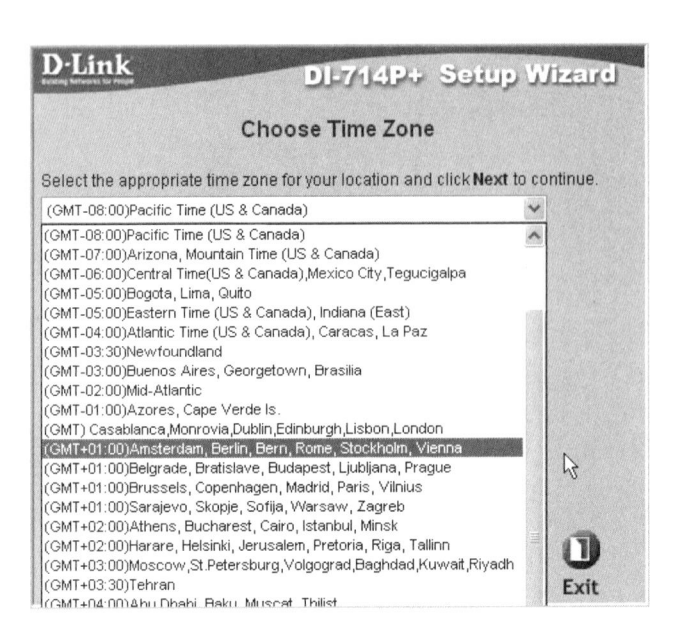

Bild 5.21 – Die Zeitzone (GMT+01:00)AMSTERDAM, BERLIN, BERN, ROME, STOCKHOLM, VIENNA passt für Deutschland.

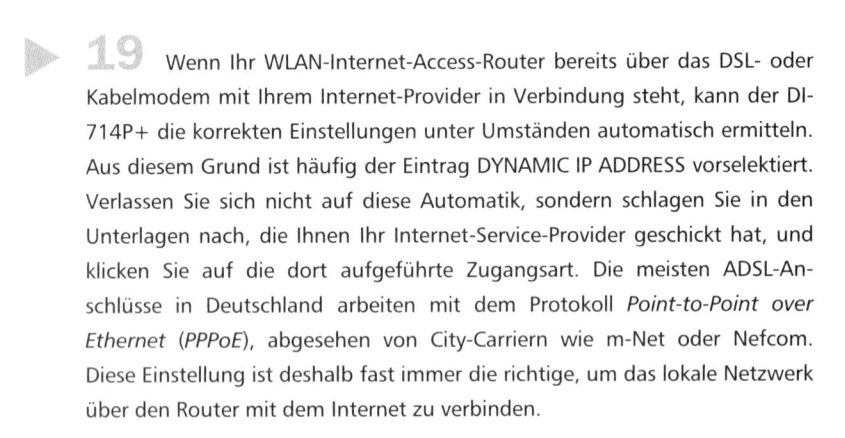

▶ 19 Wenn Ihr WLAN-Internet-Access-Router bereits über das DSL- oder Kabelmodem mit Ihrem Internet-Provider in Verbindung steht, kann der DI-714P+ die korrekten Einstellungen unter Umständen automatisch ermitteln. Aus diesem Grund ist häufig der Eintrag DYNAMIC IP ADDRESS vorselektiert. Verlassen Sie sich nicht auf diese Automatik, sondern schlagen Sie in den Unterlagen nach, die Ihnen Ihr Internet-Service-Provider geschickt hat, und klicken Sie auf die dort aufgeführte Zugangsart. Die meisten ADSL-Anschlüsse in Deutschland arbeiten mit dem Protokoll *Point-to-Point over Ethernet (PPPoE)*, abgesehen von City-Carriern wie m-Net oder Nefcom. Diese Einstellung ist deshalb fast immer die richtige, um das lokale Netzwerk über den Router mit dem Internet zu verbinden.

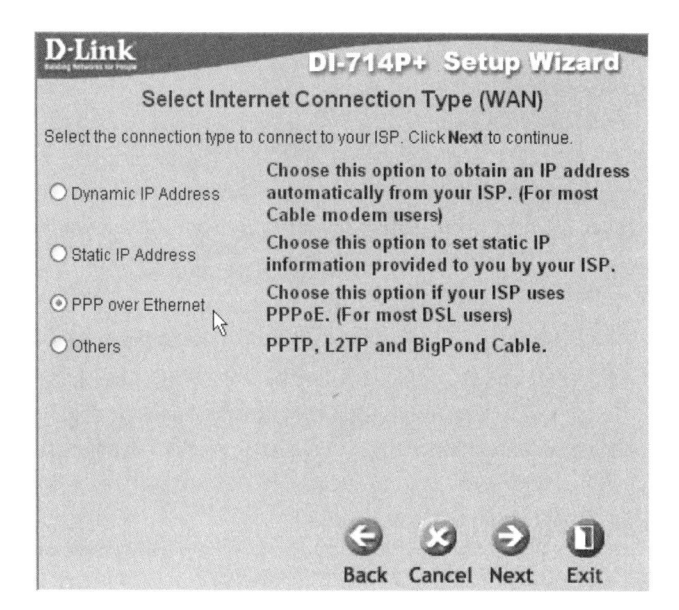

Bild 5.22 — Wählen Sie die Art des Zugangsprotokolls für Einwahlverbindungen zu Ihrem Internet-Provider durch Anklicken aus.

> **Hinweis für Österreich**
>
> Viele große Internet-Service-Provider in Österreich verwenden anstelle des in Deutschland wegen T-Online so populären PPPoE *Point-to-Point-Tunneling-Protocol* (*PPTP*) als Zugangsprotokoll. Selbstverständlich wird innerhalb des Internets nach wie vor mit dem TCP/IP-Protokoll kommuniziert. Sowohl PPPoE als auch PPTP stellen lediglich eine Art „Tunnel" für den Zugang zum Internet dar.

Mit der Auswahl des Transportprotokolls verändert sich der Inhalt des Menüs HOME / WAN. Es ist nun zunächst einmal zu wählen, ob das dynamische oder statische PPPoE verwendet werden soll. Bei der dynamischen Variante wird dem Router vom Netzknoten des Internet-Service-Providers automatisch eine IP-Adresse zugewiesen, mit der der Computer später auch im Internet agiert.

Bei der statischen Form sind sowohl die IP-Adresse des Computers als auch mindestens ein DNS-Server manuell einzutragen. Diese Daten teilt ebenfalls der

Internet-Service-Provider bei der Anmeldung des Internet-Accounts mit. Eine statische IP-Adresse verwenden in der Regel Firmen, deren Rechensysteme auch aus dem Internet erreichbar sein sollen.

Private Nutzer arbeiten fast immer mit der dynamischen Adressierung, die den Vorteil hat, dass sich der Anwender um die Programmierung von Adressen nicht mehr kümmern muss.

▶ 20 Tragen Sie jetzt die Internetzugangsdaten ein, also den Benutzernamen (PPPOE ACCOUNT) und das Kennwort (PPPOE PASSWORD), das Ihnen Ihr Internet-Service-Provider zugewiesen hat. Mit diesen Daten melden Sie sich am Einwahlknoten zum Internet an. Ein Servicename ist nur dann einzutragen, wenn dies ausdrücklich vom Provider so vorgesehen wird. In anderen Fällen bleibt dieses Feld einfach frei.

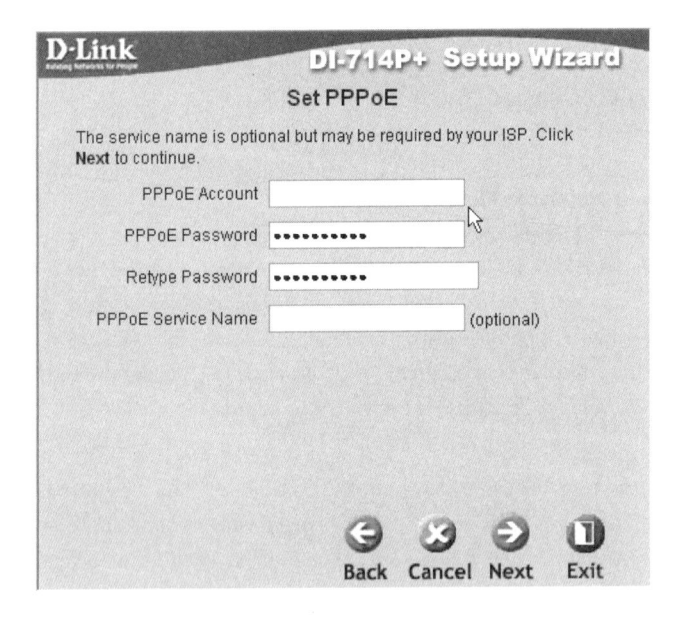

Bild 5.23 – In das Feld PPPOE ACCOUNT tragen Sie den Benutzernamen ein. Bei PPPOE PASSWORD hinterlegen Sie bitte das vom Provider zugewiesene Passwort. Die Eingabe des PPPOE SERVICE NAME ist optional.

▶ **21** Im nächsten Fenster des Wizards ist es nun endlich so weit – jetzt geht es an das Einrichten der drahtlosen Seite des WLAN-Internet-Access-Routers. Wir klammern das Thema Sicherheit noch aus, weshalb Sie die WEP ENCRYPTION ebenso unangetastet lassen wie das Feld WEP KEY. Auf jeden Fall benötigen Sie jedoch einen Namen für Ihr neues Funknetz, den Sie in das Feld NETWORK ID (SSID) eintragen müssen. Verwenden Sie auch in diesem Feld keine Umlaute, Leerzeichen oder Sonderzeichen, abgesehen von Binde- und Unterstrichen. Als Beispiel geben wir den Titel des Buches ein: `WLAN-echt-einfach`. Lassen Sie die Werksvorgabe für die Nummer des Funkkanals CHANNEL stehen. Die 6 liegt inmitten der in Deutschland, Österreich und der Schweiz verfügbaren 13 Kanäle – Sie brauchen sie nur dann zu ändern, wenn es Konflikte mit benachbarten WLANs geben sollte – siehe Kapitel 7, „WLAN-Optimierung".

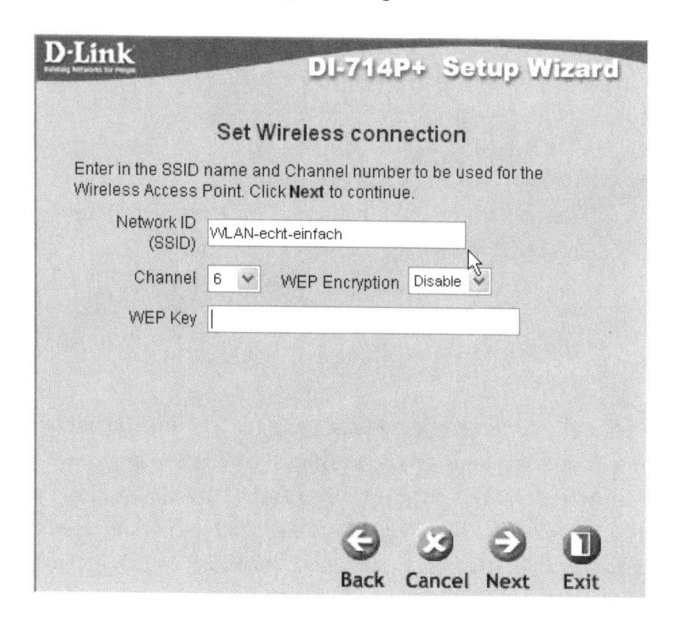

Bild 5.24 – Schließlich machen Sie Ihr WLAN betriebsbereit, indem Sie ihm einen Netzwerknamen – einen Service Set Identifier (SSID) geben.

▶ **22** Damit ist die Grundeinrichtung Ihres neuen WLAN-Internet-Access-Routers abgeschlossen. Ein Klick auf den Knopf RESTART im letzten Fenster speichert die vorgenommenen Einstellungen und startet das Gerät neu, so dass die Einstellungen auch wirksam werden.

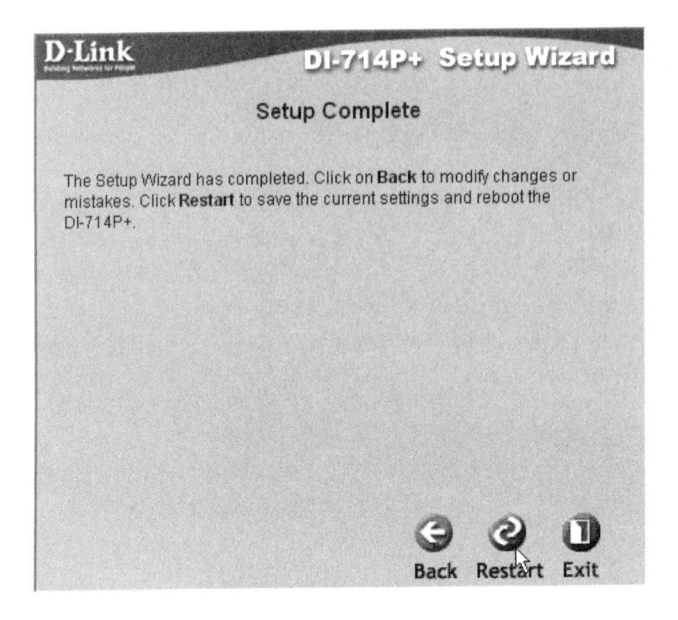

Bild 5.25 – Nach dem RESTART ist Ihr WLAN-Internet-Access-Router betriebsbereit.

5.4 Einfache WLAN-Infrastruktur

Wenn Sie Ihr Haus oder Büro bis in die letzte Ecke mit dem schnellen Datenfunk „ausleuchten" wollen, genügt ein einziger Access Point – eine Spezialform davon ist der WLAN-Internet-Access-Router – oftmals nicht. Denn die Sendeleistung ist grundsätzlich auf 100 Milliwatt beschränkt und lässt sich auch nicht einfach vergrößern, abgesehen davon, dass das illegal wäre. Zum Vergleich: Ein Handy funkt beim Verbindungsaufbau mit bis zu 3000 Milliwatt. Der legale Weg, einem WLAN eine größere Flächendeckung zu verpassen, führt über die Einrichtung mehrerer Funkzellen, die ihrerseits datentechnisch miteinander zusammenhängen.

Im ersten Beispiel richten wir eine einfache Infrastruktur ein. Das bedeutet, dass lediglich ein einziger Access Point oder WLAN-Internet-Access-Router in diesem

Netz betrieben wird. Der Access Point stellt einen Übergang zu einem drahtgebundenen Netzwerk her. Er wird deshalb mit einem Kabel der Kategorie 5 (Cat.5) an einen Switch des drahtgebundenen Systems angeschlossen.

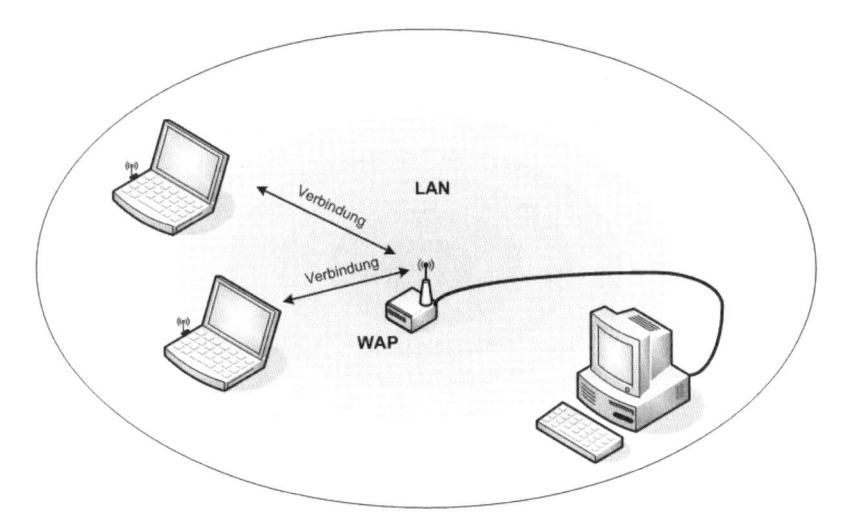

Bild 5.26 ~ Ein Wireless Access Point (WAP) verbindet im einfachsten Fall mehrere WLAN-Clients mit einem Computer.

> **Hinweis**
>
> Sie sollten die Firmware Ihrer Access Points respektive WLAN-Router unmittelbar nach der ersten Inbetriebnahme des Gerätes aktualisieren, um sie auf dem neuesten Stand zu halten. Die Zeitspanne von der Herstellung bis zur Inbetriebnahme ist vergleichsweise lang. Möglicherweise gibt es im Support-Bereich des Herstellers schon eine überarbeitete Version der Firmware und der Konfigurationssoftware.
>
> In jedem Fall sollte ein Firmwareupdate über eine drahtgebundene Verbindung durchgeführt werden. Abzuraten ist von einem Update über die Funkverbindung.

Access Point einrichten

Um den Access Point in Betrieb zu nehmen, wird er zunächst an das vorhandene drahtgebundene Netzwerk angeschlossen. Es wird von einem solchen Netz ausgegangen, weil ein reines WLAN ohne Übergang zu einem anderen Netz bereits mit dem Ad-hoc-Betriebsmodus realisierbar wäre.

Es ist im kleinsten denkbaren Fall möglich, den Access Point direkt mit einem PC über ein Netzwerkkabel zu verbinden. Dieses Kabel muss aber besondere Eigenschaften haben. Es muss sich um ein so genanntes Cross-over-Cable bzw. gekreuztes Kabel handeln. Ein solches Kabel für den direkten Anschluss eines Computers wird jedoch nicht mit dem Access Point mitgeliefert.

Der Regelfall sieht etwas anders aus. Die Computer eines drahtgebundenen Netzwerkes werden über einen Switch oder einen Hub miteinander verbunden. Der Unterschied zwischen diesen Geräten wurde in einem früheren Kapitel erläutert. An einen solchen Switch kann der Access Point direkt mit dem mitgelieferten Kabel angeschlossen werden.

▶ **1** Stecken Sie das Netzteil an den Wireless Access Point an. Wenn das Netzwerkkabel an den Access Point angeschlossen ist, wird das Gerät über das Steckernetzteil mit seiner Betriebsspannung versorgt. Um Missverständnissen – beispielsweise der Nutzung eines falschen Steckernetzteils – vorzubeugen, hat D-Link die Buchsen farblich markiert. Im Falle des AP900+ wird die Buchse für das Steckernetzteil gelb gekennzeichnet. Verwenden Sie nur das Netzteil, das mit dem WLAN-Gerät geliefert wurde.

▶ **2** Verbinden Sie die Ethernet-Buchse des Access Points mit dem Computer oder einem zwischengeschalteten Switch, wie Sie ihn beispielsweise im WLAN-Internet-Access-Router vorfinden.

Der Access Point ist damit nun betriebsbereit. Er ist mit Standardeinstellungen vorkonfiguriert. Computer können nun über WLAN auf den Access Point zugreifen. Zwar wollen wir das Thema „Sicherheit" in einem eigenen Kapitel behandeln, aber diese WLAN-Infrastruktur wäre ein absolut öffentliches Netz. Jeder kann es nutzen,

echt einfach ~ **WLAN**

der sich mit einer WLAN-Karte in seinem PC in der Nähe befindet. Es muss also noch etwas abgesichert werden.

Bild 5.27 – Ein „nackter" Access Point wie der DWL-900AP+ von D-Link weist nur einen einzigen Anschluss für ein Ethernet-Kabel auf. Rechts im Bild der Stromversorgungsanschluss.

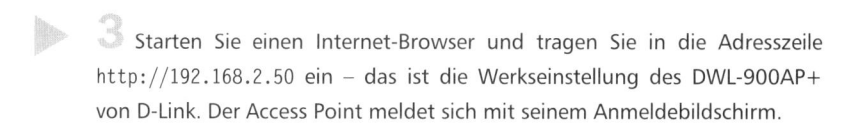

▶ 3 Starten Sie einen Internet-Browser und tragen Sie in die Adresszeile http://192.168.2.50 ein – das ist die Werkseinstellung des DWL-900AP+ von D-Link. Der Access Point meldet sich mit seinem Anmeldebildschirm.

Kapitel 5 ~ WLAN-Infrastruktur

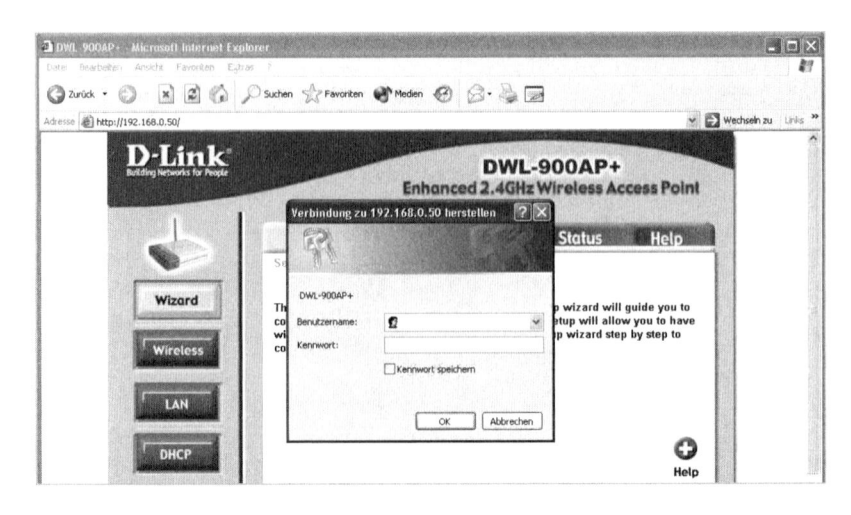

Bild 5.28 – Den Access Point AP900+ können Sie ebenfalls direkt über das Netzwerk konfigurieren, nachdem Sie sich per Kennwort authentifiziert haben.

▶ 4 Tragen Sie in das Feld BENUTZERNAME `admin` ein. Das Feld KENNWORT lassen Sie leer – ab Werk ist noch keines eingetragen.

▶ 5 Klicken Sie die Schaltfläche WIRELESS an und vergeben Sie einen Namen für das Netz: eine neue SSID (Service Set Identifier). Es werden nämlich generell nur die Computer als ein gemeinsames Netz interpretiert, die nicht nur auf dem gleichen Kanal arbeiten, sondern auch den gleichen „Namen" haben. Die SSID ist also ein wichtiger Parameter, mit dem das Netz konkret definiert wird. An dieser Stelle soll das Netz `WLAN-echt-einfach` heißen. Tragen Sie den Namen also als SSID in die entsprechende Einstellung im Menü WIRELESS des Registers HOME ein. Optional können Sie dem Access Point einen beliebigen Namen geben, etwa `AP-Wohnzimmer` im Privathaushalt oder `AP-Archiv` für das Büro.

echt einfach ~ **WLAN**

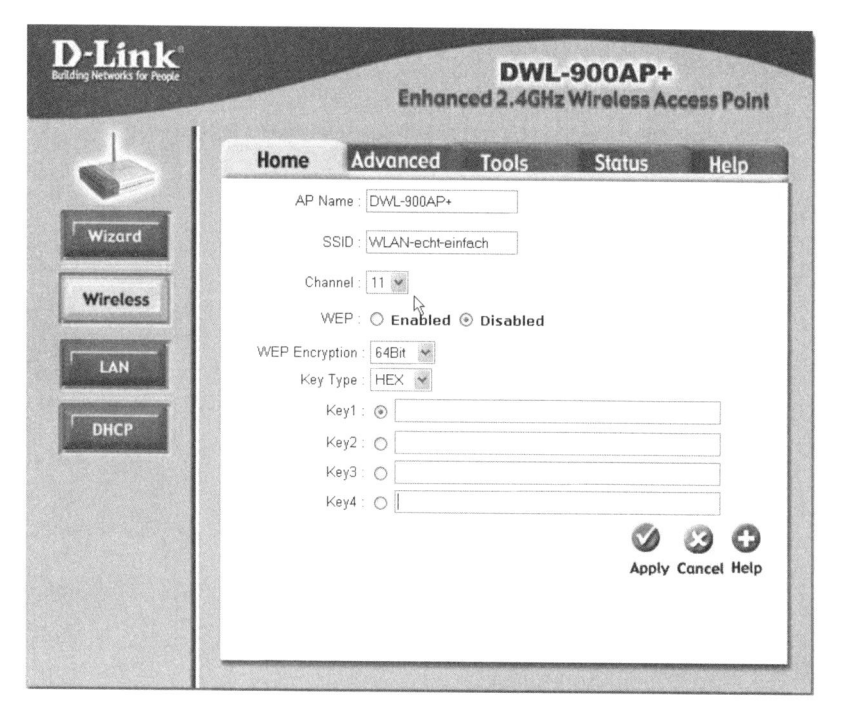

Bild 5.29 – Dem Netzwerk wird mit der SSID ein neuer Name gegeben. Nur WLAN-Geräte mit der gleichen SSID gehören zum gleichen Funknetz.

▶ 6 Ein weiterer wesentlicher Parameter für den Access Point ist die Vorgabe des Sendekanals. Hier empfiehlt es sich, einmal das Site-Survey-Tool eines WLAN-Clients, etwa des WLAN-USB-Adapters DWL-120+ von D-Link, auszuprobieren.

▶ 7 Der Access Point bietet im Register ADVANCED im Menü MODE ebenfalls ein Site-Survey-Tool an, das über eine gleichnamige Schaltfläche zu erreichen ist. Dieses zeigt jedoch nur die im Sendebereich erreichbaren Access Points an und gibt eine Aussage über eine mögliche Verschlüsselung. Es ist jedoch im Augenblick nicht das, was Sie suchen – nämlich die Information, welcher Kanal zur freien Verfügung steht.

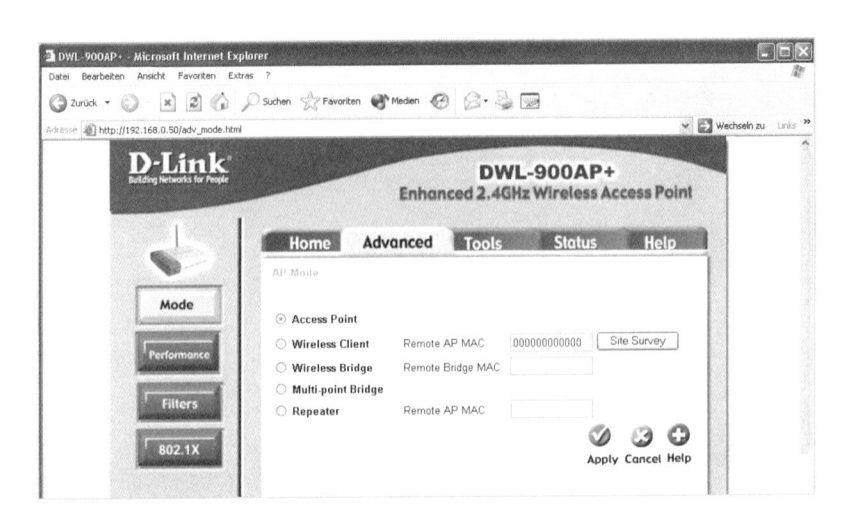

Bild 5.30 – Im Konfigurationsdialog des AP900+ ist zwar eine Site-Survey-Funktion zu finden, ...

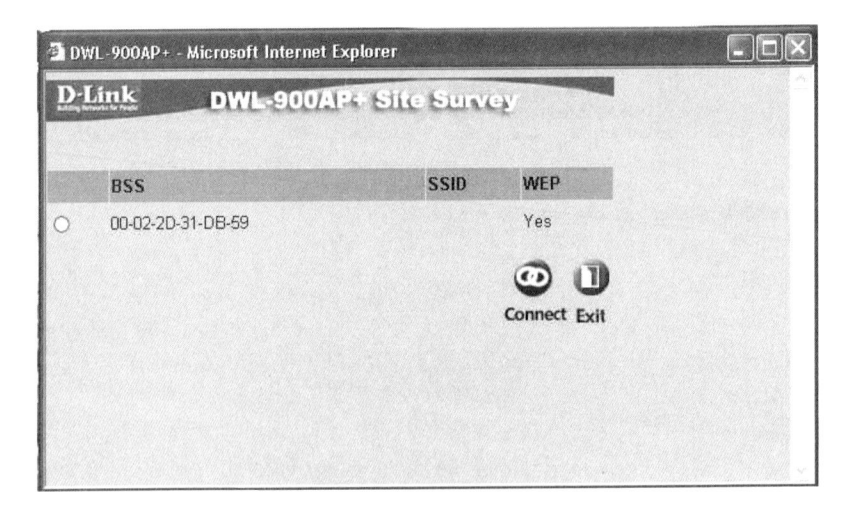

Bild 5.31 – ... diese gibt jedoch keinen Aufschluss über die belegten Funkkanäle.

Sie sollten vermeiden, mehrere Netze auf einem einzigen Funkkanal zu betreiben. Sie lassen sich zwar mit Hilfe ihrer SSID unterscheiden, das Funken auf dem gleichen Kanal geht aber zu Lasten der Leistungsfähigkeit. Sie stören sich gegenseitig, was konkret bedeutet, dass aus den 22 MBit/s, die die WLAN-B-Plus-Technologie bietet, 1 MBit/s oder weniger (netto) werden kann.

echt einfach ~ **WLAN**

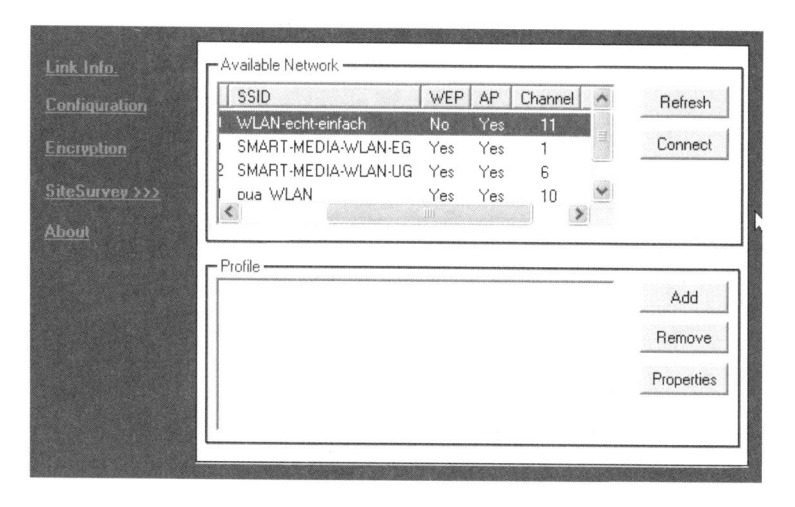

Bild 5.32 – Das Werkzeug SITESURVEY des WLAN-USB-Adapters DWL-120+ ist wesentlich aussagekräftiger als die des Access Points DWL-900AP+. Es zeigt vier WLAN in der näheren Umgebung, von denen drei verschlüsselt sind.

▶ 8 Nehmen Sie im Menü WIRELESS des Registers HOME im Dropdown-Menü CHANNEL eine neue Einstellung vor. In diesem Beispiel soll der Access Point auf den Kanal 11 umgeschaltet werden, der einen ausreichenden Frequenzabstand zum Kanal 6 darstellt.

▶ 9 Mit einer einzigen kleinen Einstellung in der Konfiguration des Access Points können Sie die Leistungsfähigkeit des eigenen Netzes und das des Nachbarn deutlich verbessern. Natürlich kann nicht ausgeschlossen werden, dass alle verfügbaren Kanäle in der näheren Umgebung mit WLAN-Systemen bereits belegt sind. Allerdings gibt es auch hier einen Weg, um möglichst gute Ergebnisse zu erzielen: Suchen Sie einen Kanal, bei dem die andere Station einen möglichst kleinen Sendepegel anzeigt. Wenn Sie dann die Sendeleistung des eigenen Access Points so weit drosseln, dass noch gute Geschwindigkeiten erzielt werden, dann ist es möglich, dass sich die beiden Netze nicht oder nur in vereinzelten Fällen beeinflussen. Das kann leider immer vorkommen, wenn einzelne Computer aus dem benachbarten WLAN in die Nähe des eigenen Access Points gelangen.

WLAN-Kanäle in Deutschland

In Deutschland sind 13 WLAN-Kanäle definiert. Allerdings handelt es sich dabei um reine Funkkanäle. Damit die Übertragungsraten zustande kommen können und eine weitgehende Immunität gegen andere Störeinstrahlungen im 2,4 GHz-Band gegeben ist, arbeiten WLAN-B-Geräte mit *Bandspreizungsverfahren*. Es kommt dabei das *DSSS*-Verfahren (*Direct Sequence Spread Spectrum*) zur Anwendung.

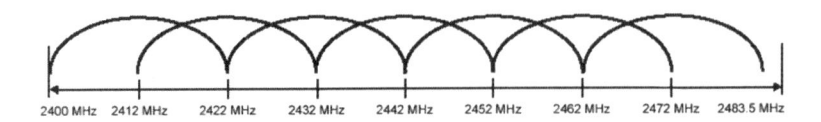

Bild 5.33 – In Deutschland können Sie für WLAN-B und WLAN-G aus 13 Funkkanälen auswählen (in den USA: 11, in Frankreich: 2). Die Funkkanäle überlappen sich jedoch stark.

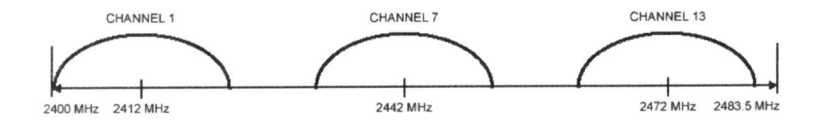

Bild 5.34 – Am gleichen Ort sind nur drei Kanäle gleichzeitig ohne gegenseitige Beeinträchtigung nutzbar.

Durch die Bandspreizung belegt ein DSSS-Kanal eine Bandbreite von 25 MHz. Der Abstand der definierten WLAN-Kanäle beträgt jedoch nur 5 MHz. Das bedeutet, dass nach beiden Seiten Überschneidungen zu den Nachbarkanälen entstehen. Hier liegt der Grund dafür, dass zwischen genutzten Kanälen mindestens 4 Kanalabstände liegen sollen. Ein Beispiel ist die Verteilung benachbarter WLAN auf die Kanäle 3, 7 und 11. Damit sind Beeinträchtigungen durch so genannte *Cross Channel Interferences (CCI)* ausgeschlossen. Trotz den in Deutschland und in den meisten EU-Staaten definierten 13 WLAN-Kanälen können deshalb effektiv nur vier Kanäle gleichzeitig genutzt werden.

echt einfach ~ **WLAN**

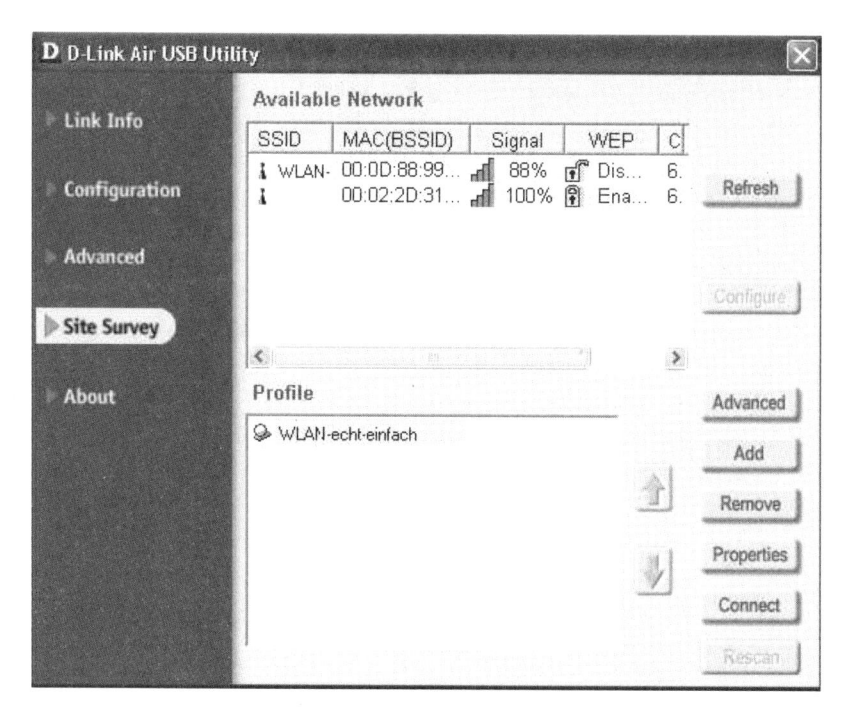

Bild 5.35 — Das D-Link Air USB Utility zeigt die gefundenen WLAN-Zellen (beim zweiten Eintrag ist die SSID abgeschaltet) an, informiert über die Signalstärke und den Verschlüsselungszustand.

Wer in diesem Site Survey einmal genauer auf die Signalstärken blickt, wird sich wundern. In diesem Beispiel ist der Access Point gerade einmal drei Meter vom Client, also dem PC mit dem WLAN-Adapter, der in das Netz eingeschaltet wurde, entfernt. Es liegt die Vermutung nahe, dass der Access Point nicht mit ausreichender Leistung sendet, möglicherweise sogar qualitativ minderwertig sein könnte. Doch der Signalpegel kann diesbezüglich keine Aussage treffen. Verschiedene Einflüsse können den Signalpegel beeinflussen: Im einfachsten Fall ist es die Ausrichtung der Antenne. Fachleute sprechen vom Einfluss der Polarisation der Wellen. Sie kennen sicher die Situation, in der Sie den Empfang Ihres Radios durch Drehen der Antenne verbessern möchten.

Auch ein WLAN ist im weitesten Sinne nichts anderes als ein Radio und kann durch die Position und Ausrichtung der Antennen beeinflusst werden.

Ein weiteres mögliches Problem ist die gerade erwähnte räumliche Nähe des WLAN-Clients zum WLAN-Access Point. Gerade einmal drei Meter sind die beiden Geräte voneinander entfernt. Stellen Sie sich vor, jemand spricht Sie aus der gleichen Entfernung mit einem leistungsstarken Megaphon an. Obwohl WLAN-Geräte in Europa nur mit maximal 100 mW Sendeleistung arbeiten, kann es auf so kurzen Distanzen zu Übersteuerungen kommen. Die Signalstärke erscheint geringer. Einen vergleichbaren Einfluss haben übrigens weitere Access Points. In dem gezeigten Beispiel wird vom Site-Survey-Programm in der Tat ein weiterer Access Point erkannt, der mit hoher Signalstärke gemessen wird. Auch dieser zweite Access Point befindet sich zum Zeitpunkt der Messung im gleichen Raum. Obwohl er mittlerweile auf einem anderen Kanal arbeitet als unser „WLAN-echt-einfach"-Access Point, kann nicht ausgeschlossen werden, dass sein Sendesignal den Empfänger des messenden Computers sehr breitbandig überstrahlt und damit auch andere Kanäle stört.

> **Lernen Sie die Umgebung kennen – Site Survey**
> Wie Sie in den Ausführungen bereits feststellen konnten, bietet die Software zu einem WLAN-Client mitunter ein aussagekräftigeres Site Survey als die eines Access Points. Das macht Sinn, denn um eine möglichst ideale Platzierung für den Access Point zu finden, kann man mit einem tragbaren PC, der mit einem WLAN-Adapter ausgestattet ist, an verschiedenen Orten die Signalstärken messen. Wichtig: Es sollten mindestens zehn Messungen an einem Standort durchgeführt werden. Dazu muss lediglich die Schaltfläche REFRESH betätigt werden und die neuen Werte werden in der Grafik angezeigt.

echt einfach ~ **WLAN**

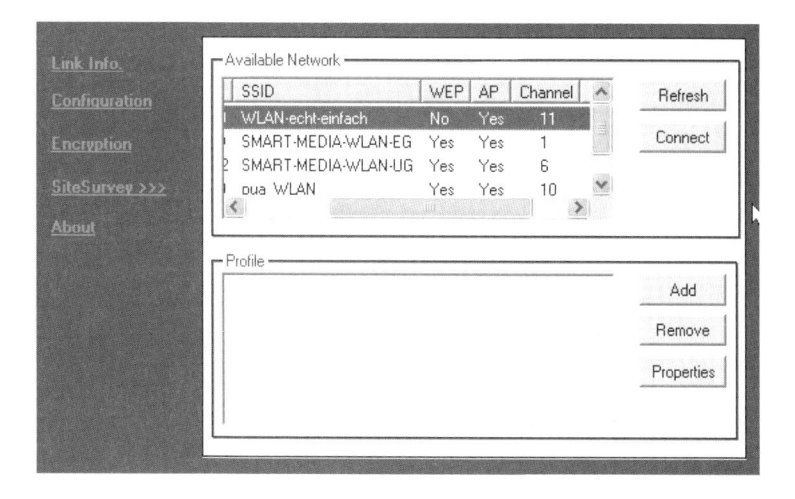

```
Link Info         ┌─Available Network─────────────────────────┐
                  │ SSID              │WEP│AP │Channel│  │    │  Refresh
Configuration     │ WLAN-echt-einfach │ No│Yes│  11   │  │    │
                  │ SMART-MEDIA-WLAN-EG│Yes│Yes│   1   │  │    │  Connect
Encryption        │ SMART-MEDIA-WLAN-UG│Yes│Yes│   6   │  │    │
                  │ pua_WLAN          │Yes│Yes│  10   │  │    │
SiteSurvey >>>    │                                           │
                  └───────────────────────────────────────────┘
About
                  ┌─Profile───────────────────────────────────┐
                  │                                           │   Add
                  │                                           │
                  │                                           │   Remove
                  │                                           │
                  │                                           │   Properties
                  │                                           │
                  └───────────────────────────────────────────┘
```

Bild 5.36 – Die Kanalbelegung der vier gefundenen Netze ist alles andere als optimal. Das *pua_WLAN* des Nachbarn im ersten Stock auf Kanal 10 „beißt" sich mit dem *WLAN-echt-einfach* im Erdgeschoss, nicht aber mit dem Netz im Untergeschoss – da liegen zwei Betondecken dazwischen. Ein Tausch der Kanäle von W*LAN-echt einfach* und *SMART-MEDIA-WLAN-UG* entschärft die Situation.

Es soll nicht verschwiegen werden, dass es nicht die möglichst hohe Signalstärke ist, die zu erstreben ist, sondern der beste Datendurchsatz. Auch sollen sich verschiedene WLAN-Systeme nicht untereinander stören. Daher ist es durchaus üblich, die Sendeleistung nicht zu maximieren, sondern sogar merklich zu reduzieren. Dies hat darüber hinaus auch Auswirkungen auf die Sicherheit des Systems, worauf wir in Kapitel 6 noch im Detail eingehen werden.

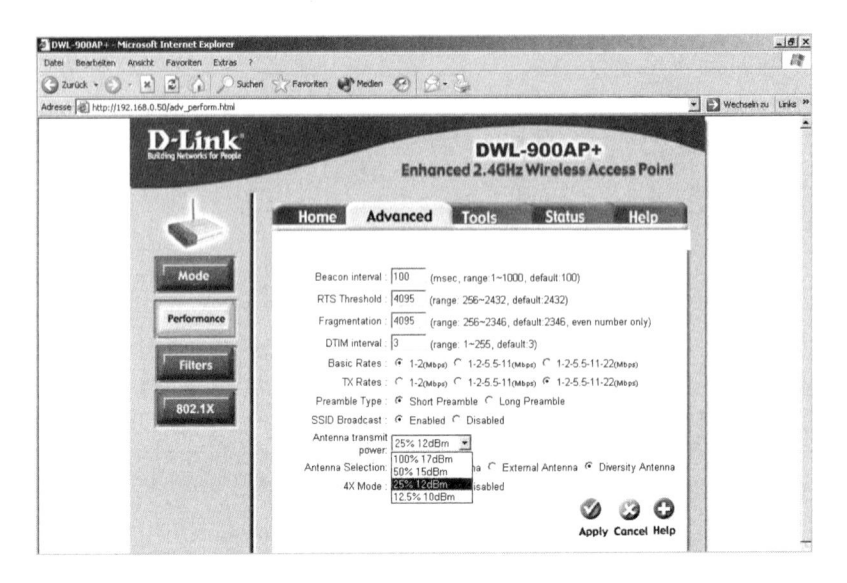

Bild 5.37 ~ Fair Play: Durch Anpassung der Sendeleistung des eigenen Access Points an die tatsächlich benötigte Signalstärke verringern Sie Leistungsbeeinträchtigungen in benachbarten Netzen auf ein Minimum.

> **Sicherheitshinweis**
> Auch in diesem Kapitel wurde das Thema Sicherheit bewusst ausgeklammert. Der hier konfigurierte Access Point ist zwar nicht mehr mit der „Default"-SSID (der standardmäßig vorgegebenen SSID) konfiguriert worden, aber es wurde keinerlei Verschlüsselung vorgesehen und der Access Point ist mit jedem einfachen Site-Survey-Programm leicht zu finden.

Zentrales IP-Adressmanagement

Der DWL-900AP+ ist nicht nur ein reiner WLAN-Access Point, das Gerät beinhaltet auch eine sehr interessante Funktion: einen DHCP-Server. DHCP steht für „Dynamic Host Configuration Protocol". Was hier extrem kompliziert klingt, ist jedoch in der Handhabung sehr einfach. Es wird lediglich ein bestimmter Bereich der möglichen IP-Adressen festgelegt, aus dem der DHCP-Server anderen Rechnern im Netzwerk passende Adressen zuweisen kann. Bevor dies jedoch möglich ist, muss dem Access

Point unter Umständen eine eigene IP-Adresse zugewiesen werden, mit der er im System zur Konfiguration angesprochen werden kann.

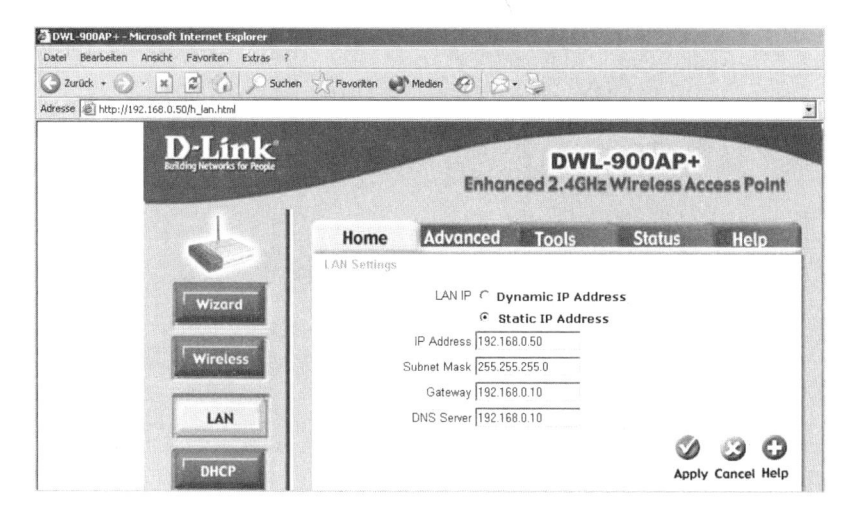

Bild 5.38 – Dieser DWL-900AP+ soll als DHCP-Server arbeiten. Ihm weisen Sie eine statische IP-Adresse zu. Das kann auch die ursprüngliche Default-Adresse sein, wenn sie zum Netz passt.

Rufen Sie dazu im Register HOME das Menü LAN auf. Wenn der eigene Access Point auch gleichzeitig DHCP-Server ist, dann arbeiten Sie an dieser Stelle mit einer **statischen** IP-Adresse. Im Klartext bedeutet dies, dass die IP-Adresse durch den Verwalter des Gerätes, also durch Sie selbst festgelegt wird. Sie müssen sich dabei nicht zwingend an die Vorgabe halten und eine Adresse aus dem Bereich 192.168.0.1 bis 192.168.0.254 wählen, sondern können auch eine eigene Definition verwenden. Wichtig ist nur, dass niemals zwei Computer mit der gleichen IP-Adresse im Netz vorhanden sind. Insbesondere ist dies zu beachten, wenn der Computer an das Internet angeschlossen wird. Hier darf der Computer nur mit einer öffentlichen IP-Adresse im Netz vertreten sein, die ihm zuvor vom Internet-Service-Provider (ISP) zugewiesen wurde. Dies ist bei den üblichen Einwahlverfahren über das DFÜ-Netzwerk oder über einen Router gewährleistet und betrifft auch per Internet Connection Sharing – eine MS-Windows-Funktion – vernetzte Computer.

WLAN ~ echt einfach

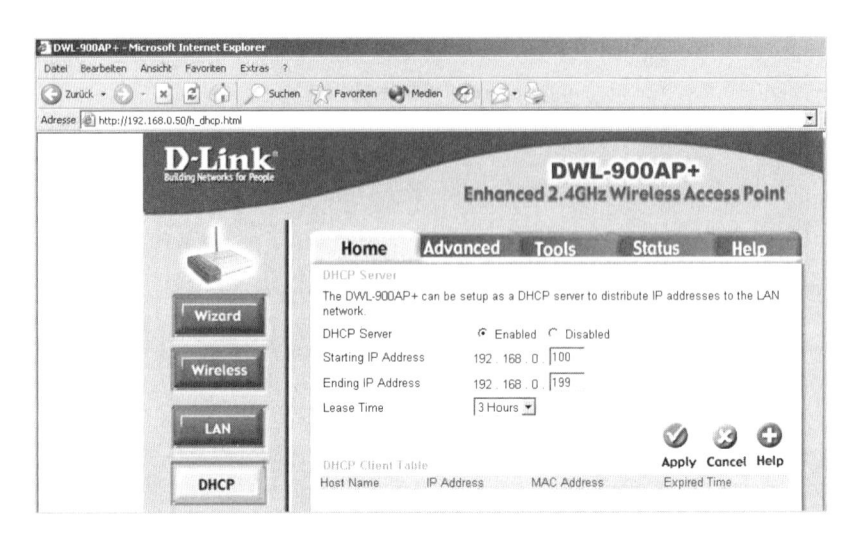

Bild 5.39 – Innerhalb des möglichen IP-Adressbereiches definieren Sie in diesem Beispiel ein Volumen von 100 Adressen zur freien Vergabe.

Konfigurieren Sie nun im Menü DHCP des Registers HOME den DHCP-Server. Dazu müssen Sie vier Einträge vornehmen:

▶ 1 Zunächst einmal muss der DHCP-Server eingeschaltet (ENABLED) werden. Nur dann vergibt der Server an einen neu hinzugekommenen Computer eine IP-Adresse.

▶ 2 Geben Sie die erste und letzte IP-Adresse des DHCP-Intervalls ein. Beachten Sie, dass Sie keine dieser Adressen in einem PC bereits statisch zugewiesen haben dürfen. Das würde zu Kollisionen führen und das Netzwerk – zumindest diese beiden Computer – würde nicht mehr korrekt funktionieren.

▶ 3 Die letzte Einstellung, die Sie vornehmen müssen, ist die Festlegung der so genannten LEASE TIME. Der DHCP-Server „verleiht" die Adresse nur, weist sie einem Computer aber nicht dauerhaft zu. Mit der LEASE TIME bestimmen Sie, wie lang eine bestimmte IP-Adresse für einen Computer reserviert bleibt, **wenn sie von ihm nicht benutzt wird**. Für unser Netz ist jede Einstellung akzeptabel.

> **Hinweis**
> Wenn Sie mehrere Access Points betreiben, darf nur auf einem einzigen der DHCP-Server aktiviert sein! Sollten Sie einen WLAN-Internet-Access-Router einsetzen, so darf ausschließlich dort der DHCP-Server laufen.

Der Client in einer WLAN-Infrastruktur

Nachdem der Access Point eingerichtet wurde, müssen die Clients konfiguriert werden. Das sind die Computer, die mit dem WLAN-Adapter – gleich welchen Typs – in dem Netzwerk betrieben werden.

Im Prinzip haben Sie die Konfiguration eines WLAN-Clients bereits im Zusammenhang mit dem Ad-hoc-Betriebsmodus kennen gelernt. Im Vergleich zu den darin gemachten Ausführungen muss allerdings ein wesentlicher Unterschied beachtet werden: Der Betriebsmodus des WLAN-Adapters muss INFRASTRUCTURE heißen!

Diese Einstellung kann sehr einfach mit dem Konfigurationsprogramm durchgeführt werden, das zum WLAN-Adapter vom Hersteller mitgeliefert wird. Im Menü CONFIGURATION ist hinter dem Eintrag WIRELESS MODE ein Dropdown-Menü zu finden. Hier wird lediglich die Einstellung INFRASTRUCTURE gewählt und mit der Schaltfläche APPLY bestätigt.

WLAN ~ echt einfach

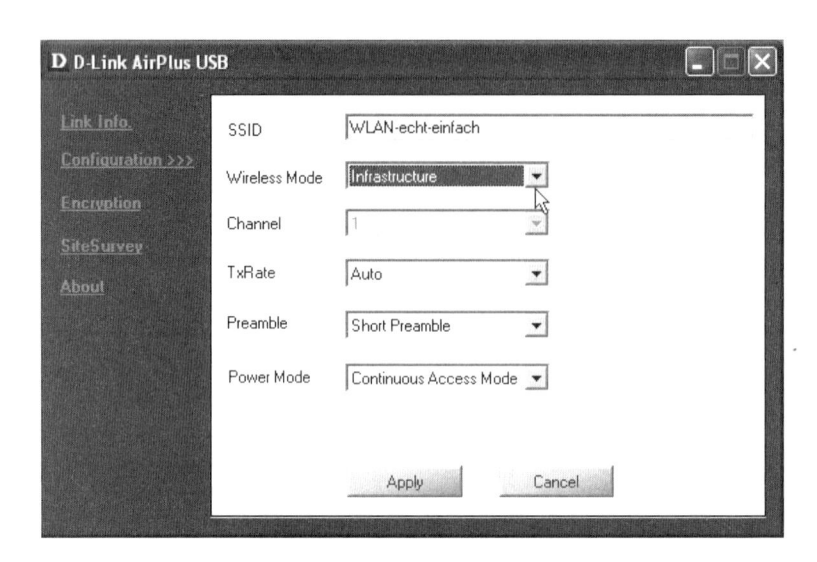

Bild 5.40 – Beim WLAN-USB-Adapter DWL-120+ genügt ein Klick auf CONFIGURATION, um dort den Betriebsmodus auf INFRASTRUCTURE umzustellen.

Alternativ zum Konfigurationsprogramm des Herstellers können Sie das WLAN gleichfalls mit den Werkzeugen des Betriebssystems Windows XP konfigurieren. Den dazu benötigten Dialog können Sie auf verschiedenen Wegen erreichen.

Die erste Möglichkeit ist der klassische, aber lange Weg über die Systemsteuerung. Wir wählen diesen Weg, weil die meisten anderen von der individuellen Konfiguration der Maschine abhängen.

echt einfach ~ **WLAN**

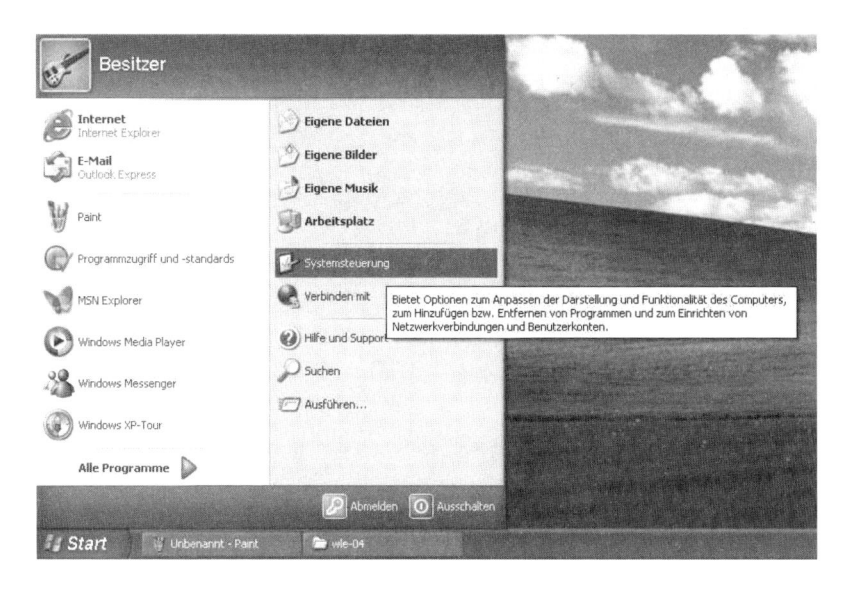

Bild 5.41 — Aufruf der Windows-Systemsteuerung aus dem Startmenü.

▶ **1** Klicken Sie auf START / SYSTEMSTEUERUNG. In dieser Systemsteuerung – sie wird in diesem Beispiel in der so genannten KATEGORIEANSICHT gezeigt – gibt es ein Symbol mit der Betitelung NETZWERK- UND INTERNETVERBINDUNGEN. Klicken Sie darauf und Sie gelangen in eine weitere Auswahl.

WLAN ~ echt einfach

Bild 5.42 – Die gesuchten Konfigurationsdialoge befinden sich in der Kategorie NETZWERK- UND INTERNETVERBINDUNGEN.

Sie wollen eine bestehende Netzwerkverbindung, nämlich die, die vom Installationsprogramm des WLAN-Adapters bereits eingerichtet wurde, bearbeiten.

▶ 2 Klicken Sie dazu im unteren Bereich des Menüs auf das Systemsteuerungssymbol NETZWERKVERBINDUNGEN.

echt einfach ~ **WLAN**

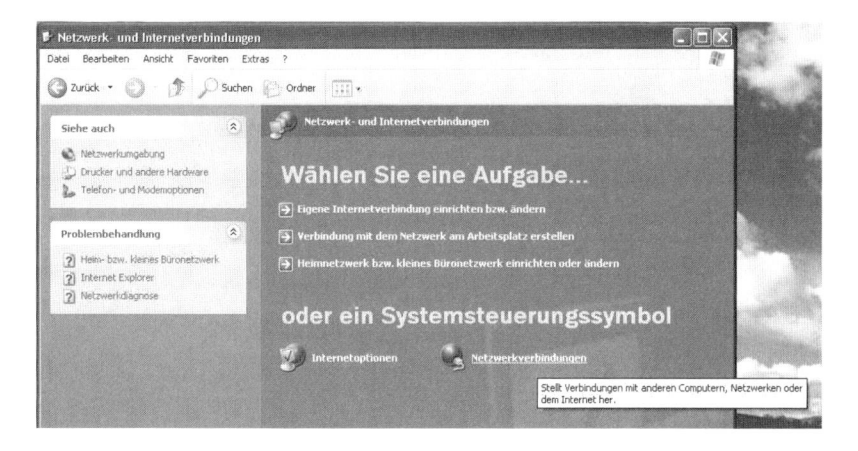

Bild 5.43 — Mit einem Klick auf das Systemsteuerungssymbol NETZWERKVERBINDUNGEN gelangen Sie nun endlich zur Übersicht über die bereits definierten Netzwerke.

In der Übersicht der auf dem PC eingerichteten Netzwerkverbindungen ist ein Symbol im Bereich LAN- ODER HOCHGESCHWINDIGKEITSINTERNET interessant. Es handelt sich schließlich um ein rein privates lokales Netzwerk. Zwar ist auch über einen Router oder über Internet Connection Sharing ein Übergang zum Internet möglich, aber anders als beim DFÜ-Netzwerk, das unter MS-Windows XP *Internetgateway* heißt, wird hier kein direkter Dialog mit dem Netzknoten des Internet-Service-Providers definiert.

In diesem lokalen Bereich ist der Eintrag zu einer drahtlosen Netzwerkverbindung zu finden, die zum D-Link-Adapter passt. Hier sind nun dessen EIGENSCHAFTEN von Interesse.

▶ 3 Rufen Sie die EIGENSCHAFTEN auf, indem Sie das Symbol mit der rechten Maustaste anklicken und im Kontextmenü EIGENSCHAFTEN auswählen.

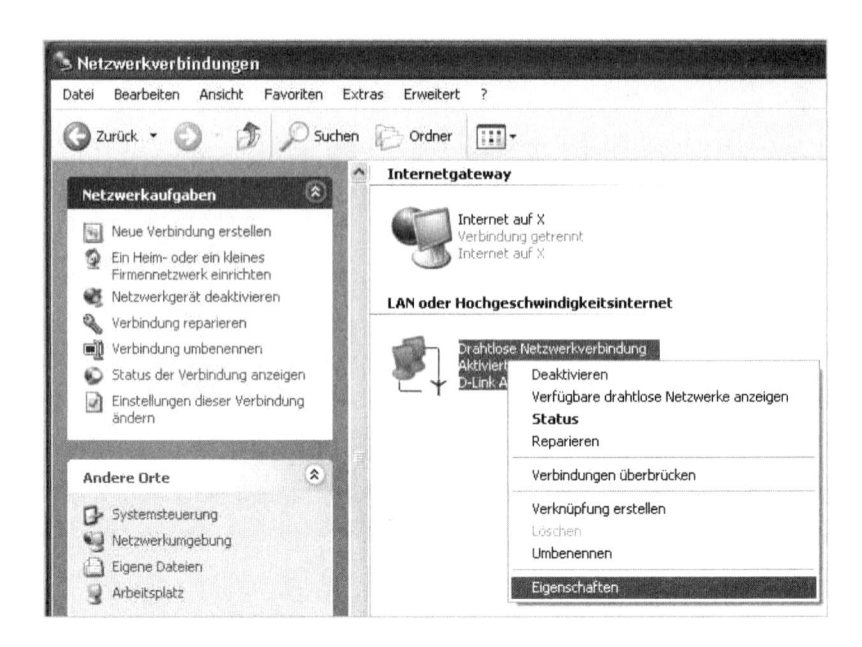

Bild 5.44 ~ Für die Konfiguration der Netzwerkverbindung rufen Sie deren EIGENSCHAFTEN-Dialogfenster auf.

Die EIGENSCHAFTEN einer Netzwerkverbindung sind stets ein Menü aus mehreren Registerkarten. Im Falle eines drahtlosen Netzes gibt es ein spezielles Register für diese Art von Verbindung. Dort werden die entscheidenden Konfigurationen vorgenommen. Wichtig ist allerdings, dass in diesem Register das erste Kästchen aktiviert wird. Damit wird Windows zur Konfiguration der weiteren Einstellungen „beauftragt".

echt einfach ~ **WLAN**

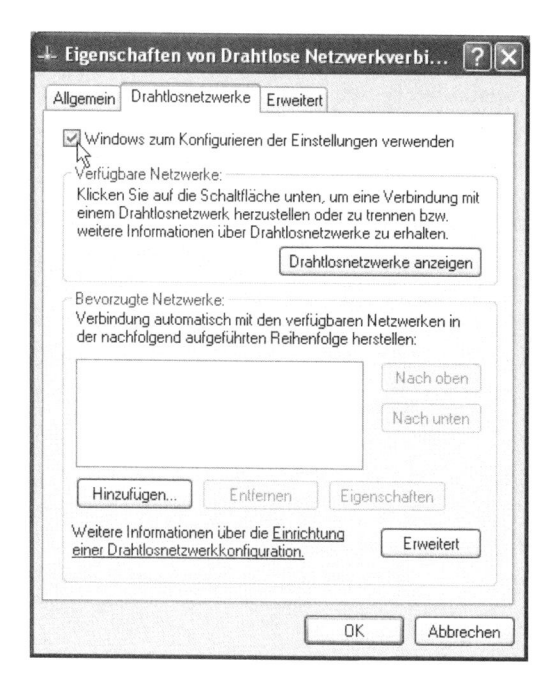

Bild 5.45 – Auf dem Registerblatt DRAHTLOSNETZWERKE übergeben Sie durch Markieren von WINDOWS ZUM KONFIGURIEREN DER EINSTELLUNGEN VERWENDEN die Kontrolle über den WLAN-Client von der D-Link-Utility an Windows XP.

▶ 4 Neben der Aktivierung der Konfiguration durch Windows müssen Sie unter Umständen das WLAN, mit dem Sie Ihren Computer verbinden wollen, zunächst auswählen.

Windows XP führt in einer Übersicht alle drahtlosen Netze mit Angabe der SSID auf, die sich innerhalb des aktuellen Sende- und Empfangsbereiches des Client-Computers befinden.

WLAN ~ echt einfach

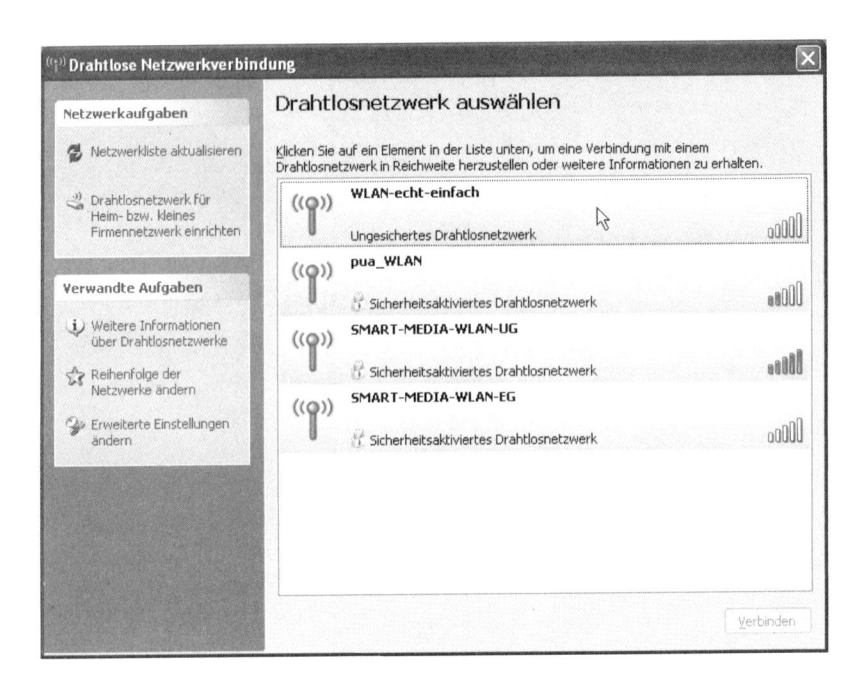

Bild 5.46 — Nur bei drahtlosen Netzwerken ist das entsprechende Register zu finden. In diesem werden nun die Einstellungen vorgenommen. Die Option WINDOWS ZUR KONFIGURATION VERWENDEN muss aktiviert sein.

> **5** Mit einem Doppelklick auf das gewünschte WLAN veranlassen Sie Windows, den Kontakt herzustellen.

echt einfach ~ **WLAN**

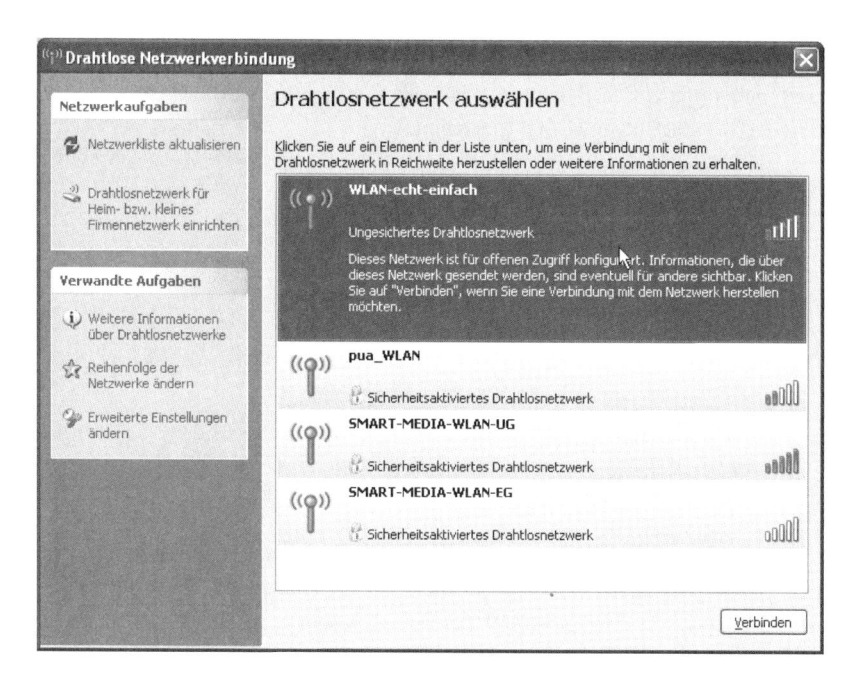

Bild 5.47 – Um sich mit dem neu eingerichteten *WLAN-echt-einfach* zu verbinden, genügt ein Doppelklick auf dessen Eintrag in der von Windows XP zusammengestellten Liste.

Wenn es sich dabei – wie in unserem Beispiel – um ein (noch) ungesichertes drahtloses Netzwerk handelt, gibt Windows XP bei installiertem Sicherheitspack 2 (SP2) zwar eine Warnung aus, stellt den Kontakt aber nach Bestätigung durch einen Klick auf die Schaltfläche TROTZDEM VERBINDEN dennoch her.

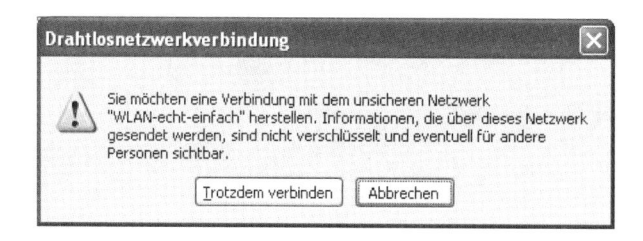

Bild 5.48 – Wenn das WLAN, mit dem Sie Ihren Computer verbinden wollen, unverschlüsselt ist, warnt Windows XP, lässt die Kontaktaufnahme aber dennoch zu.

WLAN ~ echt einfach

Nun versucht Windows XP, sich mit dem angewählten WLAN zu verbinden und zeigt dabei den nachstehenden Bildschirm, in schönstem Microsoft-Deutsch DRAHTLOSNETZWERKVERBINDUNG genannt.

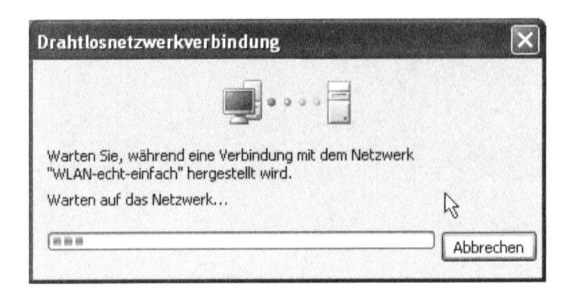

Bild 5.49 ~ Die Verbindungsaufnahme kann einige zig Sekunden dauern.

Es bleibt noch ein wesentlicher Punkt der Client-Konfiguration zu klären: die Vergabe einer IP-Adresse. Im Zusammenhang mit dem Ad-hoc-Netz wurde bereits beschrieben, wie das Netzwerk mit statischen IP-Adressen gestaltet wird. Es mussten die eigentliche Adresse des Computers, eine Netzmaske sowie Adressen für das Standard-Gateway und ein oder zwei DNS-Server programmiert werden.

In diesem Beispiel ist das einfacher. Sie erinnern sich: Es wurde die DHCP-Server-Funktion im Access Point aktiviert.

▶ 6 Wechseln Sie deshalb bitte einmal in das Register ALLGEMEIN der EIGENSCHAFTEN VON INTERNETPROTOKOLL TCP/IP. Der Weg zu diesem Menü entspricht dem bei der Vergabe einer statischen IP-Adresse. Dort werden lediglich die folgenden Optionen markiert:

- IP-ADRESSE AUTOMATISCH BEZIEHEN und
- DNS-SERVERADRESSE AUTOMATISCH BEZIEHEN.

echt einfach ~ **WLAN**

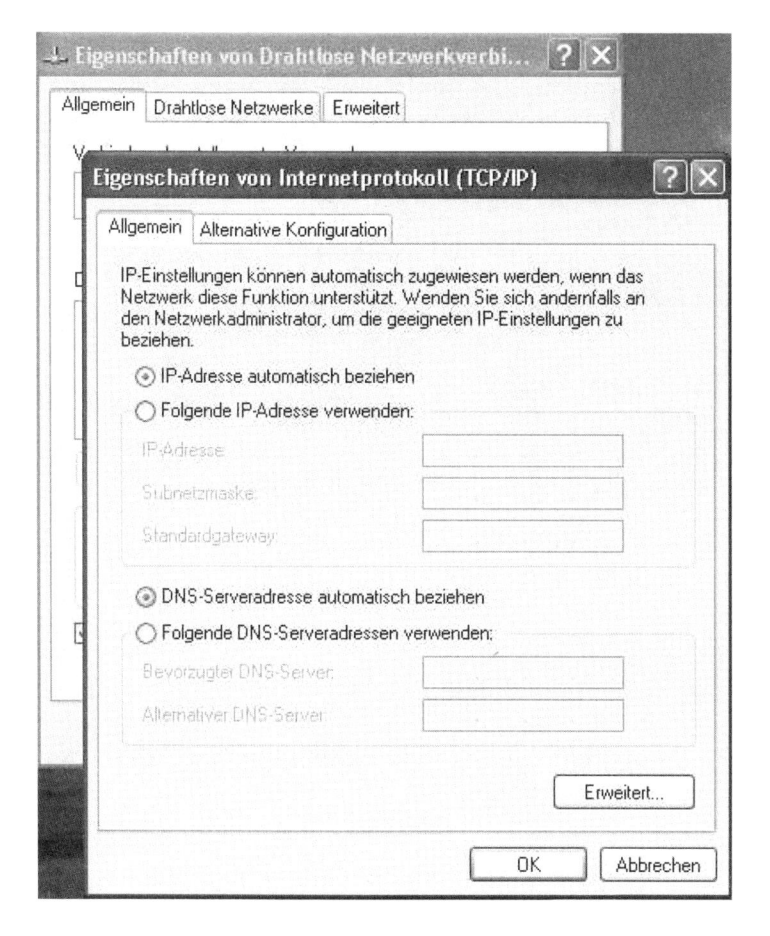

Bild 5.50 – Dieser Computer bezieht alle Adressen automatisch. Eine eigene Programmierung der IP-Adresse braucht nicht zu erfolgen.

> 7 Mit OK wird die Einstellung übernommen.

Werfen Sie einen Blick auf den STATUS des Netzwerkes – dieser kann per Doppelklick auf das Symbol im Systemtray (falls dessen Anzeige an dieser Stelle vorgesehen wurde) oder mit einem rechten Mausklick auf das Netzwerksymbol in der Auflistung der Systemsteuerung (NETZWERKVERBINDUNGEN) aufgerufen werden. Zu beachten ist: Diese Statusinformation ist nur dann verfügbar, wenn das Netz aktiv ist. Kann keine Statusinformation aufgerufen werden, dann ist möglicherweise die

WLAN ~ echt einfach

Funkstrecke gestört oder eine der beiden Seiten der Verbindung fehlerhaft konfiguriert worden.

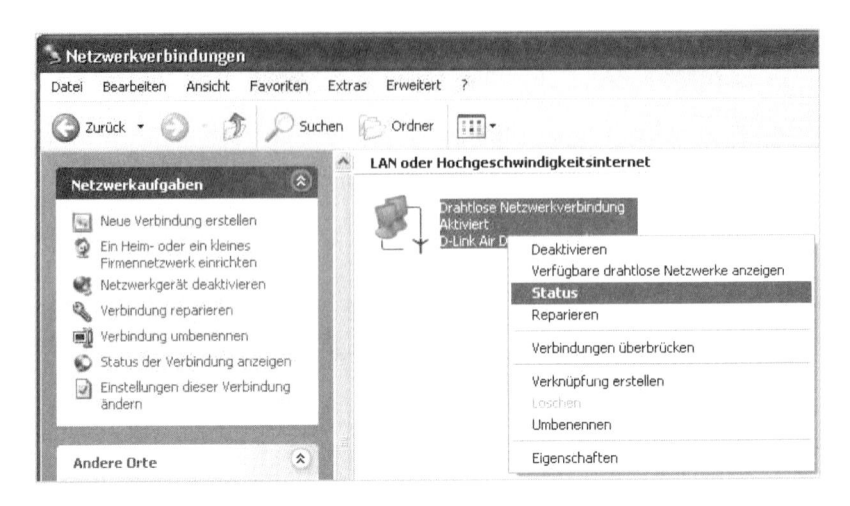

Bild 5.51 ~ Aufruf des Netzwerkstatus mit der rechten Maustaste auf das Symbol in der Verbindungsübersicht.

echt einfach ~ **WLAN**

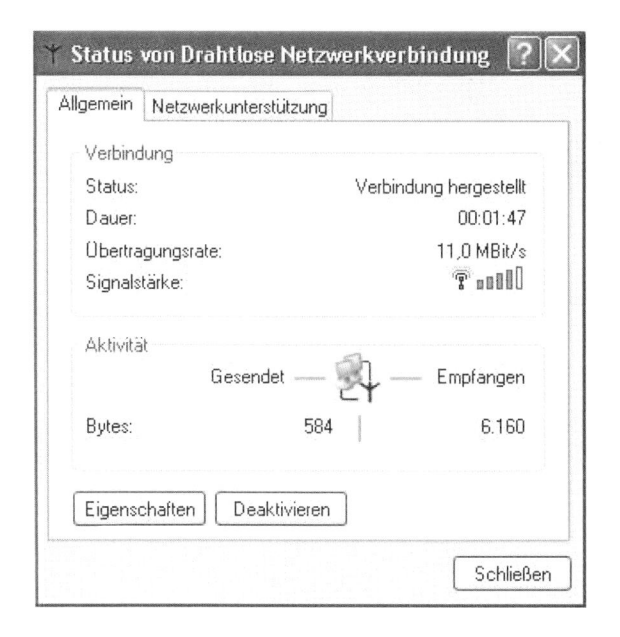

Bild 5.52 ~ Das Register ALLGEMEIN gibt Informationen über die Qualität der Verbindung.

Besonders interessant ist in dieser Statusanzeige das Register NETZWERKUNTERSTÜTZUNG. Darin werden die wichtigsten IP-Adressdaten wie die IP-ADRESSE selbst, das STANDARDGATEWAY und die SUBNETZMASKE aufgelistet. Eine vollständige Übersicht zu den IP-Adressdaten bekommen Sie, wenn Sie die Schaltfläche DETAILS anklicken.

Bild 5.53 – Das Register NETZWERKUNTERSTÜTZUNG der Statusanzeige zeigt eindeutig an, dass die verwendete IP-Adresse von einem DHCP-Server „geliehen" wurde.

Hier werden nun auch die Adresse des Domain Name Servers (DNS-SERVER) und die PHYSIKALISCHE ADRESSE des Netzwerk-Adapters angezeigt (MAC-Adresse, nach der Bezeichnung für Media Access Control).

echt einfach ~ **WLAN**

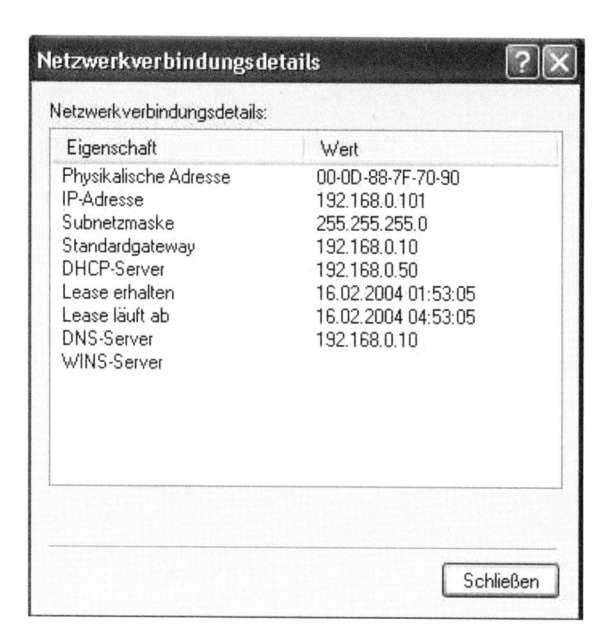

Eigenschaft	Wert
Physikalische Adresse	00-0D-88-7F-70-90
IP-Adresse	192.168.0.101
Subnetzmaske	255.255.255.0
Standardgateway	192.168.0.10
DHCP-Server	192.168.0.50
Lease erhalten	16.02.2004 01:53:05
Lease läuft ab	16.02.2004 04:53:05
DNS-Server	192.168.0.10
WINS-Server	

Bild 5.54 ~ In den Details der Statusanzeige sehen Sie, dass nun auch die IP-Adressen für STANDARDGATEWAY und DNS-SERVER bestimmt sind.

5.5 WLAN-Reichweite vergößern

Flächendeckende Funknetze kennen Sie aus dem Handy-Funk. Wenn Sie sich über Land bewegen, bucht sich Ihr Handy in immer neue Basisstationen ein, ohne dass Sie das merken würden. Sobald Sie mit Ihrem Handy die Funkzelle einer Basisstation verlassen, übergibt die Infrastruktur des Netzbetreibers den Kontakt zur nächsten. Diesen Vorgang bezeichnet man mit „Roaming". Und wenn dabei nicht einmal ein Knacken im Gespräch wahrnehmbar ist, spricht man von „Seamless Roaming" (nahtlos).

Was in großen GSM-Netzen funktioniert, lässt sich gleichfalls zu Hause oder im Büro realisieren. Denn dem WLAN-Funk sind enge Leistungsgrenzen gesetzt: Da die Sendeenergie immer auf 100 Milliwatt beschränkt ist, stellen bereits dickere Wände oder wasserhaltige Baustoffe wie Gipskartonplatten ernsthafte Hindernisse dar.

WLAN ~ echt einfach

Spätestens an stahlarmierten Betonwänden oder -decken stoßen WLAN-B oder WLAN-G an ihre Grenzen.

Um ein Haus, in dessen Kellerräumen sich möglicherweise ein kleines Büro befindet und im Dachgeschoss ein Kinderzimmer, dennoch komplett drahtlos vernetzen zu können, benötigen Sie zusätzliche Access Points. Im vorstehenden Abschnitt haben Sie am Beispiel des DWL-900AP+ gelernt, wie Sie einen Access Point in Betrieb nehmen.

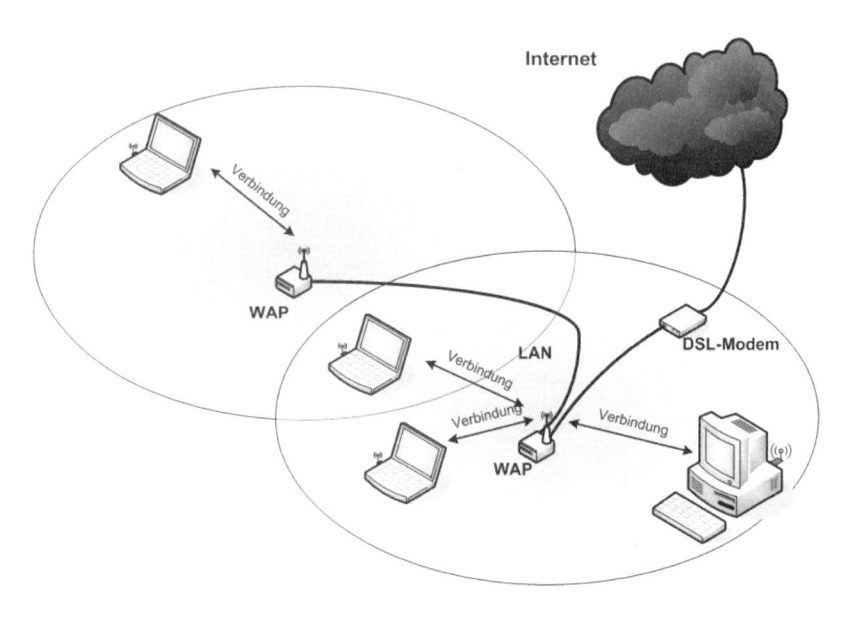

Bild 5.55 – Mit zusätzlichen Access Points vergrößern Sie die Reichweite eines WLANs.

Um eine Reichweitenvergößerung des WLANs zu demonstrieren, erweitern wir nun das mit einem WLAN-Internet-Access-Router eingerichtete Infrastruktur-WLAN um einen zusätzlichen Access Point.

Das WLAN weist also zwei Access Points auf:

- Einer steckt im WLAN-Internet-Access-Router DI-714P+,
- der zweite ist das Modell DWL-900AP+.

echt einfach ~ **WLAN**

Der Router DI-714P+ befindet sich in der Nähe des Client-Computers, der DWL-900AP+ in einem entfernten Zimmer.

Die zuverlässigste Verbindung erreichen Sie, wenn Sie die beiden Access Points durch ein Ethernet-Kabel miteinander verbinden. Ein Cat.5-Kabel darf immerhin 100 Meter lang sein – das sollte in den meisten Fällen genügen.

Für die Kabel-Verbindung benötigen Sie zwar einen Ethernet-Switch, aber den müssen Sie nicht zusätzlich beschaffen – im WLAN-Internet-Access-Router DI-714P+ ist ja bereits ein 4-Port-Switch integriert.

▶ 1 Stecken Sie nun das Ethernet-Kabel an eine der mit 1, 2, 3 oder 4 bezeichneten RJ-45-Buchsen des WLAN-Internet-Access-Routers an – beispielsweise an Port Nummer 4.

▶ 2 Verbinden Sie das andere Ende mit der einzigen RJ-45-Buchse des DWL-900AP+.

▶ 3 Stellen Sie bei beiden Geräten die Stromversorgung her (Steckernetzteile anstecken) und überprüfen Sie die korrespondierenden Statusanzeigen – sie sollten grün leuchten: beim DLW-900AP+: LAN, beim DI-714P+: LOCAL NETWORK 4.

▶ 4 Vergeben Sie den beiden Access Points **unterschiedliche** SSIDs. Dann kann Windows XP am besten zwischen den Funkzellen umschalten. Behalten Sie die SSID WLAN-echt-einfach für den WLAN-Internet-Access-Router bei und geben Sie dem zusätzlichen Access Point beispielsweise die SSID WLAN-echt-erweitert.

▶ 5 Setzen Sie die beiden Access Points auf unterschiedliche Kanäle. Da sich in einem Haus die beiden Funkzellen wahrscheinlich etwas überlappen, beachten Sie bitte die Abstandsregel für WLAN-B-Funkkanäle (siehe Abschnitt „WLAN – Kanäle in Deutschland").

WLAN ~ echt einfach

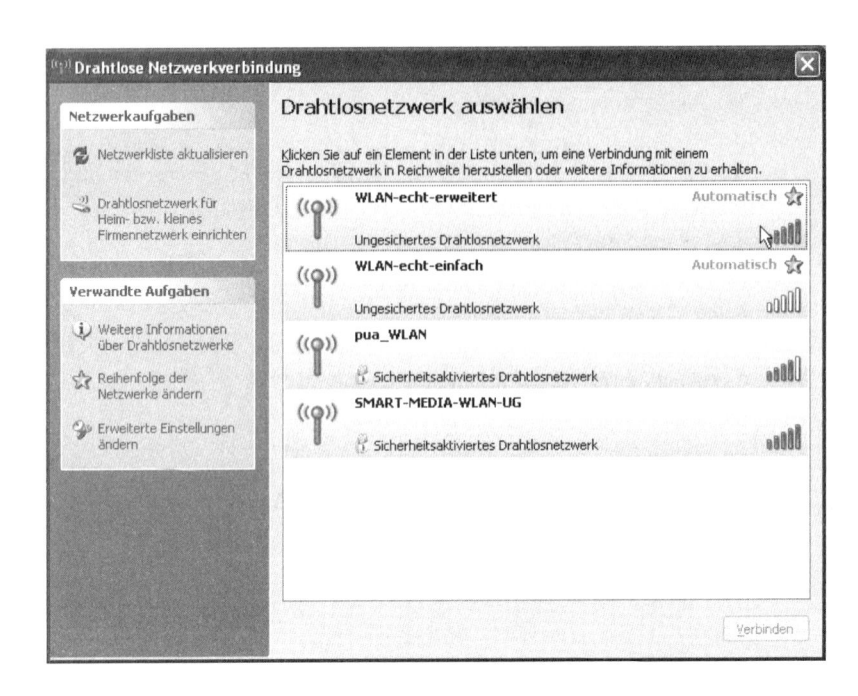

Bild 5.56 — Nun zeigt Ihnen Windows die zusätzliche Funkzelle *WLAN-echt-erweitert* an.

▶ **6** Überprüfen Sie die Konfiguration mit einem WLAN-Client, etwa dem WLAN-USB-Adapter DWL-120+ von D-Link.

Abschließende Hinweise

Beachten Sie, dass ein Client nicht wild im Netz „hin- und herspringt". Der Client-Adapter schaltet erst dann auf einen anderen Access Point um, wenn die Übertragungsqualität dauerhaft unter einen akzeptablen Wert abrutscht.

▶ **1** Geben Sie **allen** Access-Points in Ihrem Netzwerk statische IP-Adressen. So können Sie sie später zum Konfigurieren wiederfinden, etwa wenn Sie die WEP-Verschlüsselung aktivieren.

▶ **2** Wenn Sie nur die erwähnten zwei Geräte verwenden, können Sie es bei den Werkseinstellungen für die IP-Adressen belassen. Sollten Sie weitere Access Points hinzufügen, so nummerieren Sie deren IP-Adressen einfach fortlaufend weiter.

▶ **3** Geben Sie den Access Points eindeutige Namen wie WLAN-echt-einfach-Office, WLAN-echt-einfach-Kinderzimmer. So können Sie sofort sehen, welchen Access Point Sie gerade benutzen.

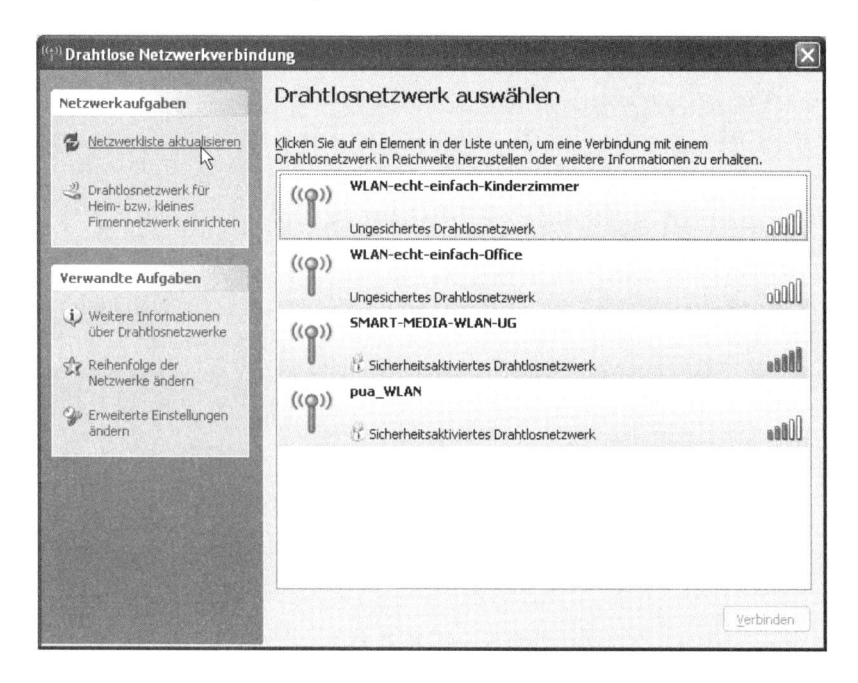

Bild 5.57 ~ Mit eindeutigen SSID-Namen finden Sie sich in einem ausgedehnten WLAN besser zurecht.

▶ **4** Halten Sie diese Namen und die zugeordneten IP-Adressen sicherheitshalber in einer Tabelle fest.

WLAN ~ echt einfach

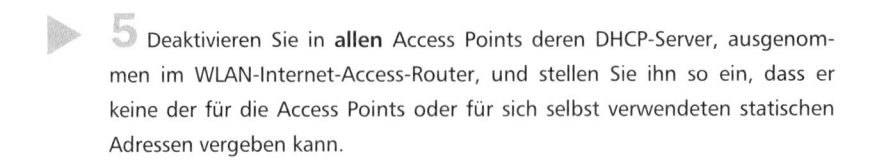

▶ **5** Deaktivieren Sie in **allen** Access Points deren DHCP-Server, ausgenommen im WLAN-Internet-Access-Router, und stellen Sie ihn so ein, dass er keine der für die Access Points oder für sich selbst verwendeten statischen Adressen vergeben kann.

5.6 WLAN-Zusatzfunktionen

Das Internet-Access-Routing ist neben dem WLAN-Access Point zweifellos die wichtigste Funktion im D-Link DI-714P+. Das Gerät kann aber noch weitaus mehr und so wollen wir eine seiner sehr nützlichen Eigenschaften nicht verschweigen: den Print-Server.

Drucken im Netz – der Print-Server

Unter einem *Print-Server* ist eine Druckerschnittstelle zu verstehen, die im Netzwerk bereitsteht, deren Betrieb jedoch keinen aktiven Computer erfordert. Es muss lediglich derjenige Computer aktiv sein, von dem aus Sie drucken wollen. Jeder PC, von dem aus der Drucker genutzt werden kann, muss zwei Voraussetzungen erfüllen:

- Es muss ein *Client* für den Print-Server im Betriebssystem installiert sein.
- Es muss wie bei einem *lokalen Drucker* auch ein Druckertreiber installiert sein.

Voraussetzungen zum Drucken im (W)LAN

Die grundlegende Voraussetzung, um ein Dokument auf dem Drucker ausgeben zu können, ist, dass dieser am PC angeschlossen ist. Nun ist dies im weitesten Sinne über das Netzwerk – egal, ob drahtlos oder drahtgebunden – ebenso der Fall, allerdings kann kein Dokument direkt in das Netzwerk „gedruckt" werden, in der Hoffnung, der Druckauftrag möge schon das passende Gerät automatisch finden.

Um den am Print-Server angeschlossenen Drucker benutzen zu können, benötigt der Computer Software, die eine direkte Druckerschnittstelle simuliert und mit dem Print-Server kommuniziert.

echt einfach ~ **WLAN**

▶ 1 Legen Sie die CD-ROM des WLAN-Internet-Access-Routers ein und klicken Sie auf den Menüpunkt INSTALL WINDOWS PRINTER SOFTWARE.

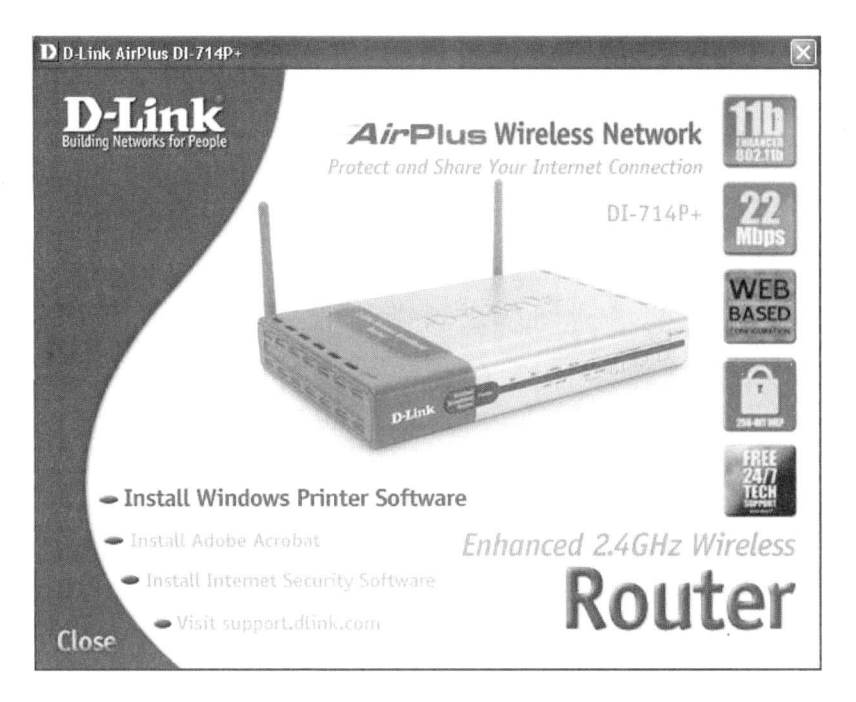

Bild 5.58 ~ Die Installation der Printer-Client-Software starten Sie über das Menü der CD-ROM des Herstellers.

▶ 2 Wählen Sie im nächsten Fenster die Windows-Version aus – hier Windows XP –, indem Sie auf den Menüpunkt INSTALL PRINTER SOFTWARE FOR WINDOWS 2000/XP klicken.

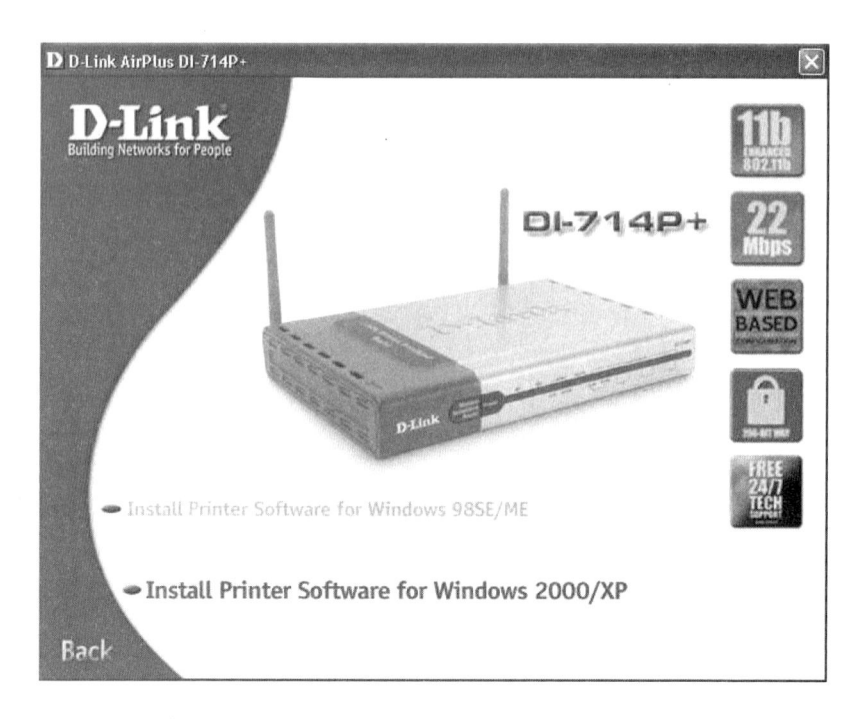

Bild 5.59 – Wichtig! Sie müssen die zum Betriebssystem passende Version wählen.

Das Installationsprogramm kopiert nun die Print-Server-Software in einen frei wählbaren Ordner. Im Startmenü erscheint sie jedoch später nicht! Stattdessen findet sich ein neuer Anschluss im Menü DRUCKER UND FAXGERÄTE.

> **Weitere Treiber installieren**
> Durch Installation anderer Treiber können Sie durchaus Computer mit verschiedenen Betriebssystemen im gleichen Netzwerk betreiben, die alle denselben Netzwerkdrucker verwenden.

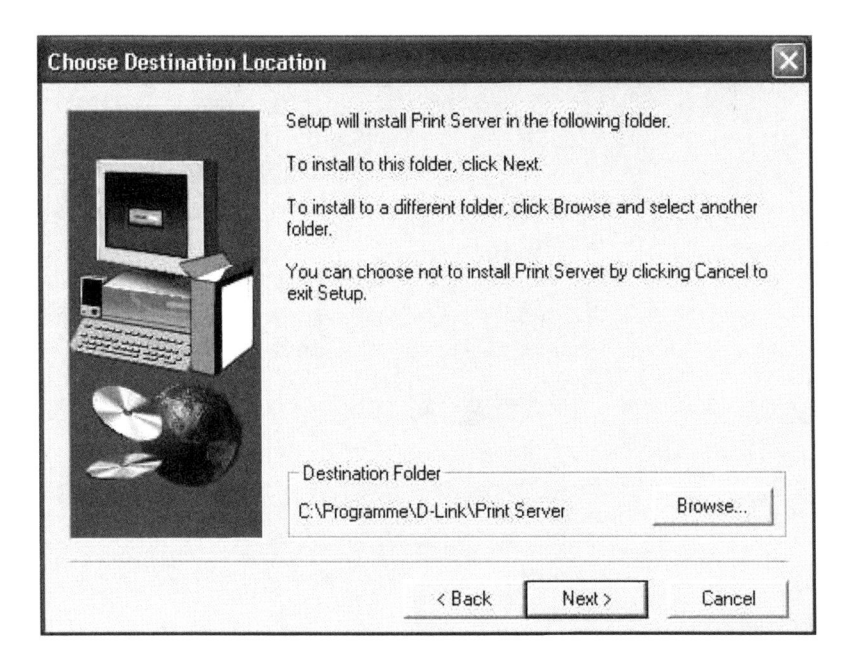

Bild 5.60 – Hier können Sie den Ordner wählen, in den die Druckersoftware kopiert werden soll.

> **3** Starten Sie den Computer neu.

Wie es bei Software Usus ist, legt das Installationsprogramm die Dateien in Ordner ab, die Sie als Benutzer frei wählen können. Allerdings ist diese kleine Software kein ausführbares Programm in dem Sinne, wie sie es im Allgemeinen kennen. Denn trotz des allfälligen Neustarts werden Sie im Programmmenü keinen Eintrag für den Print-Server vorfinden. Das liegt daran, dass er als Dienst-Programm im Hintergrund läuft und von dort aus dem PC zur Verfügung steht. Die Funktion des Clients ist schnell erklärt: Er simuliert – wie schon angedeutet – für den Computer die Computerschnittstelle, die sonst durch eine 25-polige Buchse an der Gehäuserückseite des Rechners realisiert ist (Parallel-Port).

Einsatz des Print-Servers

Um im Netz drucken zu können, müssen Sie nun – wie bei einem lokalen Drucker auch – einen Druckertreiber installieren. Dazu liefert der Hersteller des Druckers eine CD-ROM mit. Es empfiehlt sich jedoch, im Internet nach dem jeweils aktuellen Treiber für das eigene Betriebssystem zu suchen.

Der Drucker wird nun mit den bekannten Dialogen des Betriebssystems eingerichtet.

> **1** Dazu wird im Startmenü die Systemsteuerung aufgerufen. In der Kategorie DRUCKER UND ANDERE HARDWARE sind die Dialoge zu finden, mit denen der Netzwerkdrucker auf diesem PC eingerichtet wird.

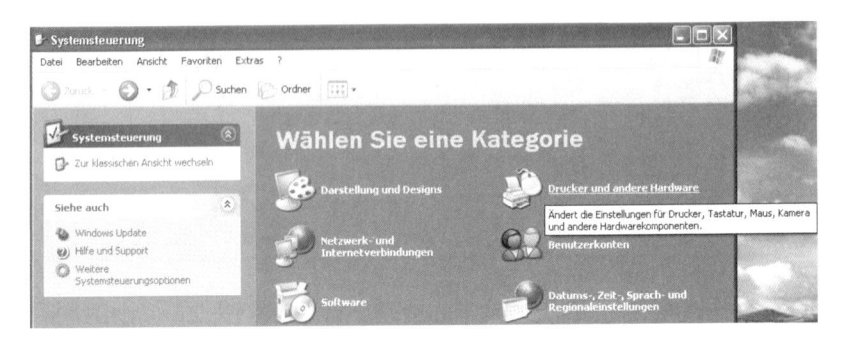

Bild 5.61 – In der Systemsteuerung ist die Druckerkonfiguration in der Kategorie DRUCKER UND ANDERE HARDWARE zu finden.

> **2** Hier wählen wir die Aufgabe DRUCKER HINZUFÜGEN, woraufhin ein Assistent startet.

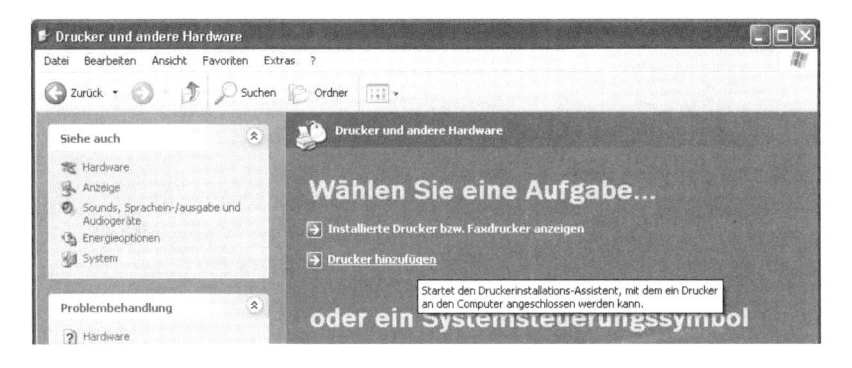

Bild 5.62 ~ Es soll ein Drucker hinzugefügt werden. Daher ist diese Aufgabe zu wählen.

Der nun folgende Dialog ist etwas erklärungsbedürftig, um nicht zu sagen: Er ist verwirrend. Man findet nämlich eine Information in diesem Fenster, die ausdrücklich auf Folgendes hinweist:

> 3 Verwenden Sie die Option LOKALER DRUCKER, um einen Netzwerkdrucker einzurichten, der nicht an einem Print-Server angeschlossen ist.

WLAN ~ echt einfach

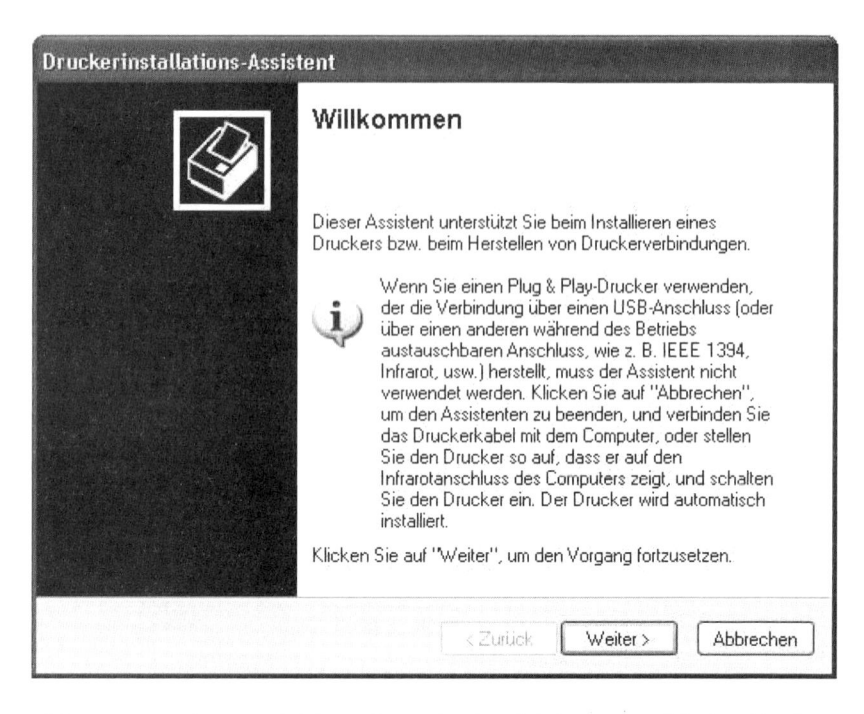

Bild 5.63 – Der Assistent zur Einrichtung des Druckers kann bei einem Netzwerkdrucker nicht alles automatisch übernehmen.

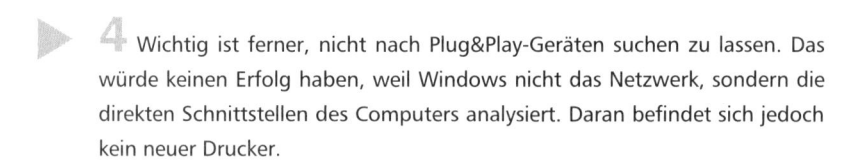

▶ 4 Wichtig ist ferner, nicht nach Plug&Play-Geräten suchen zu lassen. Das würde keinen Erfolg haben, weil Windows nicht das Netzwerk, sondern die direkten Schnittstellen des Computers analysiert. Daran befindet sich jedoch kein neuer Drucker.

echt einfach ~ **WLAN**

> **Druckerinstallations-Assistent**
>
> **Lokaler Drucker oder Netzwerk**
> Sie müssen angeben, welcher Druckertyp eingerichtet werden soll.
>
> Wählen Sie die Option für den gewünschten Drucker aus:
>
> ⦿ Lokaler Drucker, der an den Computer angeschlossen ist
> ☐ Plug & Play-Drucker automatisch ermitteln und installieren
> ○ Netzwerkdrucker oder Drucker, der an einen anderen Computer angeschlossen ist
>
> (i) Verwenden Sie die Option "Lokaler Drucker", um einen Netzwerkdrucker einzurichten, der nicht an einen Druckserver angeschlossen ist.
>
> [< Zurück] [Weiter >] [Abbrechen]

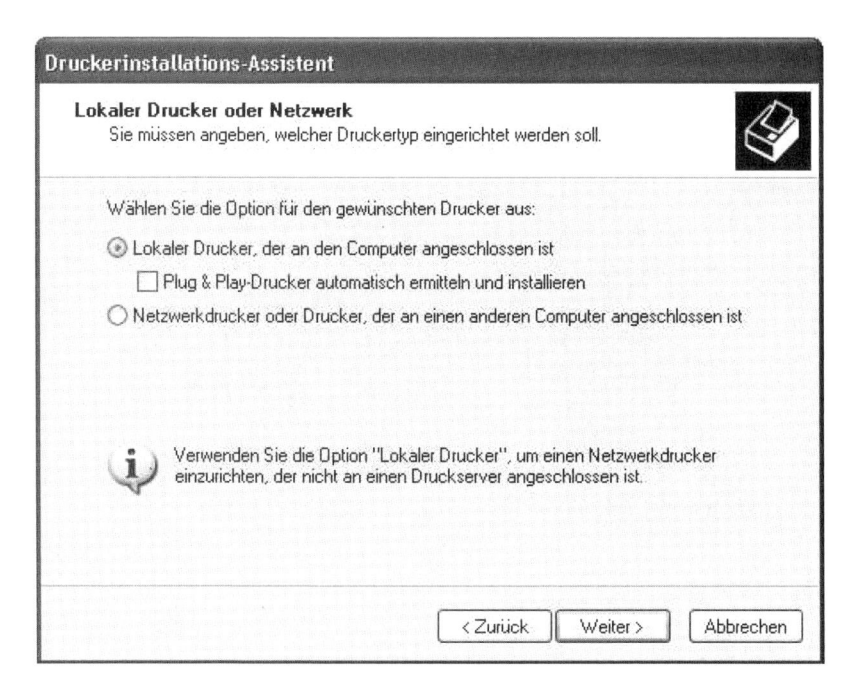

Bild 5.64 ~ Achtung Irritation: Auch wenn de facto ein Netzwerkdrucker eingerichtet wird, ist dies aus der Sicht des Betriebssystems ein lokaler Drucker.

▶ **5** Im nächsten Schritt kommt der entscheidende Moment: Es wird die Anschlussschnittstelle für den Drucker gewählt. Hier muss nun in der Liste der Eintrag D-LINK LPT PORT (LOCAL PORT) gewählt werden. Es handelt sich hierbei um die zuvor installierte virtuelle Druckerschnittstelle.

▶ **Wichtig!**
Die Installation des Druckertreibers kann erst erfolgen, nachdem die virtuelle Druckerschnittstelle von der D-Link-CD-ROM installiert und der PC neu gestartet wurde.

Bild 5.65 – Der Client des Print-Servers stellt auf dem PC eine virtuelle Druckerschnittstelle zur Verfügung.

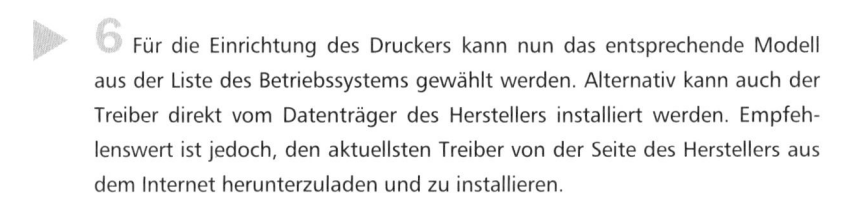

▶ 6 Für die Einrichtung des Druckers kann nun das entsprechende Modell aus der Liste des Betriebssystems gewählt werden. Alternativ kann auch der Treiber direkt vom Datenträger des Herstellers installiert werden. Empfehlenswert ist jedoch, den aktuellsten Treiber von der Seite des Herstellers aus dem Internet herunterzuladen und zu installieren.

echt einfach ~ **WLAN**

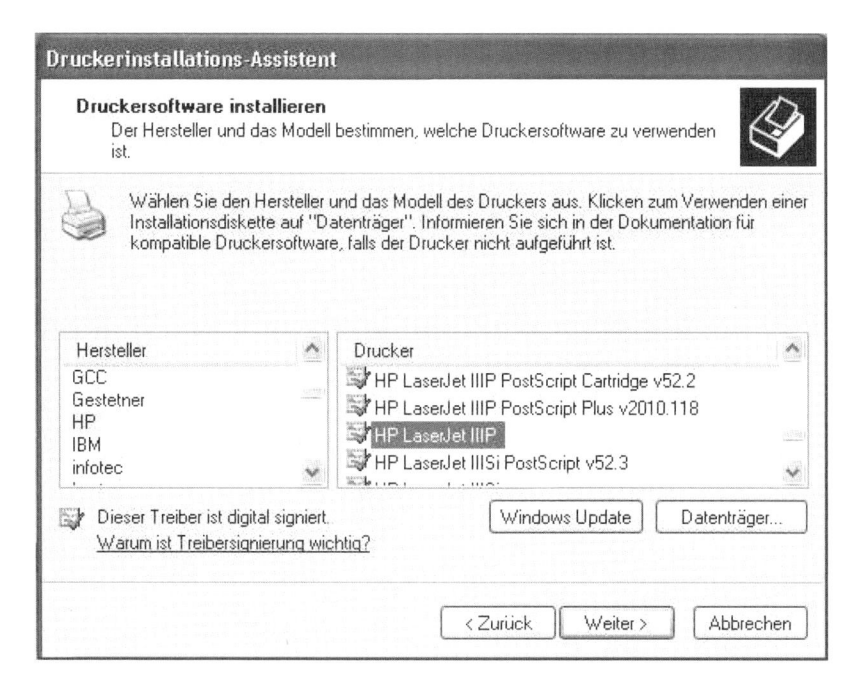

```
Druckerinstallations-Assistent

  Druckersoftware installieren
    Der Hersteller und das Modell bestimmen, welche Druckersoftware zu verwenden
    ist.

       Wählen Sie den Hersteller und das Modell des Druckers aus. Klicken zum Verwenden einer
       Installationsdiskette auf "Datenträger". Informieren Sie sich in der Dokumentation für
       kompatible Druckersoftware, falls der Drucker nicht aufgeführt ist.


  Hersteller                         Drucker
  GCC                                  HP LaserJet IIIP PostScript Cartridge v52.2
  Gestetner                            HP LaserJet IIIP PostScript Plus v2010.118
  HP                                   HP LaserJet IIIP
  IBM                                  HP LaserJet IIISi PostScript v52.3
  infotec

     Dieser Treiber ist digital signiert.        [ Windows Update ]   [ Datenträger... ]
     Warum ist Treibersignierung wichtig?


                               [ < Zurück ]  [ Weiter > ]  [ Abbrechen ]
```

Bild 5.66 ~ Es folgt Routine: Jetzt wird der Drucker gewählt und im Betriebssystem installiert.

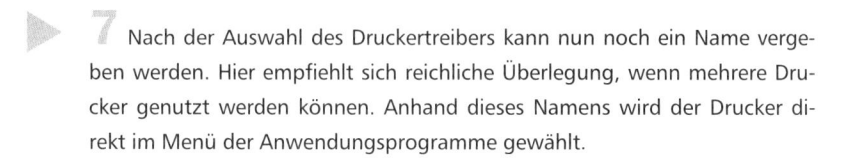

▶ **7** Nach der Auswahl des Druckertreibers kann nun noch ein Name vergeben werden. Hier empfiehlt sich reichliche Überlegung, wenn mehrere Drucker genutzt werden können. Anhand dieses Namens wird der Drucker direkt im Menü der Anwendungsprogramme gewählt.

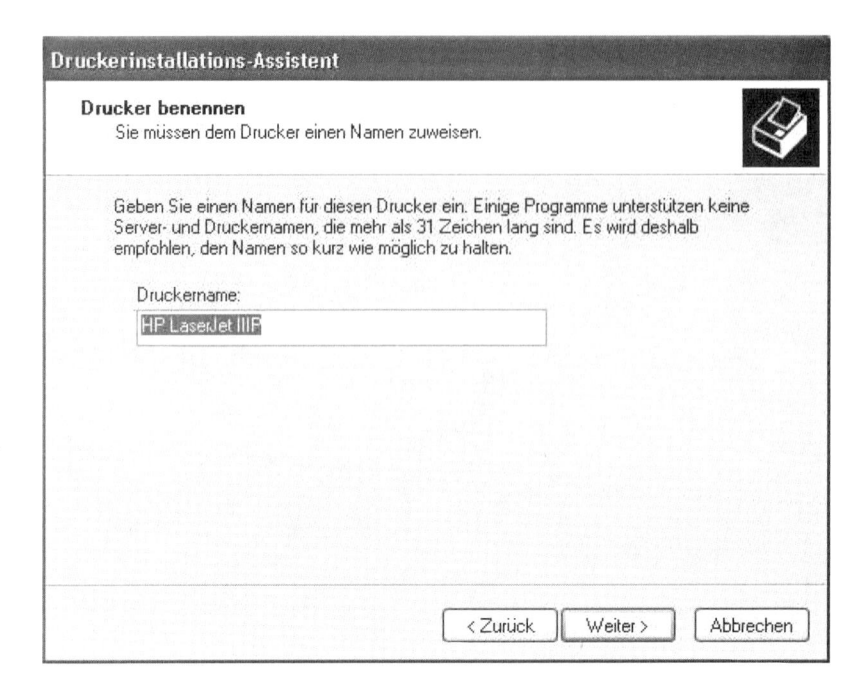

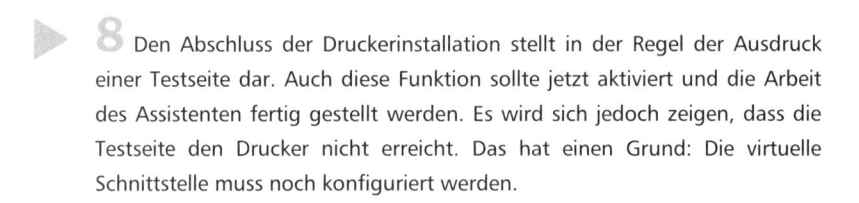

Druckerinstallations-Assistent

Drucker benennen
Sie müssen dem Drucker einen Namen zuweisen.

Geben Sie einen Namen für diesen Drucker ein. Einige Programme unterstützen keine Server- und Druckernamen, die mehr als 31 Zeichen lang sind. Es wird deshalb empfohlen, den Namen so kurz wie möglich zu halten.

Druckername:
HP LaserJet IIIP

[< Zurück] [Weiter >] [Abbrechen]

Bild 5.67 – Mit einem eindeutigen Namen wird der Drucker später in den Anwendungsprogrammen erkannt.

▶ 8 Den Abschluss der Druckerinstallation stellt in der Regel der Ausdruck einer Testseite dar. Auch diese Funktion sollte jetzt aktiviert und die Arbeit des Assistenten fertig gestellt werden. Es wird sich jedoch zeigen, dass die Testseite den Drucker nicht erreicht. Das hat einen Grund: Die virtuelle Schnittstelle muss noch konfiguriert werden.

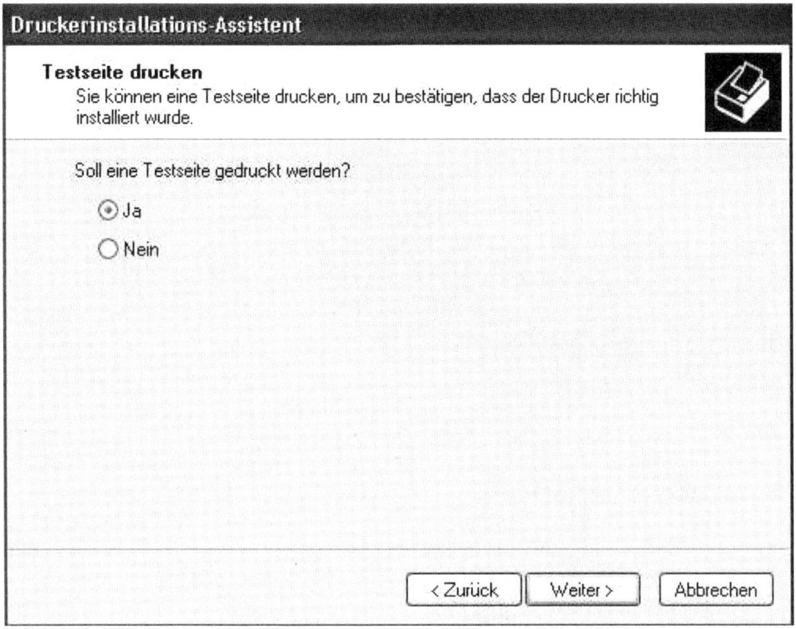

Bild 5.68 – Es soll eine Testseite gedruckt werden. Diese wird allerdings nicht sofort zu Papier gebracht.

Damit die Testseite den Drucker erreichen kann, muss die Adresse des Print-Servers bekannt sein. Sonst kann der PC den Drucker über das Netzwerk nicht ansprechen.

WLAN ~ echt einfach

Bild 5.69 – Selbst dann, wenn die Schnittstelle bereits korrekt konfiguriert wurde, kann es eine Weile dauern, bis die Seite vollständig an den Drucker übertragen wurde. Die Auslastung der Funkstrecke spielt eine wichtige Rolle.

▶ 9 Diese Einstellung kann in den EIGENSCHAFTEN des Druckers vorgenommen werden. Hier muss im Register ANSCHLÜSSE die virtuelle Schnittstelle markiert und die Schaltfläche KONFIGURIEREN angeklickt werden. Es öffnet sich nun ein kleiner Dialog, der lediglich eine einzige Eingabe erwartet: die IP-Adresse des Print-Servers.

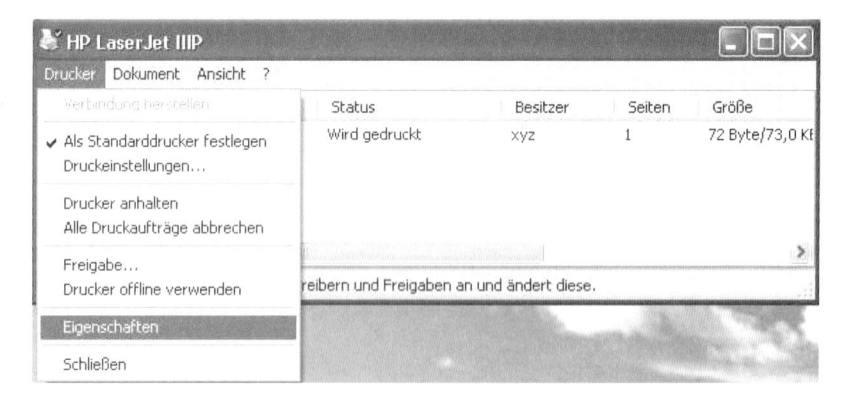

Bild 5.70 – In den EIGENSCHAFTEN des Druckers kann auch auf die Konfiguration der virtuellen Druckerschnittstelle zugegriffen werden.

Diese ist uns bereits bekannt. Wir haben sie bereits zur Konfiguration des Routers verwendet bzw. in diesem Zusammenhang definiert. Jetzt sollte der Ausdruck problemlos funktionieren.

Bild 5.71 – Es wird der lokale Port des D-Link-Print-Servers selektiert und dessen Konfiguration aufgerufen.

WLAN ~ echt einfach

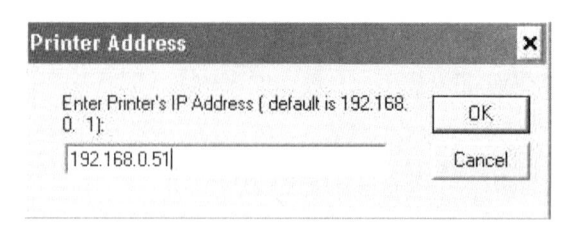

Printer Address

Enter Printer's IP Address (default is 192.168. 0. 1):

192.168.0.51

OK

Cancel

Bild 5.72 – Nach Eingabe der IP-Adresse des Print-Servers kann der PC nun seine Druckdaten korrekt zustellen.

Der Zugriff auf den Print-Server kann auf jedem PC innerhalb des lokalen Netzwerkes eingerichtet werden. Der Print-Server koordiniert dabei selbstständig die Zugriffe der einzelnen Clients.

> **Hinweis**
> Print-Server gibt es auch als einzelne Geräte – ungefähr so groß wie eine Zigarettenschachtel. Die Preise bewegen sich ab 100 Euro aufwärts. Selbstverständlich können auch diese Geräte in einem WLAN zum Einsatz kommen oder den DI-714P+ ergänzen.

Das lernen Sie in diesem Kapitel:
- *Wo lauern die Gefahren?*
- *Wieso sind WLANs besonders angreifbar?*
- *Wie verschlüsseln Sie den WLAN-Datenfunk?*
- *Wie kontrollieren Sie den Zugang zu Ihrem WLAN?*
- *Wie sichern Sie Ihr Netzwerk zusätzlich ab?*

Sicheres WLAN

In allen Beispielen der vorangegangenen Kapitel wurde lediglich die Funktion des Wireless LANs in den Vordergrund gestellt. Doch die Gefahr eines digitalen Angriffes lauert nicht nur in den dunklen Tiefen des Internets, sondern auch in der unmittelbaren Nachbarschaft. Es gibt jedoch recht wirksame Möglichkeiten, um selbst ein drahtloses Netzwerk abzusichern.

6.1 Lauernde Gefahren

Mindestens einmal in der Woche muss man mittlerweile selbst in den bei technischen Themen eher weniger engagierten Tagesmedien hören oder lesen, dass wieder ein neuer Internetwurm die Runde macht. Bedeutet die permanente Meldungsflut zu Viren und Würmern wirklich, dass lediglich aus dem Internet Gefahr für den eigenen Computer besteht? Die Antwort ist ganz klar: NEIN! Jedes Schlupfloch zum eigenen Computer stellt ein Sicherheitsrisiko dar. Dies gilt auch – wenn nicht sogar insbesondere – für das Wireless LAN.

Dieses Kapitel startet mit einer Übersicht darüber, welche Möglichkeiten einem Angreifer generell zur Verfügung stehen.

Datenmissbrauch

Was ist ein Computer heute: eine Schreibmaschine oder eine Spielkonsole? Er ist beides, aber er ist noch viel mehr. Er ist ein Kommunikationsmittel und er ist eine großartige Datenbank. Wer jetzt meint, er habe doch kein Datenbankprogramm auf seinem PC installiert, sollte diesen Abschnitt dennoch nicht überspringen, sondern weiterlesen. Es gibt sehr zahlreiche Datenquellen auf einem PC, deren Wert besonders dessen Besitzer nicht recht einzuschätzen weiß.

Ganz spektakulär und somit für jeden Angreifer eine wahre Goldgrube sind Zugangsdaten zum eigenen Bankkonto oder Informationen zu den Daten der Kreditkarte. Das ist gleichbedeutend mit einer Kontovollmacht, die an einer öffentlichen Werbetafel angeschlagen wird. Es muss nicht weiter ausgeführt werden, was passieren kann, wenn Zugangsdaten zum eigenen Bankkonto in fremde Hände geraten.

Es gibt aber auch andere Datenquellen, die sich sehr leicht missbrauchen lassen: Man denke nur an die Einträge im Windows-Adressbuch, an Textdokumente oder Tabellen. Textdokumente sind eine hervorragende Basis für mehr oder weniger „lustige" Späße. Wer die Korrespondenz seines Opfers kennt und möglicherweise auch die passenden Briefbögen, die ja als Dokumentvorlage gespeichert sind, in seine Hände bekommt, der kann als „fake" (= Schwindelei) eigene Briefe unter fremdem Namen schreiben und so viel Ärger verursachen. Man denke nur an getürkte Liebesbriefe, die dann vom Ehepartner aus dem Briefkasten genommen werden. Natürlich hat es wenig Stil, hierzu eine Textverarbeitung zu benutzen, doch die Wirkung ist garantiert. Liegen vielleicht gespeicherte Briefe an Versandhäuser vor, in denen neben Namen und Anschrift auch die Kundennummer aufgeführt ist? Umso besser, denn nun kann sich der unvorsichtige PC-Benutzer zusätzlich über eine ganze Menge teurer neuer Errungenschaften freuen.

Persönliche Daten
Persönliche Daten sind ein brisantes Gut. Sie Fremden gegenüber offen zu legen, ist gefährlich. Damit lassen sich für den Betroffenen schwer nachvollziehbare Angriffe durchführen, für die es im weiteren Verlauf keinen Computer erfordert! Doch nicht nur das Ausspionieren von Daten ist für einen Angreifer interessant. Auch deren Veränderung oder Entfernung von der Festplatte kann für einen Saboteur reizvoll sein.

Man stelle sich vor, die Diplomarbeit oder die Dissertation verschwindet plötzlich inklusive des Backups kurz vor der Abgabe spurlos von der Festplatte oder das Dokument wird in wesentlichen Inhalten verändert. Das ist Sabotage und in einem solchen Fall auch durchaus existenziell bedrohlich. Oft genügt es, Zahlen in den Kommastellen einer Tabelle zu verändern, um das Gesamtergebnis negativ zu beeinflussen. Solche Datenmodifikationen sind kaum zu erkennen und damit besonders heimtückisch.

Nicht zuletzt sei erwähnt, dass ein Angriff nicht allein bedeuten muss, Daten auszuspionieren oder zu verändern. Besonders „großzügige" Angreifer legen möglicherweise noch etwas drauf. Man stelle sich bestimmte verbotene Fotos oder Videos auf dem eigenen Computer vor, von deren Existenz niemand etwas ahnt. Anhand von – wie zuvor beschrieben – gestohlenen persönlichen Daten könnte ein Angreifer darüber hinaus sein Opfer anzeigen. Dies erfolgt natürlich anonym etwa unter dem Vorwand: „Herr oder Frau X hat gestern Abend im Lokal mit Folgendem geprahlt ..." Eine Hausdurchsuchung würde unwiderlegbare Beweise liefern.

WLAN-Angriffe

Angriffe über die Funkschnittstelle aus dem WLAN erfolgen aus unmittelbarer örtlicher Nähe. Es ist daher sehr wahrscheinlich, dass ein Angreifer seinem Opfer persönlich bekannt ist. Es muss aber nicht zwingend ein persönlicher Zusammenhang gegeben sein, denn (militante) *Wardriver* – so der Insiderbegriff für „Hobby-Hacker" drahtloser Netze – suchen ihre Opfer willkürlich aus. Die Anwender machen es ihnen leicht: Eine im Herbst 2004 von Jack Clark, Sicherheitsexperte bei McAfee, durchgeführter „Wardrive" durch Berlin Mitte legte offen, dass fast drei Viertel der gescannten WLAN-Access-Points Passanten offen stehen.

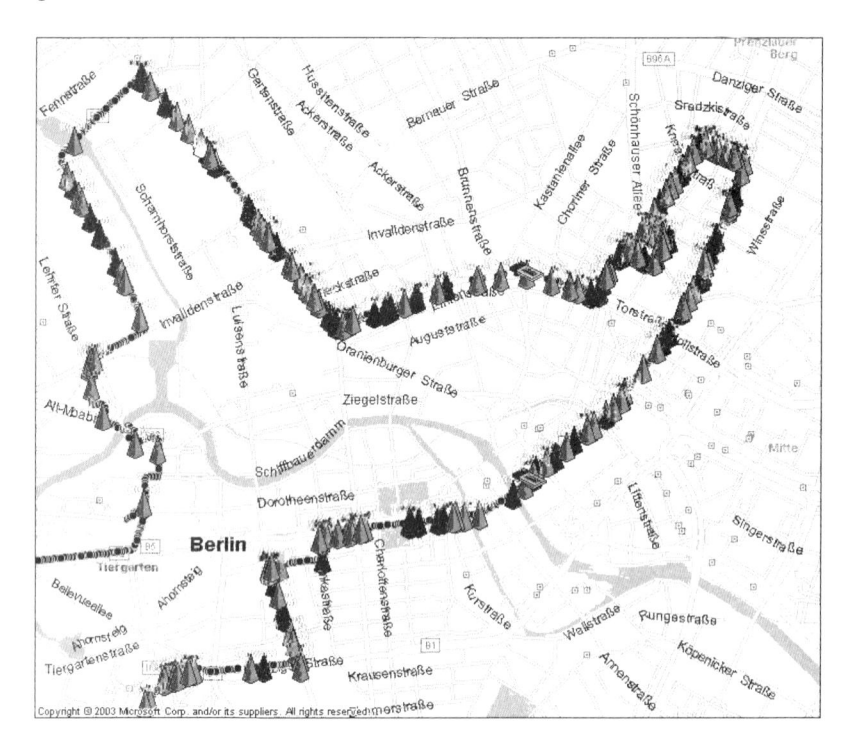

Bild 6.1 — Die hellen Hütchen zeigen, dass der Großteil der WLANs in Berlin Mitte ungesichert durch die Gegend funkt.

„Zu viele Nutzer vernachlässigen die Sicherheit ihres WLANs völlig und vergessen, die Sicherheitsfeatures zu aktivieren", sagt Clark. Wenn der Originalname des WLAN-Routers angezeigt wird, etwa „Netgear" oder „default", stellen sich ihm die Nackenhaare auf. „Die Besitzer haben sich wahrscheinlich nicht mal die Mühe gemacht, das Standardpasswort des Geräts zu ändern." Eine Nachlässigkeit mit fatalen Folgen: „Kenne ich den Router-Hersteller, finde ich innerhalb weniger Sekunden das Passwort auf den Support-Seiten im Internet." Damit bekommt der potenzielle Hacker die Kontrolle über den Router, kann den eigentlichen Benutzer aussperren und in aller Ruhe im Internet surfen.

Das kann auch rechtliche Probleme geben. „Wir haben schon von Fällen gehört, wo Hacker ein privates WLAN kaperten und fürs Versenden von illegalen Spam-E-Mails missbrauchten. Juristisch ist das heikel, denn es ist unmöglich, den wahren Absender auszumachen", erklärt Clark.

Es sei sogar denkbar, dass es in Zukunft Computerviren gibt, die sich auf drahtlose Netzwerke spezialisieren. Vor einem solchen potenziellen WLAN-Wurm gibt es bislang keinen Schutz. Es sei denn, man schottet sein Netzwerk ab.

Bild 6.2 — Die Ausstattung eines Wardrivers auf der Suche nach offenen Netzen. Hier ist ein Spezialist des Security-Software-Anbieters McAfee unterwegs. Es könnten aber genauso gut Hacker mit unlauteren Absichten sein. Foto: Tom's Networking.

Würmer und Trojaner

Dass Würmer und Trojaner oder anderweitige schädliche Software über das Internet oder beim Tausch von Programmen auf den eigenen Computer gelangen und diesen infizieren können, dürfte jedermann bekannt sein. Ein WLAN eignet sich besonders, um die darin vernetzten Computer zu verseuchen, denn durch den Funkkontakt umgeht der Angreifer eine mögliche Firewall, die das Netz gegen das Internet absichert. Ein Angreifer muss lediglich eine infizierte Datei auf dem Computer des Opfers ablegen. Ideal ist es, wenn er das Virus auf der fremden Festplatte gegen eine möglicherweise häufig genutzte ausführbare Datei eintauscht. Dann nimmt das Unheil mit dem nächsten Start des Programms seinen Lauf.

Sehr gefährlich sind auch so genannte Trojaner, die über eine offene WLAN-Verbindung auf dem PC des Opfers etabliert werden können. Ist keine wirksame Firewall installiert oder diese schlecht konfiguriert, dann ist es dem Trojaner möglich, in der nächsten Internetsitzung Kontakt mit dem Angreifer aufzunehmen und den PC für Angriffe von außen zu öffnen.

> **Hinweis**
> Unterschätzen Sie das Risiko, das Viren, Würmer und Trojaner darstellen, keinesfalls! Woche für Woche entstehen Schäden in Millionenhöhe durch derartige Attacken, wobei besonders beeindruckend ist, dass sowohl private Personen als auch Firmen betroffen sind, von denen man eine gewisse Sensibilität in Sicherheitsfragen erwarten darf.

Internetmissbrauch

Man stelle sich einmal die folgende Situation vor: Eines Tages klopft der Staatsschutz an die Tür und stellt Fragen über Osama Bin Laden oder zu anderen kriminellen Organisationen. Man will wissen, warum gerade Sie mit diesen Personen Kontakt haben. Wer nun aus allen Wolken fällt und die Welt nicht mehr versteht, der sollte zunächst einmal prüfen, ob er nicht zufällig ein drahtloses Computernetzwerk betreibt, über das auch der Zugang zum Internet möglich ist.

Die Antwort ist eigentlich sehr einfach: Ein Unbekannter hat sich über das drahtlose Netzwerk Zugang zum Internet verschaffen können. Der Kontakt zum Internet ist aber nicht anonym, denn er basiert auf einem Vertrag zwischen dem Internet-Service-Provider und dessen Kunden. Der Einwahlrechner des Service-Providers vergibt bei jedem Login eine IP-Adresse an den PC bzw. Router seines Kunden. Diese IP-Adresse wird natürlich eine gewisse Zeit – allein schon zur Abrechnung – im System des Providers gespeichert. Allerdings taucht diese Adresse auch mit einem Zeitstempel versehen in den Log-Dateien eines jeden Webservers auf, auf dem Internetseiten aufgerufen oder über den E-Mails verschickt werden.

Es ist nichts Neues, dass spätestens seit dem 11. September 2001 elektronische Post verstärkt geheimdienstlich untersucht wird. Darüber hinaus werden insbesondere in den USA und in Großbritannien des Terrors verdächtige Personen besonders observiert. Das wissen auch die wahren Verbrecher und sie werden nicht riskieren, ihre Identität zu enttarnen. Nicht nur das Internetcafé und WLAN-Hotspots, sondern insbesondere offene drahtlose Netze stellen für derartige Subjekte ein wahres Geschenk dar. Sie können auf diese Weise vollkommen anonym kommunizieren. Im Zweifelsfall muss sich ein Unschuldiger für sie rechtfertigen.

> **Hinweis**
> „Das passiert nur anderen. Mich betrifft das nicht! Die Wahrscheinlichkeit ist doch gering!", so oder ähnlich könnte die Reaktion derer aussehen, die mit diesen extremen Beispielen gewarnt werden sollen. Doch Vorsicht! Die Terroristen des 11. September studierten an einer renommierten Hamburger Universität, fielen öffentlich nicht auf und galten als freundlich etc. Wichtiger noch: Sie waren Nachbarn!

Möglicherweise sind die geschilderten Situationen für den Einzelnen sehr unwahrscheinlich. Dennoch: Gerade ein ungeschützter Internetzugang ist ein begehrtes Angriffsziel! Auch diese – scheinbar relativ harmlosen – Angreifer können nicht nur die Kosten auf der Abrechnung für die Internetnutzung in die Höhe treiben, sie können auch straf- und zivilrechtlichen Ärger bringen: Die Jagd nach Raubkopierern, die über öffentliche Tauschbörsen oder in Chatrooms illegal Musik oder Kinofilme tauschen bzw. sogar verkaufen, beschäftigt die Ermittlungsbehörden im großen Stil. Wieder ist in einem solchen Fall die gespeicherte IP-Adresse und die Kundenkartei des Service-Providers die letzte nachvollziehbare Spur und diese führt zum Betreiber des ungesicherten Wireless LANs!

> **Hinweis**
> Natürlich dürfen Ermittlungsbehörden nicht nach Belieben Verbindungsprotokolle eines Internet-Service-Providers einsehen. Allerdings sind sie sehr wohl verpflichtet, auf richterliche Anweisung hin diese Daten, sollte ein begründeter Verdacht auf eine Straftat vorliegen, zu untersuchen. Dieser Verdacht kann allein dadurch entstehen, dass durch Missbrauch des Internetzugangs die Zugangsdaten des offiziellen Account-Inhabers in die Ermittlungsakten gelangen.

6.2 WLAN-Attacken

Auf den vorangegangenen Seiten wurde lediglich ein Bruchteil der Möglichkeiten geschildert, die sich einem Angreifer über ein ungesichertes WLAN bieten. In der Tat muss die Formulierung betrachtet werden: über ein *ungesichertes* WLAN! Bevor die Sicherheitslücken geschlossen werden sollen, soll dieses Kapitel einmal zeigen, wie einfach Hacker – bzw. die so genannten Wardriver – in drahtlose Netze eindringen können.

> **Hinweis**
>
> Die Ausführungen in diesem Buch sollen die Sicherheit drahtloser Netzwerke allgemein fördern und nicht Hacker ausbilden oder zusätzlich motivieren. Es werden daher keinerlei Verfahren gezeigt, mit denen Verschlüsselungen oder Passwörter geknackt werden können. Es sei jedoch darauf hingewiesen, dass dies bei einer einfachen WEP-64-Verschlüsselung durchaus möglich ist. Allgemein gilt: Je länger ein Schlüssel bzw. ein Kennwort ist, umso komplizierter und schwerer ist es zu knacken.

Offene Netze finden

Um sich auf die Suche nach einem offenen WLAN zu begeben, benötigt man nicht sehr viel Know-how und auch kein spezielles Werkzeug. Wie bereits bei der Konfiguration eines drahtlosen Netzes gezeigt wurde, erkennen einfachste Site-Survey-Tools die Netze in ihrem Empfangsbereich automatisch und schlagen sie zur Verbindung vor. Potenzielle Hacker benutzen ein frei im Internet zu beziehendes Tool, den *NetStumbler*, der von seriösen WLAN-Benutzern normalerweise dazu verwendet wird, einen guten Aufstellungsort für den Access Point respektive den WLAN-Internet-Access-Router zu ermitteln.

Der NetStumber, den Sie kostenlos von *http://www.netstumbler.com/downloads/* beziehen können, zeigt herstellerunabhängig alle in der Umgebung befindlichen Funk-Netzwerke an. Darüber hinaus gibt er Auskunft über eine eventuell vorhandene Verschlüsselung und zeigt ebenso die Namen der Netzwerke (SSID) an.

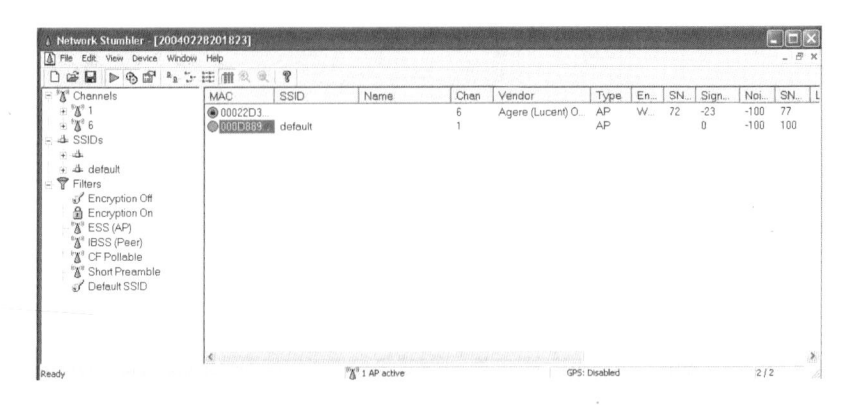

Bild 6.3 – Die Site Survey des NetStumbler listet zwei aktive Funknetze in der unmittelbaren Umgebung auf. Eines davon gilt es, im weiteren Verlauf abzusichern.

Wenn von offenen Netzen gesprochen wird, dann gehen die Interpretationen dieses Begriffes recht weit auseinander. So bezeichnen einige ein Netz als offen, wenn es unverschlüsselt ist. Andere wiederum sehen in einem offenen Netz ein vollkommen unkonfiguriertes System, mit der Default-SSID und ohne jede Verschlüsselung. Hartgesottene Hacker sehen jedes System, in das sie eindringen können, als offen an. Das schließt Systeme ein, die zwar verschlüsselt sind, sich jedoch mit geeigneten Werkzeugen „knacken" lassen. Doch Vorsicht! Die Justiz sieht die Angelegenheit aus einer völlig anderen Perspektive.

> **Rechtlicher Hinweis**
>
> Sie können sich strafrechtlichen Ärger einhandeln, wenn Sie wissentlich und gegen den Willen dessen Betreibers in ein fremdes Netzwerk eindringen. Unklar dürfte die Rechtslage sein, wenn das Netzwerk ungesichert ist. Wer jedoch eine Verschlüsselung knackt und in ein Netz eindringt, macht sich in jedem Fall strafbar. Das gilt selbst dann, wenn Sie „nur" eine schwache Verschlüsselung wie WEP 64 überwinden.

6.3 WLAN absichern

Wie gesehen, ist es für einen erfahrenen Angreifer nicht besonders schwierig, in fremde Computer einzudringen, darin Dateien zu finden, diese zu verändern, zu löschen oder einfach neue unerwünschte Dateien hinzuzufügen. Ein großes Risikopotenzial birgt natürlich die drahtlose Schnittstelle des WLANs.

Folgende Schritte helfen Ihnen, Ihr WLAN sicherer zu machen:

- Verwenden Sie eine individuelle SSID,
- unterdrücken Sie die Ausstrahlung der SSID,
- verschlüsseln Sie die Funkstrecke,
- regeln Sie den Zugang zum Netzwerk und
- reduzieren Sie die Sendeleistung.

Ergreifen Sie weitere Sicherungsmaßnahmen für Netzwerk und Internetzugang:

- Planen Sie Netzwerkfreigaben richtig,
- filtern Sie den Internetverkehr und
- richten Sie eine Firewall ein.

Individuelle SSID

Der Name des Netzwerkes ist nicht nur eine rein kosmetische Angelegenheit. Er unterscheidet mehrere gemeinsam auf dem gleichen Kanal innerhalb eines gemeinsamen Sendebereiches betriebene Netze voneinander. Richtig konfigurierte WLAN-Geräte kommunizieren ausschließlich innerhalb ihres Netzes.

Wird statt einer individuellen SSID die „Default"-Einstellung, also die Werkvorgabe verwendet, dann besteht nicht nur das Risiko, sich selbst im Netz des Nachbarn wiederzufinden, sondern auch, dass der Nachbar einen Ausflug auf Ihre Festplatte unternimmt. Möglicherweise ist dieser dann von dessen Inhalt so fasziniert, dass er gar keinen Wert darauf legt, sich ausschließlich in seinem eigenen Netz zu bewegen.

WLAN ~ echt einfach

In den Beispielen der vorangegangenen Kapitel wurde bereits mit einer neuen SSID gearbeitet. Das Netz wurde – passend zur Buchreihe – mit „WLAN-echt-einfach" bezeichnet. Damit kann der Benutzer weder versehentlich selbst in das Netz eines Nachbarn eindringen, noch ist einem Fremden möglich, „aus Versehen" in das eigene Netzwerk zu gelangen. Wer sich jetzt innerhalb dieses Netzes bewegt, tut dies vorsätzlich!

> **Hinweis**
> Die gewählte SSID eines geschlossenen WLANs sollte keine Rückschlüsse auf den Betreiber zulassen. So ist beispielsweise „WLAN-echt-einfach" allemal eine bessere Wahl als etwa „SPARKASSE_GELDAUTOMAT".

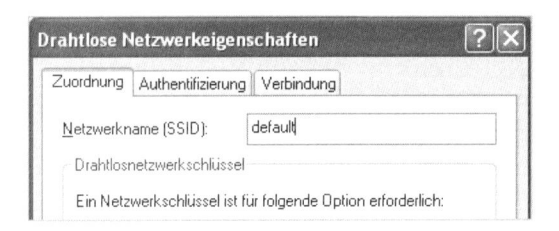

Bild 6.4 – Das sollten Sie schnellstmöglich ändern! Eine gute SSID ist unverwechselbar.

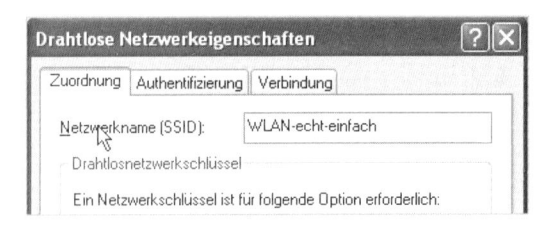

Bild 6.5 – Zufälliges Eindringen in fremde Netze ist ausgeschlossen, wenn Sie eine individuelle SSID wählen.

Das unauffällige Netz – SSID abschalten

Im eingangs gezeigten NetStumbler-Site-Survey sind zwei Netze zu finden. Eines dieser Netze trägt den Namen „WLAN-echt-einfach", das zweite trägt merkwürdigerweise gar keinen Namen. Es hat scheinbar keine SSID. Doch der Schein trügt.

Der „unbenannte" Access Point arbeitet nur ein wenig diskreter als der andere, der die SSID wie ein Marktschreier der Allgemeinheit mitteilt. Des Rätsels Lösung ist das Verstecken der SSID bzw. korrekt ausgedrückt: die Unterdrückung des *SSID-Broadcasting* im Access Point.

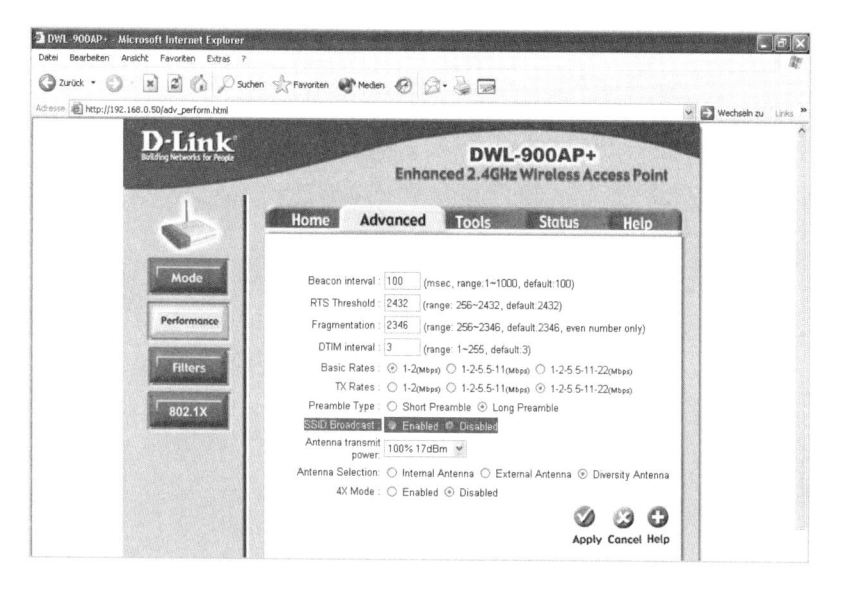

Bild 6.6 – Mit der Einstellung SSID BROADCAST DISABLED wird der Name des Netzes für einfache Site-Survey-Tools unsichtbar.

Der Sicherheitsgewinn durch das Abschalten des SSID-Broadcastings ist jedoch ein kleiner, denn diese Maßnahme schreckt bestenfalls Gelegenheitshacker ab. Wer aber nur ein wenig Know-how und geeignete Software mitbringt, für den ist die Unterdrückung der SSID kein Hindernis.

> **Hinweis**
>
> Das WLAN kann natürlich nur dann funktionieren, wenn Access Point und Client mit der gleichen SSID arbeiten. Das gilt auch dann, wenn diese Kennung nicht regelmäßig vom Access Point ausgesendet wird. Dennoch ist sie Bestandteil jeder Kommunikation zwischen den Geräten und wird somit nach wie vor unter anderem in den Management-Nachrichten übertragen. Geeignete Software-Werkzeuge können deshalb die SSID trotz deaktivierten SSID-Broadcastings ermitteln.

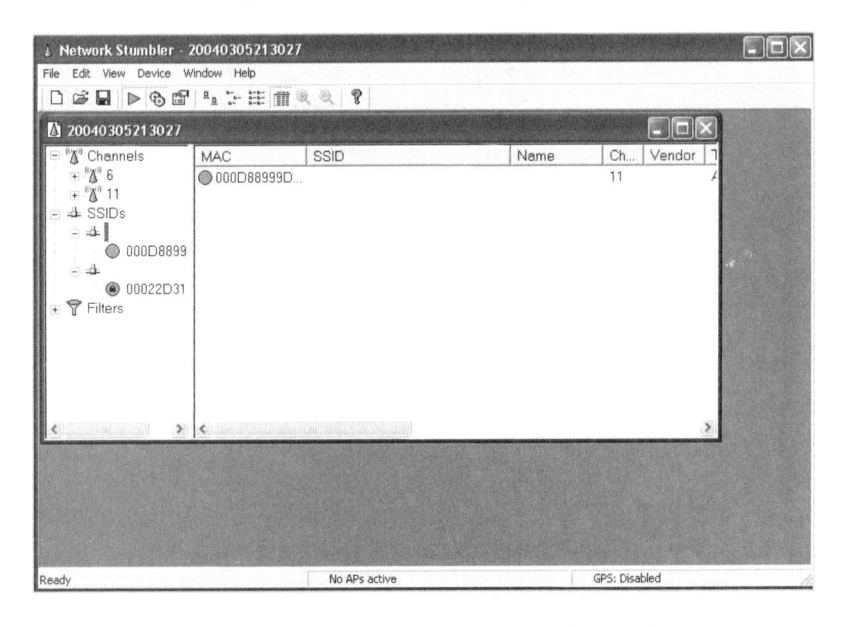

Bild 6.7 — Ein neues NetStumbler-Site-Survey zeigt, dass nun auch der Name des zweiten Netzes nicht mehr zu erkennen ist.

Sicherheit durch WEP-Verschlüsselung

Eine individuelle SSID und das Unterdrücken des SSID-Broadcastings machen es Laien-Hackern bereits sehr schwer, ein WLAN zu knacken. Als nächste Sicherheitshürde kommt nun die Verschlüsselung der Datenübertragung auf der Funkstrecke zum Einsatz. Sie ist allgemein bekannt als *Wired Equivalent Privacy*, kurz: WEP.

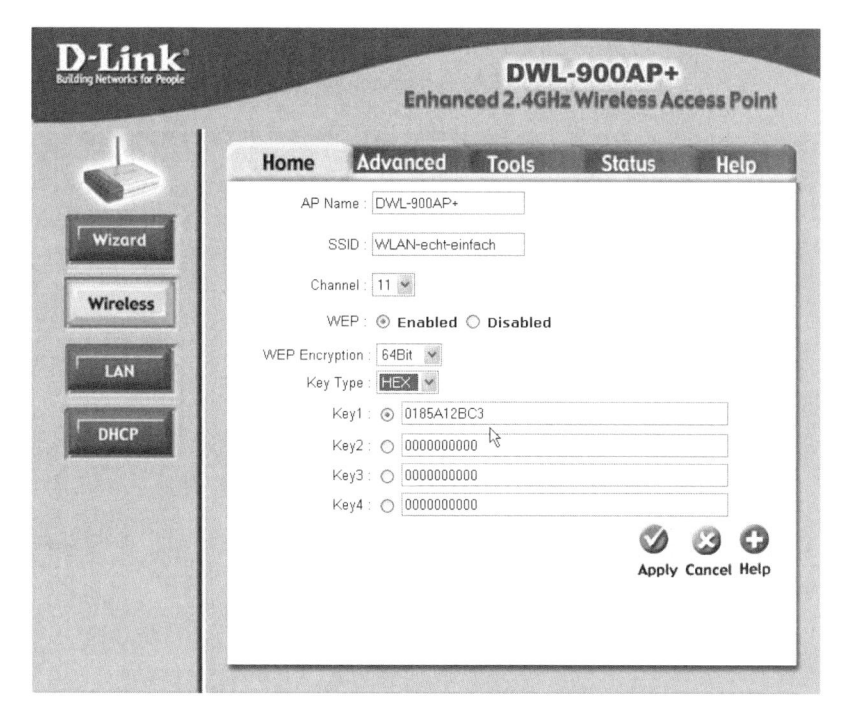

Bild 6.8 – Um einen 64 Bit langen WEP-Schlüssel festzulegen, müssen Sie zehn hexadezimale Ziffern (0 bis 9, A, B, C, D, E, F) eingeben.

Wer aufmerksam die Berichte in der Fachpresse verfolgt hat, wird an dieser Stelle zunächst abwinken und einwenden, dass WEP nicht sicher sei. Dem ist im Prinzip zuzustimmen, doch ist der Einsatz von WEP immer noch besser als gar keine Verschlüsselung. Dies hat mehrere Gründe:

- Wer in ein verschlüsseltes Netzwerk einbricht, macht sich juristisch gesehen strafbar.
- Die meisten Wardriver verfügen weder über das Know-how noch über das richtige Softwarewerkzeug, um die WEP-Verschlüsselung zu knacken.
- Selbst WEP 64 mit einer individuellen Schlüssellänge von 40 Bit erfordert die Auswertung von mehreren Millionen Datenpaketen, bevor aus diesem Informationsstrom der Schlüssel abgeleitet werden kann.

WLAN ~ echt einfach

Schlüssellängen von 256 Bit – bei D-Link-Geräten möglich – machen das Knacken des Schlüssels für einen Angreifer praktisch unmöglich.

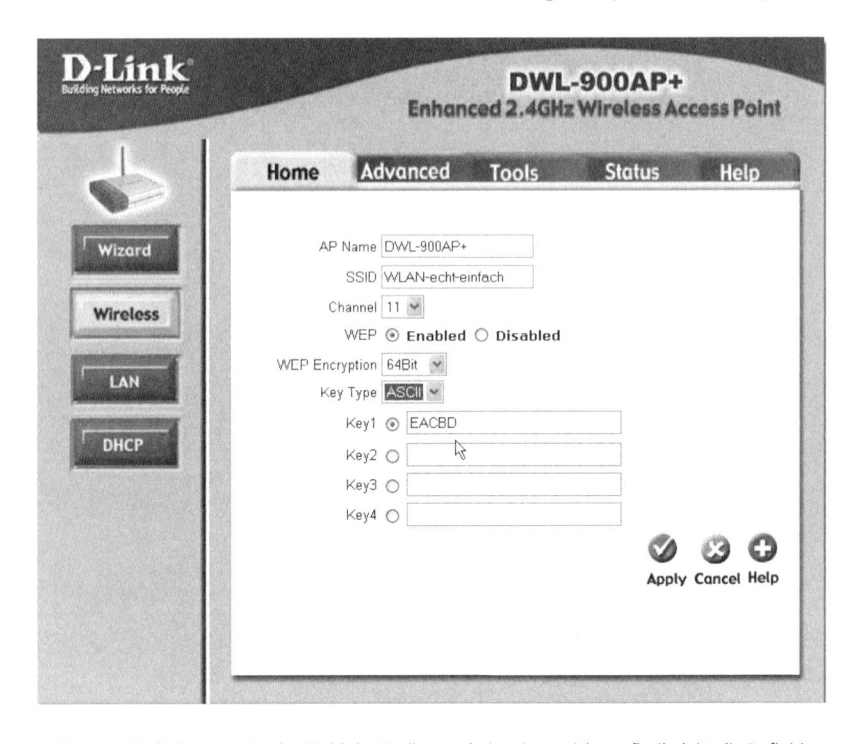

Bild 6.9 ~ Einfacher, aber in der Wahl der Kodierung bei weitem nicht so flexibel, ist die Definition des Schlüssels mit ASCII-Zeichen, also mit druckbaren Zeichen. Hier genügt für einen WEP-64-Schlüssel die Eingabe von nur fünf Zeichen.

Wie leicht oder wie schwer es ein Angreifer hat, einen WEP-Schlüssel zu knacken, hängt also im Wesentlichen von dessen Länge ab. Aber auch die Auswahl möglicher Codierungen prägt das Sicherheitsniveau in einem entscheidenden Maß. So ist ein Schlüssel aus reinen Textzeichen (ASCII-Zeichen) schwächer als einer, der mit hexadezimalen Ziffern entwickelt wird.

Zwar entsteht in beiden Fällen ein 40 Bit breiter individueller Schlüssel (weitere 24 Bit werden nicht vom Benutzer definiert, so dass der gesamte Schlüssel eine Breite von 64 Bit hat), aber die Darstellungsmöglichkeiten mit ASCII-Zeichen sind begrenzt und so stehen nicht alle denkbaren Schlüssel zur Verfügung.

Anders sieht dies bei der Definition mit hexadezimalen Ziffern aus. Hier kann wirklich jede denkbare Bitkombination realisiert werden. Allerdings hat auch diese Form der Schlüsseldefinition einen Nachteil: Eine hexadezimale Ziffer (0 ... 9 sowie A ... F) kann nur vier Bit darstellen. Somit werden doppelt so viele hexadezimale Ziffern wie ASCII-Zeichen benötigt, um einen gleich langen Schlüssel zu definieren.

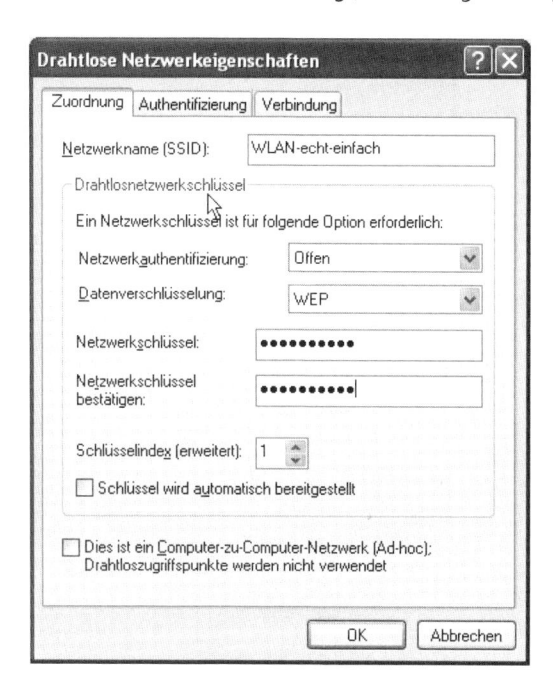

Bild 6.10 – Wenn die Konfiguration mit Windows vorgesehen ist, werden auch die Zeichenketten für den WEP-Schlüssel in die Netzwerkeigenschaften eingetragen. Die Eingabe erfolgt verdeckt. Deshalb müssen Sie den neuen Schlüssel zur Sicherheit noch einmal wiederholen.

Der wesentliche Nachteil einer Verschlüsselung der Funkstrecke mit WEP ist weniger die Möglichkeit, dass ein Angreifer den Schlüssel knacken könnte, als vielmehr die Tatsache, dass dieser Schlüssel in jedem Gerät bekannt sein muss. Je nachdem, wie dieser Schlüssel anderen legitimen Benutzern mitgeteilt wird, ist das Risiko gegeben, dass jemand diesen Schlüssel abfängt. Vermeiden Sie, Web-Keys auf schwarzen Brettern oder auf von außen sichtbaren Aushängen zu verbreiten.

> **Sicherheitshinweis**
>
> Benutzen Sie niemals einfache Schlüssel wie Hex "0000000000" oder ASCII "ABCDE". Denn jeder WLAN-Scanner prüft solche Schlüssel auf Verdacht ab.

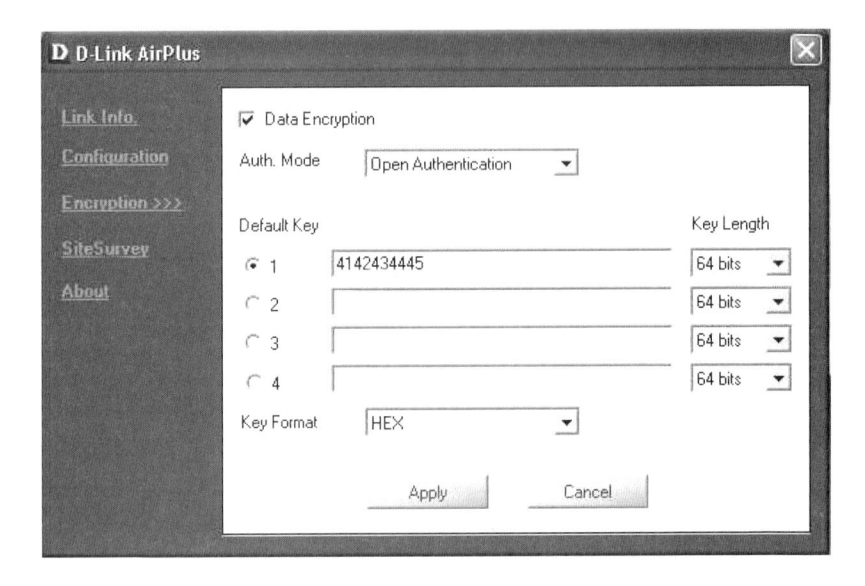

Bild 6.11 — Jeder Wireless-LAN-Adapter wird mit einem eigenen Konfigurationsprogramm ausgeliefert. Ist die Konfiguration mit Windows deaktiviert, dann kann auch dieses verwendet werden.

Wie schon ausgeführt, ist die Sicherheit des Netzes direkt von der Länge des verwendeten Schlüssels abhängig. Die WLAN-Systeme von D-Link lassen eine WEP-Verschlüsselung mit einer Länge von 64, 128 und 256 Bit zu. Werden ausschließlich D-Link-Geräte verwendet, dann bietet der 256-Bit-Schlüssel den effektivsten Schutz.

> **Hinweis**
> In diesem Beispiel wurde zur besseren Darstellung die minimal mögliche Verschlüsselung mit einer Schlüsselbreite von 64 Bit gezeigt. Es empfiehlt sich jedoch, die von allen Geräten gemeinsam unterstützte maximal mögliche Schlüsselbreite zu verwenden. Kommen ausschließlich D-Link-Geräte zum Einsatz, dann sollte die Vorgabe 256 Bit lauten.

WPA und IEEE 802.1X

Der große Nachteil an WEP ist der statische Schlüssel und der unsichere Schlüssel-Algorithmus. Stand der Dinge ist heute die mit *WPA* (*Wi-Fi-Protected Access*) bezeichnete Methode, die im WLAN-Sicherheits-Standard 802.11n Eingang gefunden hat.

WPA ist ein Sammelbegriff für eine Reihe verschiedener Authentifizierungsfunktionen, die jedoch alle Komponenten eines WLANs beherrschen müssen:

- WLAN-Internet-Access-Router / Access Point,
- WLAN-Client-Adapter,
- WLAN-Client-Treiber und
- Windows XP.

Von den in diesem Buch vorgestellten D-Link-Produkten beherrschen WPA lediglich

- der WLAN-Internet-Access-Router DI-714P+,
- der Access Point DWL-900AP+ und
- der WLAN-PCI-Adapter DWL-520+.

Die für Notebooks „wichtigsten" WLAN-Client-Adpater,

- der WLAN-CardBus-Adapter DWL-650+ und
- der WLAN-USB-Adapter DWL-120+,

unterstützen WPA indes nicht. Daher beschränken wir uns an dieser Stelle auf die prinzipielle Beschreibung der WPA-Arbeitsweise.

WPA in großen Netzen

In einem größeren Firmennetzwerk, in dem sich möglicherweise ein *RADIUS-Server* befindet, wird diese Infrastruktur von WPA voll unterstützt. Ein RADIUS-Server übernimmt in einem Netzwerk zentral die Authentifizierung. Er prüft auf Anfrage eines Einwahlknotens, etwa des WLAN-Access-Points, an dem sich ein WLAN-Client anmelden will, ob dessen Benutzer dem System bekannt ist, ob dessen Zugangsdaten korrekt sind und ob dieser für den Zugang zum Netz überhaupt befugt ist. Weil bei diesen Abfragen generell keine Benutzernamen und Passwörter im Klartext übermittelt werden und der RADIUS-Server außerhalb des unmittelbaren Zugriffsbereiches möglicher Eindringlinge platziert ist, ist dieses Authentifizierungsverfahren sehr sicher.

WPA in kleinen Netzen

In kleinen Heimnetzwerken gibt es einen solchen RADIUS-Server nicht. Dessen Konfiguration und Verwaltung wäre einfach viel zu aufwändig. *WPA-PSK (Wi-Fi Protected Access – Pre Shared Key)* – so die Bezeichnung der vereinfachten Variante für kleine Netze in D-Link-Systemen – soll in erster Linie dem Benutzer die lästige Definition von Schlüsseln abnehmen und damit die Akzeptanz der Verschlüsselung als solche fördern. Damit der Access Point mit dem WLAN-Client den Schlüssel automatisch aushandeln kann, müssen Sie eine so genannte *Passphrase* festlegen.

Ein wesentlicher Unterschied von WPA-PSK gegenüber WEP ist, dass nicht der eigentliche Schlüssel fest in die Netzwerkeinstellung programmiert, sondern eine Passphrase verwendet wird. Auf den ersten Blick ist zunächst kein echter Unterschied zu erkennen. Dieser liegt im Detail, denn Client und Access Point handeln bei jeder Sitzung – basierend auf der Passphrase und einer Zufallszahl – einen völlig neuen Schlüssel aus, mit dem letztendlich die übertragenen Daten chiffriert werden.

WPA-PSK behebt einen wesentlichen Nachteil von WEP – die laufende Wiederholung der Chiffresequenzen infolge des statischen Initialisierungsvektors. Bei jedem neuen Zyklus, bei dem der Schlüssel mit sehr einfachen Methoden sofort ermittelt werden kann, wird bei dem neuen Verfahren einfach ein neuer Schlüssel vereinbart. Cracker, die sich beispielsweise mit Airsnort aufmachen, um WEP-gesicherte WLANs zu knacken, scheitern deshalb an WPA. Dennoch hat auch WPA eine Schwachstelle: die Passphrase! Auf dieses Problem gehen wir weiter unten im Detail ein.

> **Hinweis**
>
> TKIP (*Temporal Key Integrity Protocol*) erweitert gewissermaßen das klassische WEP. Mit einem Trick wird dafür gesorgt, dass die bei WEP durch den 24 Bit breiten so genannten *Initialisierungsvektor* bestehende Schwachstelle entschärft wird. Das Problem beim TKIP: Es gibt kein Verfahren zu einem direkten Schlüsselaustausch. Dieser wird über die Authentifizierung mit WPA vorgenommen.

Schwachstelle Passphrase

Was bei der einfachen Verschlüsselung mit WEP ein kritischer Initialisierungsvektor ist, kann bei WPA die Passphrase sein: ein Risiko. Genau genommen ist es eigentlich weniger die Passphrase selbst als vielmehr die allgemeine Bequemlichkeit der menschlichen Spezies. Passwörter aller Art sind nämlich relativ einfach zu knacken. Es gibt Hackerprogramme, die schlicht und einfach jede mögliche Kombination ausprobieren, bis sie ihr Ziel erreicht haben. Dabei gehen die Angreifer meist taktisch geschickt vor und probieren zunächst Begriffe aus Wörterbüchern sowie Namen aus. Das sind dann *schwache Passphrasen*.

Die Sicherheit des WLANs hängt beim Einsatz von WPA also entscheidend von der Phantasie dessen ab, der die Passphrase festlegt. Gute Passphrasen haben folgende Eigenschaften:

- Sie sind möglichst lang. Ideal sind Passphrasen, die länger als 20 Zeichen sind. Bei D-Link haben die Ingenieure das Problem erkannt und lassen in den Konfigurationen keine Passphrasen zu, die kürzer als acht Zeichen sind.
- Eine gute Passphrase besteht nicht aus Worten, die in einem Wörterbuch zu finden sind.

- Die Verwendung anderer Zeichen neben Buchstaben (Ziffern etc.) macht die Passphrase sicherer.

Ein weiterer Nachteil dieser einfachen Passphrase ist, dass sie allgemein gilt. Jeder Benutzer muss also in seiner Konfiguration mit der gleichen Passphrase arbeiten. Sie ist deshalb kein wirkliches Geheimnis. Für größere Netze ist das Verfahren infolgedessen ungeeignet. Hier wird die eingangs erwähnte WPA-Variante mit der Authentifizierung über einen RADIUS-Server bevorzugt. Deren Vorteil ist, dass für jeden Benutzer wirklich individuelle Zugangsdaten definiert werden können.

WPA nutzen

Sobald Sie am Router die WPA-Verschlüsselung eingeschaltet haben, wird Ihr Computer sich nicht mehr ganz einfach an Ihrem WLAN anmelden. Was für einen Eindringling eine unüberwindliche Hürde ist, lässt sich sehr einfach einstellen, wenn Sie folgende Voraussetzungen erfüllen:

- Sie nutzen Windows XP mit dem „Service Pack 2". Falls Sie den automatischen Update-Service von Microsoft nutzen, ist dies erfüllt.
- Der genutzte WLAN-Adapter ist WPA-fähig. Sie finden diese Angaben am einfachsten auf der Verpackung.
- Der zum Adapter gehörige Treiber ist WPA-fähig. Hier hilft im Zweifelsfall nur ein Blick in die Support-Web-Seiten des Herstellers.

Sie werden sich nun an das WPA-verschlüsselte Netz anmelden.

▶ **1** Rufen Sie die Eigenschaften Ihres WLAN-Adapters auf. Hier können Sie sofort feststellen, ob die WPA-Unterstützung tatsächlich vorhanden ist.

echt einfach ~ **WLAN**

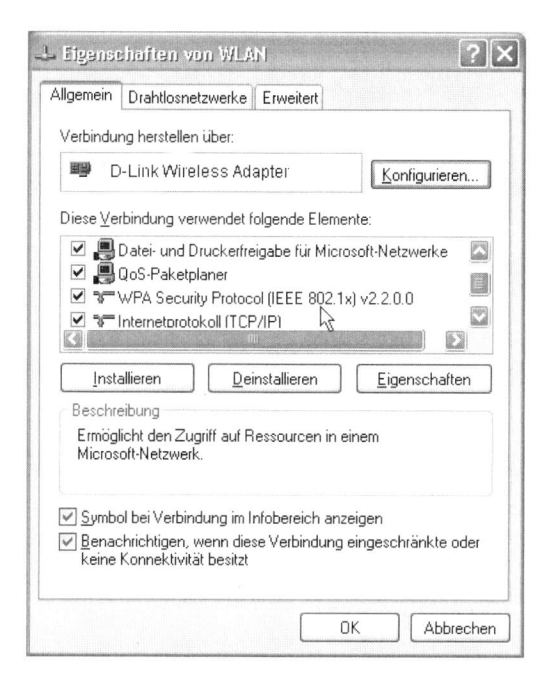

Bild 6.12 ~ Sind alle Voraussetzungen erfüllt, ist der Eintrag WPA SECURITY PROTOCOL vorhanden.

2 Wechseln Sie auf die Registerkarte DRAHTLOSNETZWERKE und klicken Sie unten auf HINZUFÜGEN.

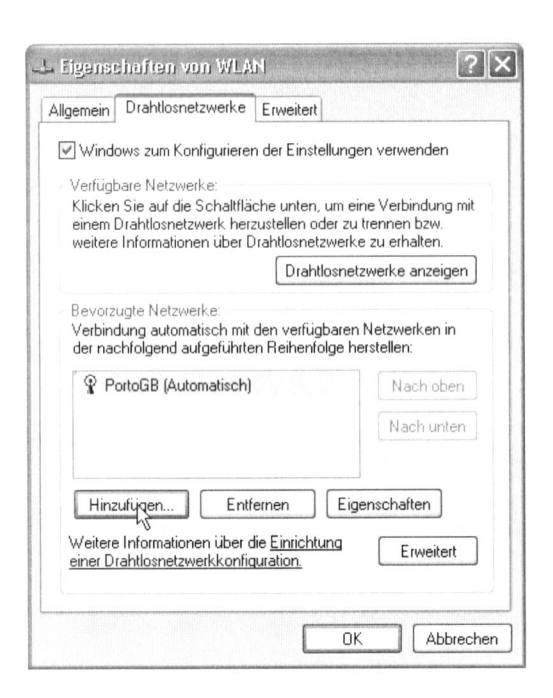

Bild 6.13 — Sie müssen jedes Netzprofil eintragen.

Sie haben die SSID unterdrückt. Das WLAN ist nun nicht mehr in der Übersicht der verfügbaren drahtlosen Netzwerke sichtbar. Sie müssen also einen zusätzlichen Eintrag hinzufügen.

▶ **3** Geben Sie als Erstes die SSID ein.

echt einfach ~ **WLAN**

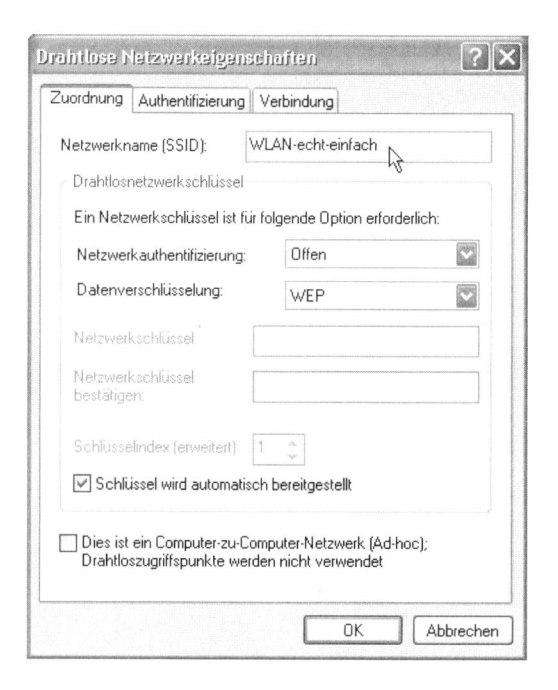

Bild 6.14 ~ Die SSID „WLAN-echt-einfach" ist vorerst nur Ihnen bekannt.

▶ 4 Wählen Sie als NETZWERKAUTHENTIFIZIERUNG die Option WPA-PSK.

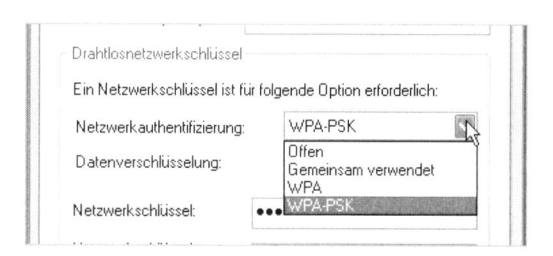

Bild 6.15 ~ Für Ihr kleines Netz kommt nur die PSK-Authentifizierung in Frage.

▶ 5 Wählen Sie als Verschlüsselung TKIP.

WLAN ~ echt einfach

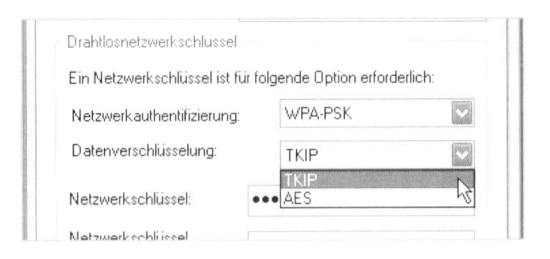

Bild 6.16 – Das Schlüsselprotokoll TKIP wird von allen WPA-Geräten unterstützt.

▶ **6** Geben Sie Ihre Passphrase zweimal ein.

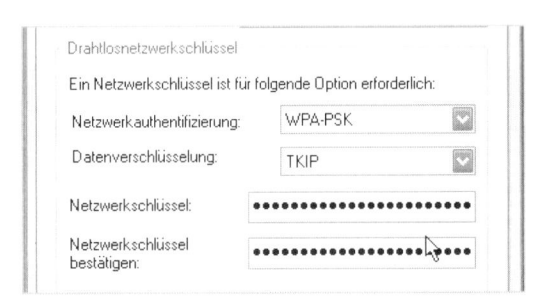

Bild 6.17 – Aus Sicherheitsgründen wird die Passphrase nicht angezeigt.

▶ **7** Vergewissern Sie sich, dass auf der Registerkarte VERBINDUNG das Häkchen im Bereich AUTOMATISCHE VERBINDUNG gesetzt ist.

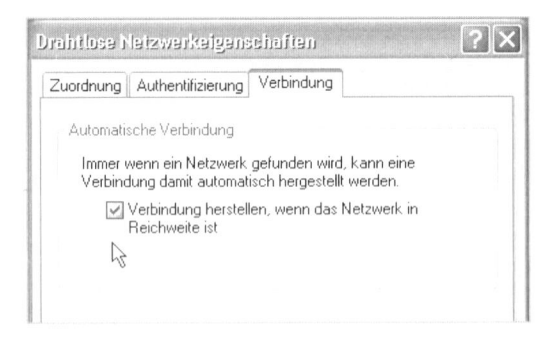

Bild 6.18 – Zu Ihrem eigenen WLAN sollte sich Ihr Rechner automatisch verbinden.

▶ 8 Speichern Sie mit OK.

Nun müssen Sie nur noch einen Augenblick warten. Ihr Computer wird sich, vorausgesetzt Sie haben sich nicht vertippt, immer automatisch mit dem WLAN verbinden, wenn er in dessen Reichweite kommt.

IEEE 802.1X

Bei IEEE 802.1X handelt es sich um ein Definitionsrahmenwerk einer Arbeitsgruppe des Institutes of Electrical and Electronics Engineers (IEEE). Im Wesentlichen bezieht sich IEEE 802.1X auf die Authentifizierung des Benutzers sowie den Schlüsselaustausch zwischen dem Client und dem Zugangsknoten zum gesicherten Bereich. Das Prinzip der Verschlüsselung selbst ist in diesem Rahmenwerk nicht spezifiziert.

Die Umsetzung von IEEE 802.1X erfordert einen RADIUS-Server, der an zentraler Stelle die Authentifizierung des Benutzers übernimmt. Für den Bereich kleiner Netze ist IEEE 802.1X derzeit nicht relevant.

Sicherheit durch Zugangskontrolle

Neben der Verschlüsselung der Funkstrecke und dem Verstecken des Netzwerknamens (SSID) kann der Betreiber eines Wireless LANs noch weitaus mehr für seine Sicherheit tun. Durch eine rigorose Zugangsbeschränkung haben bereits alle „Laien-Cracker" beinahe unüberwindliche Schwierigkeiten, in das Netzwerk einzubrechen. Diese Zugangsbeschränkung kann in großen Systemen beispielsweise mit Sicherheitslösungen nach IEEE 802.1X oder WPA realisiert werden, wobei die Entscheidung von einem RADIUS-Server getroffen wird. Wie im Zusammenhang mit diesen Technologien bereits gesehen, ist ein RADIUS-Server in kleinen Heimnetzwerken nicht zu finden. Die „Light"-Variante WPA-PSK bietet keine echte personenbezogene Zugangskontrolle. Hier kann eine klassische *Access Control List* (*ACL*) wertvolle Dienste leisten.

> **Hinweis**
> Bereits die verfügbaren WLAN-Sicherheitsfunktionen werden technische Laien, die versuchen, in Ballungsgebieten drahtlose Netzwerke zu knacken, überfordern. Es sei allerdings eingeräumt, dass es durchaus fachlich sehr kompetente Angreifer gibt, die neben dem nötigen Know-how auch über geeignete Softwarewerkzeuge verfügen, um die MAC-Adresse des Computers für einen Angriff auf ein fremdes WLAN zu manipulieren.

Access Control Lists (ACLs)

Bevor Sie die ACL bearbeiten können, müssen Sie die MAC-Adressen der Netzwerkadapter ermitteln. Am einfachsten ist es, einen Blick auf das Typenschild des Netzwerkadapters zu werfen, denn dort ist die MAC-Adresse aufgedruckt. Diese Adresse ist ferner auf der Verpackung des Gerätes zu finden. D-Link bezeichnet sie als MAC-ID.

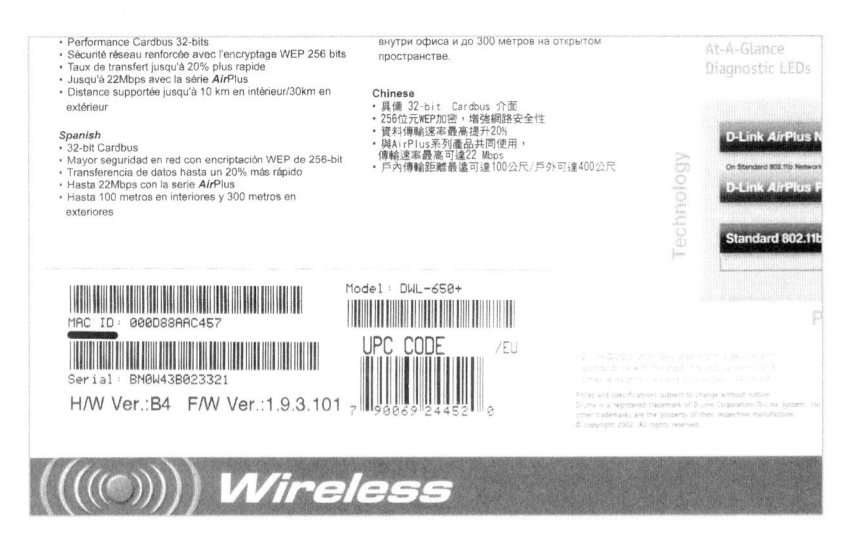

Bild 6.19 ~ Der einfachste Weg: Die MAC-Adresse ist auf der Verpackung des Netzwerkadapters und meist zusätzlich auf die Hardware selbst aufgedruckt.

Ist der Netzwerkadapter jedoch bereits fest eingebaut und die Verpackung nicht mehr verfügbar, dann rufen Sie einfach den STATUS der NETZWERKVERBINDUNG aus Windows XP heraus auf. Die DETAILS des Registers NETZWERKUNTERSTÜTZUNG führen die MAC-Adresse als PHYSIKALISCHE ADRESSE auf.

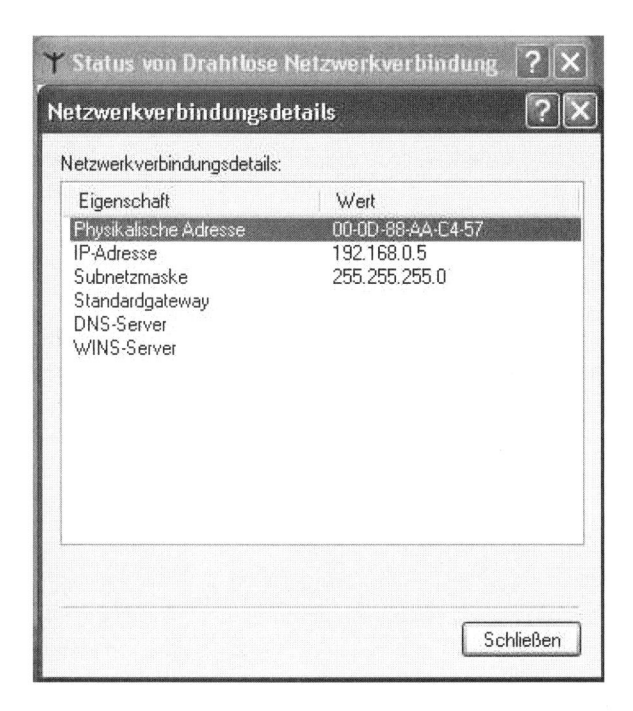

Bild 6.20 ~ Die MAC-Adresse eines Netzwerkadapters können Sie aus den NETZWERKVERBINDUNGSDETAILS ersehen.

Beim DWL-900AP+ erfolgt die Definition der ACL – die auch als *MAC-Filter* bezeichnet wird – im Menü ADVANCED / FILTERS. Die Definition beginnt mit der Aktivierung eines von zwei möglichen Filtertypen. Zu beachten ist, dass an dieser Stelle eine Entscheidung zur Filterstrategie getroffen werden muss. Es können nur Zugangsrechte oder nur Verweigerungen definiert werden. Individuelle Festlegungen für jeden einzelnen Adapter sind nicht vorgesehen.

Welche Computer Zugang zum Netz bekommen sollen, legen Sie durch den Eintrag der MAC-Adresse in die vorgesehenen Felder fest. Beim DWL-900AP+ werden jeweils zwei Ziffern der MAC-Adresse – es handelt sich um eine hexadezimale Zahl, die aus den Ziffern 0 bis 9 sowie A bis F besteht – in ein Feld eingetragen. Möglich ist auch die direkte Übernahme der MAC-Adresse von bereits mit dem Access Point verbundenen Clients. Das funktioniert aber nur, wenn die ACL neu erstellt wird. Anderenfalls kann sich kein fremder Client am Access Point anmelden und somit auch nicht in der Liste CONNECTED PCS auftauchen.

Das Prinzip können Sie in umgekehrter Weise anwenden, um gezielt Computer vom Zugriff auf das WLAN ausschließen. Dazu legen Sie im gleichen Konfigurationsmenü fest, dass die eingetragenen Computer **keinen** Zugang zum Access Point haben dürfen.

> **Hinweis**
> Es ist nicht möglich und auch nicht sinnvoll, sowohl spezielle Einträge für Computer zu definieren, die Zugang zum Netz haben, und daneben solche, denen der Zugriff verwehrt wird. Wer einen MAC-Filter einsetzt, muss sich also entscheiden, welche der beiden Varianten für ihn die sinnvollere ist. Überlegungsansätze finden sich in den Motiven für die Nutzung des Filters. Sollen Angriffe von außen abgewehrt werden, fällt die Wahl auf die Definition einer Liste von Computern, denen der Zugang zum Netz gestattet wird. Soll dagegen eine gewisse Flexibilität gegeben sein und der Filter ausschließlich die Funktion einer Kindersicherung bieten, ist die zweite Version überlegenswert. Der Regelfall wird jedoch die Festlegung exklusiver Zugangsrechte sein. Alle nicht in der Liste aufgeführten Computer können das Netzwerk dann nicht nutzen.

echt einfach ~ **WLAN**

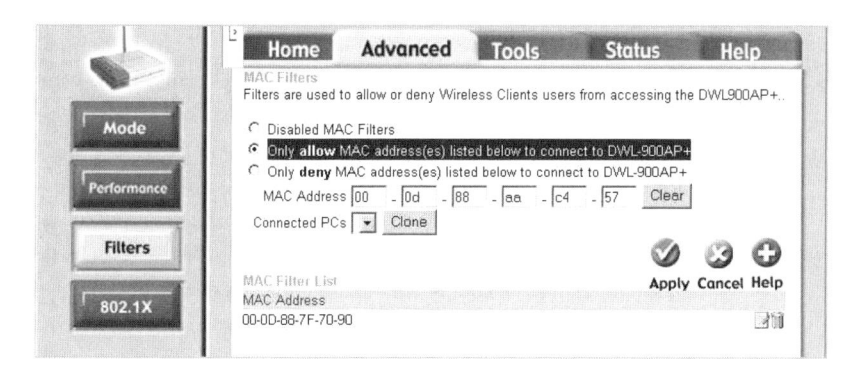

Bild 6.21 – Neben der bereits registrierten MAC-Adresse soll noch ein weiterer Computer Zugang zum WLAN bekommen. Dessen Adresse tragen Sie in die dafür vorgesehenen Felder ein.

WLAN-Schutz durch Ausbreitungskontrolle

Im Zuge der Infrastrukturgestaltung wurde bereits gezeigt, wie durch Wahl geeigneter Antennen und durch eine Reduzierung der Sendeleistung die Gesamtkapazität des drahtlosen Netzes deutlich erweitert werden kann. Es gibt keine untereinander mit einem Distributionssystem verbundene Funkbereiche, die es sehr vielen WLAN-Clients ermöglichen, zeitgleich das Netz zu nutzen, ohne sich gegenseitig zu beeinträchtigen.

Sicherheitsgewinn durch Reduktion der Sendeleistung

All dies hat aber auch einen positiven Einfluss auf die Sicherheit des eigenen Netzwerkes. So wird es nicht verwundern, wenn auch für den Betrieb eines privaten Kleinnetzwerkes möglicherweise die Anschaffung einer etwas teureren speziellen Antenne mit Richtwirkung empfohlen wird.

> **Hinweis**
>
> Missbrauch des Internetzugangs, Einschleusen von Viren oder Trojanern, strafrechtlich relevantes verbotenes Material sowie Spionage von Daten, Zugangskennwörtern und Bankverbindungen sind auch für private Benutzer eines WLANs durchaus ernst zu nehmende Risiken. Das Netz wirksam gegen Angriffe abzusichern, ist deshalb nicht allein Chefsache in großen Unternehmen, sondern die Aufgabe jedes einzelnen. Die Vermeidung der Abstrahlung außerhalb des eigenen Wohnbereichs ist ein sehr guter Beitrag zur Absicherung des Systems.

Die Sendeleistung können Sie selbst verringern. Dabei ist generell zu bedenken, dass nicht an jedem Ort innerhalb der eigenen vier Wände der maximale Datendurchsatz verfügbar sein muss. Es kann davon ausgegangen werden, dass die Zahl derer, die das Notebook sogar unter die Dusche mitnehmen, um den aktuellsten Börsenkurs mit schnellstmöglicher Performance zu checken, eher gering ist. Es gibt also auch innerhalb der eigenen Wohnung, des eigenen Hauses oder Grundstückes Orte, an denen die Verfügbarkeit des WLANs nicht nötig oder dessen Qualität nur von untergeordneter Bedeutung ist.

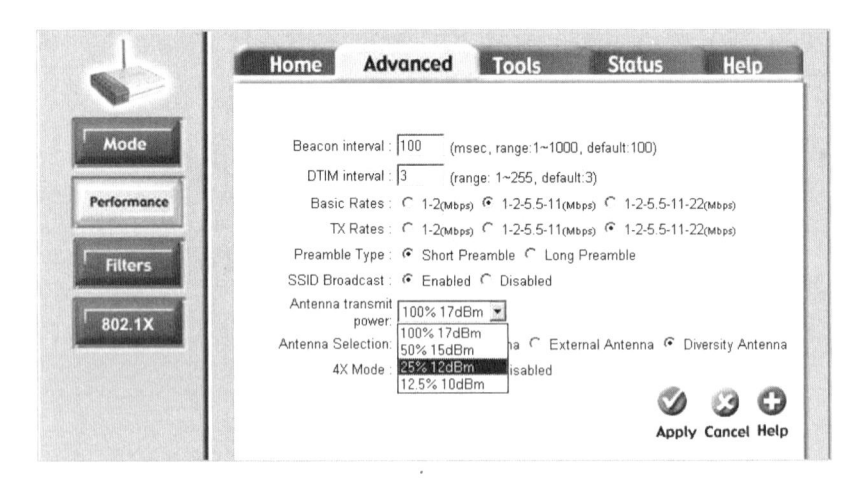

Bild 6.22 ~ Durch Reduzierung der Sendeleistung verringern Sie die Reichweite Ihres WLANs und damit die Entfernung, aus der ein Angreifer eine realistische Chance auf eine Attacke hat. Ziel ist, den Sendebereich so einzuschränken, dass er bereits an der Hauswand endet.

> **Hinweis**
> Eine reduzierte Sendeleistung muss nicht einmal zu Einbußen in der Performance führen, wenn der Access Point bzw. dessen Antenne an einem gut gewählten Standort platziert wird.

Sicherheitsgewinn durch Spezialantennen

Rein technisch betrachtet kann man nun argumentieren, dass mit voller Sendeleistung das Maximum von dem herausgeholt wird, was möglich ist und theoretisch einmal gebraucht werden könnte. Unter dem Gesichtspunkt der Sicherheit – die absolute Sicherheit liegt bekanntlich bei Null-Sendeleistung und damit der Abschaltung des Netzes – ist die Reduzierung der Leistung durchaus zu empfehlen. Ein Verzicht auf maximale Performance dort, wo es darauf ankommt, ist damit nicht zwingend verbunden.

Die optimale Kombination aus hohem Datendurchsatz und einem nach außen weitgehend nicht wirksamen Netz erreicht man, wenn neben der Sendeleistungsanpassung zusätzlich eine Antenne mit Richtwirkung gewählt wird. An dieser Stelle muss gleich betont werden, dass zwischen Outdoor- (=Außen-) Antennen und Indoor-Antennen unterschieden wird, wobei letztere insbesondere zur Optimierung von mehreren WLAN-Funkzellen auf engstem Raum vorgesehen sind. So unterscheiden sich auch die Formen der Richtwirkung von denen für Richtfunksysteme grundlegend.

> **Hinweis**
> Antennen mit Richtwirkung werden nicht nur für die Datenübertragung auf großen Distanzen eingesetzt. Sie dienen auch der Optimierung von Funkbereichen innerhalb kleiner Radien.

Wichtig bei der Überlegung, wo denn die größten Risiken lauern könnten, ist dreidimensionales Denken. Nicht nur die seitlichen Wände sind durchlässig für Funkwellen, sondern auch Decken und Fußböden. Hier bieten sich Antennen mit einer vertikalen (senkrechten) Richtwirkung an. Sie werden an der Decke befestigt und strahlen in einem definierten Winkel flach nach unten ab. Direkt über der Antenne ist die Abstrahlung dagegen sehr gering, so dass in den darüber liegenden Räumen kaum eine Verbindung ins WLAN möglich ist.

WLAN ~ echt einfach

Bild 6.23 – Diese 4dBi Omni-Directional-Deckenantenne (ANT24-0401) ist für den Einsatz im Innenbereich vorgesehen. Sie strahlt horizontal nach allen Richtungen gleichwertig ab. Der Richteffekt liegt in der vertikalen Dimension. Foto: D-Link

Neben solchen in der Senkrechten wirksamen Richtantennen bietet die Industrie gleichfalls Antennen an, die eine horizontale Richtwirkung aufweisen. Sie kommen zum Einsatz, wenn etwa aus baulichen Gründen die Montage des Access Points oder der Antenne an einem zentralen Ort nicht möglich ist.

Bild 6.24 – Eine Richtantenne für den Innenbereich: Mit ihr werden keine Funkstrecken realisiert, sondern schmale Funkbereiche geschaffen. Foto: D-Link

6.4 Der Faktor Mensch

Zum Abschluss dieses Themas darf ein wichtiger Aspekt nicht aus den Augen verloren werden: Die Medien weisen immer wieder – beinahe täglich – auf Angriffe aus dem Internet und auf drahtlose Netze hin. Es wird von spektakulären E-Mail-Würmern berichtet, die sich über das Internet verbreiten, und es werden Wardriving-Days organisiert. Die Sicherheit des Computers – egal, ob er an das Internet angeschlossen ist oder in einem WLAN betrieben wird – ist immer ein großes Problem, und schnell wird in die Trickkiste gegriffen und eine neue Schutzsoftware installiert. Dagegen wäre nichts zu sagen, wenn diese Vorgehensweise nicht noch zusätzlich das fördern würde, was eine derartig rasante Ausbreitung aggressiver Software überhaupt erst möglich macht: Leichtsinn!

So nutzt das technisch sicherste Verfahren überhaupt nichts, wenn der Schlüssel oder die Passphrase nicht geheim gehalten wird. Ein Beispiel: Eltern wollen sich den Konfigurationsaufwand für den Computer des Nachwuchses ersparen und vertrauen dem Sohnemann die Passphrase an. Der bringt seinen Schulfreund mit einem Laptop mit, und damit auch dieser ins Internet kommen kann, wird – natürlich ganz im Vertrauen – die Passphrase verraten. Dieser Schulfreund gibt die Information an seinen Bruder, einen leidenschaftlichen Cracker, weiter und das Schicksal nimmt seinen Lauf.

Es lässt sich nicht leugnen: Unausgereifte Technologien sind immer wieder die Ursache für große Schäden infolge eines Angriffes. Nicht zu vernachlässigen sind in derartigen Statistiken jedoch die Fälle, in denen Angreifern buchstäblich der berühmte rote Teppich ausgerollt wurde.

Insbesondere bei drahtlosen Netzen ist zu erkennen, dass die Diskussion zum Thema Sicherheit oft nicht sehr objektiv geführt wird. Es wird auf Mängel in der Technik hingewiesen, deren Sicherheitsfunktionen aber erstaunlicherweise in den meisten Fällen gar nicht erst aktiviert werden. Der Grund: Es ist ein gewisser Aufwand nötig, um Passphrasen oder WEP-Schlüssel zu verwalten. Natürlich bedeutet ein Netzwerk abzusichern auch, Fehler zu machen. Man riskiert eine vorübergehende Fehlfunktion, die beispielsweise durch Falscheingabe einer Passphrase begründet ist. Das kann man korrigieren, aber dies ist für den technischen Laien bereits eine Herausforderung.

Nicht viel anders sieht es bei der Definition einer Access Control List (ACL) aus. Hier ist der Aufwand möglicherweise noch wesentlich höher, denn zuerst einmal müssen alle MAC-Adressen der Computer ermittelt werden, die in das Netzwerk integriert werden sollen. Wer macht sich schon diese Mühe?

> **Hinweis**
> Auf eines können sich Hacker und Cracker immer verlassen: Die Bequemlichkeit des Menschen öffnet Ihnen Tür und Tor! Die Reduktion der Sendeleistung wird so gut wie nie vorgenommen und auch nicht als Sicherheitskriterium erkannt. Lediglich Profis wissen meist, worauf es wirklich ankommt: auf den Datendurchsatz und die Anzahl möglicher Bitfehler. Dabei ist es völlig gleichgültig, ob die Signalstärke am oberen Anschlag oder im Mittelfeld der Skala liegt, wenn die maximale Übertragungsrate zur Verfügung steht. Die Aktivierung und der Einsatz von Verschlüsselungen und Zugangslisten sowie die Reduktion der Sendeleistung sind bereits mit den im Lieferumfang eines WLAN-Gerätes enthaltenen Funktionen ohne zusätzliche Kosten zu realisieren. Lediglich der Einsatz einer zusätzlichen Antenne verursacht Kosten und möglicherweise zusätzlichen Montageaufwand. Es sollte jeder im Einzelfall prüfen, was die persönliche Sicherheit wert ist.

6.5 Erweiterte Sicherheitsfunktionen

Unterdrücken der SSID, Verschlüsselung der Funkstrecke, Reduzieren der Sendeleistung oder Antennen mit Richtwirkung sind Sicherheitsmaßnahmen, die sich auf den drahtlosen Teil des Netzwerkes beschränken.

Da Sie Ihr Netz in der Regel mit einem WLAN-Internet-Access-Router betreiben, stehen Ihnen jedoch noch ganz andere Gefahren ins Haus, die Sie nur durch Absicherungsmaßnahmen im Netzwerk selbst bändigen können.

Zugang zu fremden Netzen

Die Einschränkung auf den wissentlichen Zugriff auf ein fremdes Netz muss noch einmal konkret erläutert werden. Wer ein WLAN ausschließlich in den Default- also in den Grundeinstellungen betreibt und möglicherweise noch mit einer automatischen IP-Adressierung (DHCP-Server) arbeitet, der lädt förmlich andere WLAN-Benutzer in sein eigenes Netzwerk ein. An dieser Stelle wird ganz bewusst nicht von Angreifern, sondern von WLAN-Benutzern gesprochen, denn ein derartig offenes Netz zieht WLAN-Clients magisch an.

Der Grund dafür ist schnell erklärt: Wer erstmalig ein drahtloses Netz errichtet und noch keine Erfahrungen bei der Konfiguration hat, wird die Treibersoftware installieren, die Hardware einlegen und die weiteren Netzwerkkonfigurationen nicht weiter beachten. In diesen ist keine statische IP-Adresse definiert. Sie sehen den automatischen Bezug der Adresse vom DHCP-Server vor. Infolgedessen wird sich der Computer selbst ein freies Netz suchen, das zu den Vorgaben passt, und sich darin anmelden. Im Zweifelsfall kann das auch das Netz des Nachbarn sein.

Die Angaben des NetStumblers sind dazu geeignet, gezielt unverschlüsselte Netze zu finden, auch wenn diese umkonfiguriert wurden, also nicht mehr mit den Werksvorgaben arbeiten. Dazu genügt ein Blick in die Spalte SSID, die den Namen des Netzwerkes verrät. Dieser Name muss nun nur noch in die eigene Netzwerkeinstellung übernommen werden, und der Computer meldet sich in diesem Netz an. Zwar wird an dieser Stelle keine Verschlüsselung gebrochen, doch erfolgt ganz bewusst der Zugriff auf das fremde Netzwerk. Arbeitet dieses obendrein noch mit einer automatischen IP-Adress-Vergabe, dann ist der Zugang zum fremden Netz für den Angreifer problemlos möglich.

> **Hinweis**
> Jeder einzelne Sicherungsschritt reduziert die Zahl möglicher Angreifer deutlich. Insbesondere die Verschlüsselung der Daten – selbst mit dem einfachsten Verfahren – macht den Angriff auf das WLAN für „Hobby-Wardriver" unattraktiv, wenn diese nur einen preiswerten Weg ins Internet suchen.

Freigaben als Geschenk

Auch wenn es nicht direkt etwas mit WLAN im Speziellen, sondern mit dem Netzwerk unter Windows im Allgemeinen zu tun hat: Gelingt es einem Angreifer, in das drahtlose Netzwerk einzudringen, dann hat er nur eine Hürde überwunden, so als wäre ein Einbrecher über den Gartenzaun gestiegen. Er befindet sich zwar auf einem fremden Grundstück, doch im Haus selbst ist er deshalb noch lange nicht. Dieses vom Einbrecher begehrte Ziel kann man mit den Verzeichnissen oder Dateien auf Computern des angegriffenen Netzwerkes gleichsetzen. Ist ein Verzeichnis erst einmal freigegeben und vom Angreifer gefunden, dann kann er in diesem Verzeichnis uneingeschränkt schalten und walten.

Bild 6.25 — Computer, auf denen Freigaben eingerichtet sind, erscheinen in der Netzwerkumgebung. Der Angreifer hat es leicht.

Um solche unfreiwilligen „Geschenke" zu vermeiden, sollten Sie

- das Gast-Konto deaktivieren,
- allen Benutzerkonten Passwörter geben und
- die Passwörter regelmäßig ändern.

> **Hinweis**
> Es bestehen große Unterschiede in der Form und in den Zugriffsmöglichkeiten auf Freigaben in den verschiedenen Versionen des Betriebssystems Microsoft Windows. Während in älteren Windows-Versionen (9x/ME) eine Ressource generell freigegeben oder gesperrt wird, lässt sich der Zugriff bei XP besser koordinieren. Doch auch hier ist Vorsicht geboten, denn nur die Professional-Version bietet eine selektive Sicherungsmöglichkeit für bestimmte Benutzer. Die bei Windows 9x/ME mögliche Vergabe eines Passwortes für den Zugriff auf eine freigegebene Ressource ist kein ausreichendes Sicherheitskriterium, denn der Angreifer kann dies mit spezieller Software automatisch knacken lassen. Insbesondere dann, wenn er über ein ungesichertes WLAN in das Netzwerk eindringt, stehen ihm dafür ausreichend Zeit und eine leistungsfähige Infrastruktur zur Verfügung.

Bild 6.26 — Auf einem Windows-XP-Computer können Sie theoretisch jedes Verzeichnis oder ganze Laufwerke freigeben. Sicherheitstechnisch gesehen ist dies aber nicht sinnvoll.

Weil die Freigabe einer Ressource generell ein großes Sicherheitsproblem sein kann, wenn sie nicht mit großer Sorgfalt konfiguriert wird, bietet Windows XP zu deren Einrichtung einen Assistenten an. Diesen müssen Sie nicht zwingend nutzen, selbst bei einem Verzicht auf den Assistenten warnt das Betriebssystem in mehreren Dialogen vor den Folgen einer zu leichtfertigen Freigabe.

WLAN ~ echt einfach

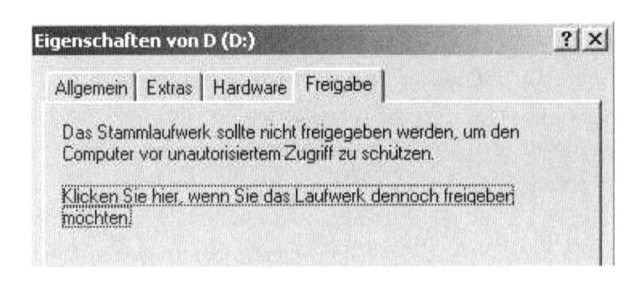

Bild 6.27 – Erste Warnung: Windows weist klar darauf hin, dass die Freigabe eines Stammlaufwerkes (C:\, D:\ etc.) alle auf diesem Laufwerk vorhandenen Verzeichnisse für jedermann zugänglich macht.

Dazu gehört beispielsweise der Hinweis auf den von Haus aus nicht aktivierten *Remote Access* – den Fernzugriff – auf den Computer. Dieser wird mit der Freigabe einer Ressource im Netzwerk aktiviert. Es wird – sofern die Freigabe sorgfältig definiert wird – kontrolliert eine kleine Sicherheitslücke geöffnet.

Wird allerdings ein komplettes Laufwerk zur Nutzung freigegeben und zudem die Änderung von Dateien zugelassen, dann kann von einer kontrollierten Sicherheitslücke keine Rede mehr sein. Eine derartig großzügige Öffnung der Festplatte innerhalb des Netzes stellt eine eklatante Umgehung jeder Schutzmaßnahme dar.

echt einfach ~ **WLAN**

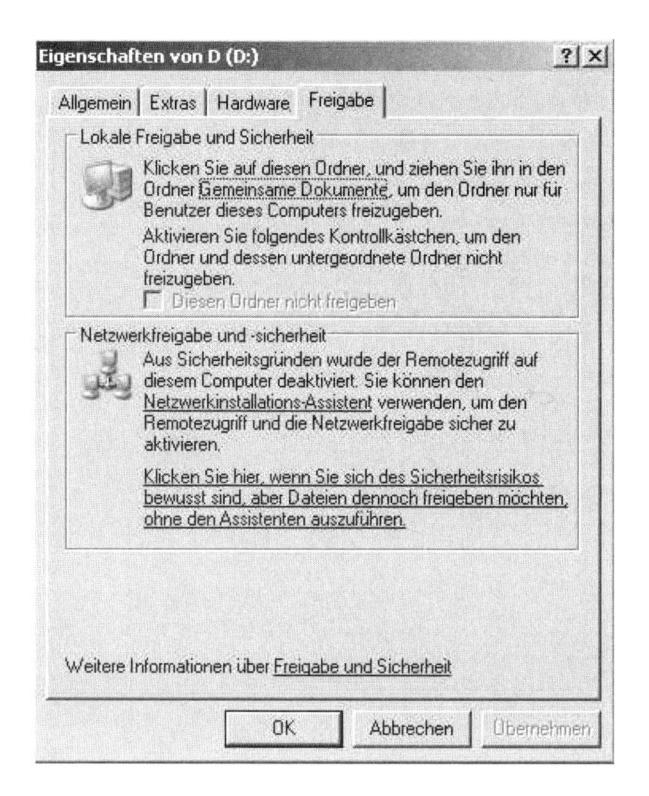

Bild 6.28 – Zweite Warnung (unterer Bereich): Von Haus aus ist der Remote-Zugriff deaktiviert. Wer sich seiner Sache sicher ist, kann die Ressource jedoch ohne Hilfe des Betriebssystems freigeben.

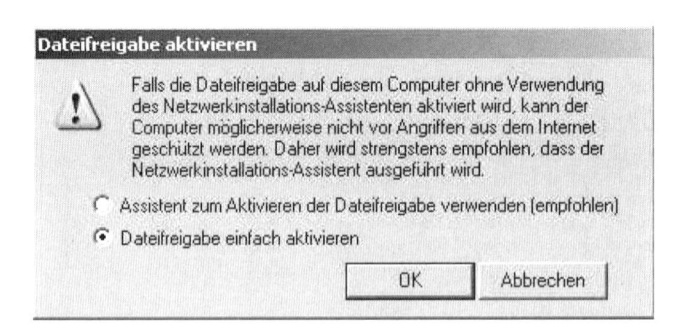

Bild 6.29 – Dritte Warnung: Mit einer klaren Aussage weist Windows darauf hin, dass die Zugangsmöglichkeit zu den freigegebenen Ressourcen möglicherweise auch für Angreifer aus dem Internet besteht. Dies gilt auch für WLAN-Angreifer!

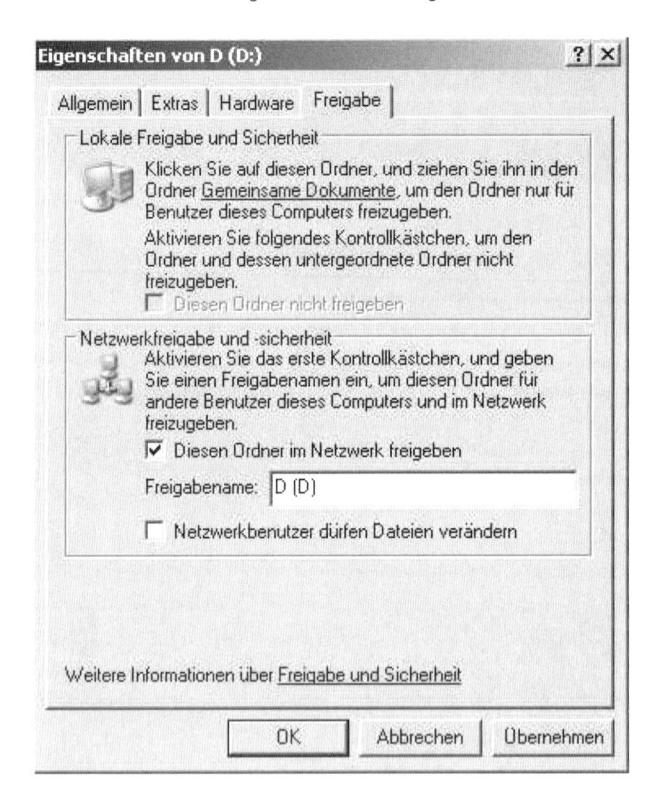

Bild 6.30 – Noch eine Schutzfunktion: Wird die Option NETZWERKBENUTZER DÜRFEN DATEIEN VERÄNDERN nicht aktiviert, dann können die freigegebenen Ressourcen lediglich gelesen werden.

echt einfach ~ **WLAN**

Festplatten

Lokaler Datenträger (C:)   D:(D:)

Bild 6.31 — Eine „versehentliche" Freigabe ist nach all diesen Schritten ausgeschlossen. Dieses Laufwerk D:\ wurde bewusst zur Nutzung im Netzwerk zur Verfügung gestellt.

Bild 6.32 — Das wäre Leichtsinn! Die generelle Freigabe des elementaren Laufwerkes C:\ bietet einem Angreifer alle Möglichkeiten.

Es sei an dieser Stelle angemerkt, dass es nicht einmal zwingend einer Attacke auf das eigene WLAN bedarf, um mit offenen Freigaben ein Risiko einzugehen. Erfolgt über die betreffende Netzwerkschnittstelle, über die auf diese Freigaben zugegriffen werden kann, der Kontakt zum Internet, dann stehen die freigegebenen Ressourcen im weltweiten Datennetzwerk jedem zur Verfügung, der in der Lage ist, offene Windows-Ressourcen zu ermitteln.

Vergleichbare Risiken existieren in öffentlichen drahtlosen Zugangspunkten, so genannten Wireless Public Hotspots, ebenfalls. Nur wenige WLAN-Hotspots unterdrücken die Kommunikation zwischen sich und aktiven Clients. Hier ist Vorsicht geboten, damit der Nachbar am anderen Tisch nicht heimlich die Festplatte checkt.

Filterfunktion

Mit Hilfe von Filtern lassen sich sehr interessante Einschränkungen festlegen, die beispielsweise einen Eindringling in das WLAN daran hindern, obendrein auch noch kostenlos im Internet zu surfen. Außerdem bieten diese Filter auch eine Möglichkeit, ansatzweise die Internetnutzung von Kindern zu reglementieren. Beispielsweise könnte der Port 4662 (wird für die Peer-to-Peer-Tauschbörse E-Donkey genutzt) gezielt gesperrt werden, um zu verhindern, dass die lieben Sprösslinge illegale Raubkopien aus dem Internet saugen und damit unter Umständen eine Hausdurchsuchung sowie möglicherweise straf- und zivilrechtliche Konsequenzen wegen des „Handels mit Raubkopien" provozieren.

Die Konfiguration der Filter findet im Menü ADVANCED / FILTER statt. Insgesamt lassen sich vier verschiedene Filterarten definieren:

- IP-Filter
- MAC-Filter
- URL-Blocking
- Domain-Blocking

Im Kapitel zur WLAN-Infrastruktur wurde bereits die Konfiguration eines DHCP-Servers beschrieben. Darin wurde der IP-Adressbereich von 192.168.0.100 bis 192.168.0.199 zur automatischen Vergabe durch den DHCP-Server reserviert. Jedem Computer, dem es gelingt, sich in das WLAN einzubinden, wird somit auch automatisch eine IP-Adresse zugewiesen.

Nehmen wir an, dass darüber hinaus feste Adressen verwendet werden, die sich in den Bereichen von 192.168.0.1 bis 192.168.0.99 sowie von 192.168.0.200 bis 192.168.0.254 befinden. Nur Computern, die mit einer festen Adresse aus diesen Bereichen versehen sind, soll der Zugang zum Internet gestattet werden. Die „Gäste", denen über DHCP automatisch eine Adresse zugewiesen wird, sollen nicht surfen dürfen. Dies können Sie in einer einzigen Filterregel festlegen.

echt einfach ~ **WLAN**

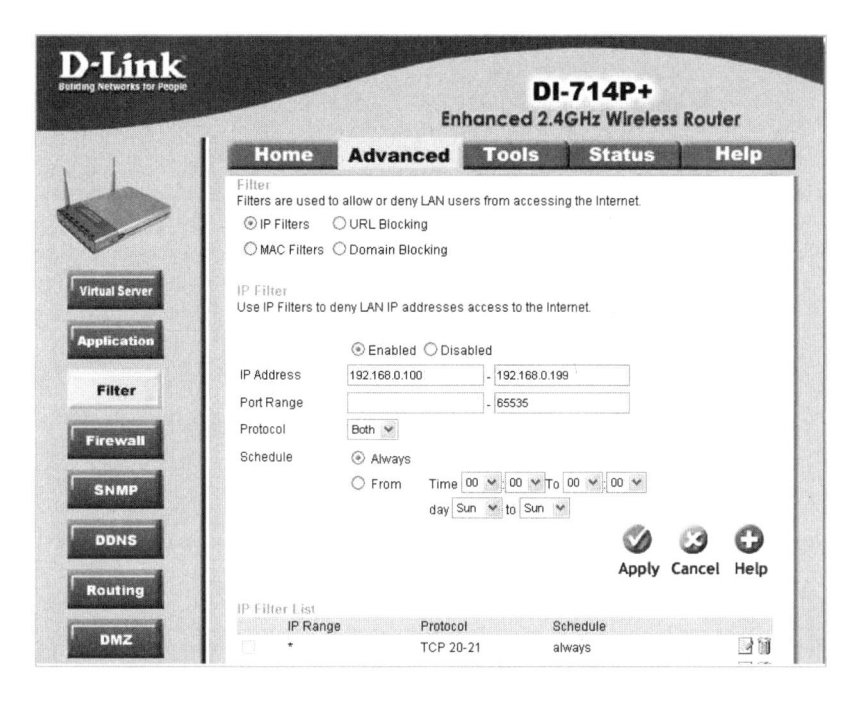

Bild 6.33 ~ Computer mit Adressen aus dem Bereich 192.168.0.100 bis 199 dürfen in diesem Beispiel keinerlei Dienste des Internets nutzen.

IP-Adress-Filter

▶ 1 Im Menü ADVANCED / FILTER klicken Sie zunächst die Option IP FILTERS an. Das Fenster bietet dann ausschließlich die für diesen Filter notwendigen Eingabefelder an. Darüber hinaus gibt es im unteren Bereich bereits einige vordefinierte Filterkriterien, die lediglich mit dem zweiten Icon von rechts in der betreffenden Zeile markiert werden müssen. Die Einträge werden in die Eingabefelder übernommen und können nach eigenen Vorgaben bearbeitet werden.

▶ 2 Geben Sie zunächst die IP-Adresse des Computers vor, auf die der Filter wirken soll. Sie können stattdessen, wie bereits angedeutet, auch einen ganzen IP-Adress-Bereich definieren.

3 In der Spalte PROTOCOL befinden sich für einen Laien schwer interpretierbare Buchstabenkürzel und Zahlen. TCP und UDP stehen für das verwendete Protokoll (auf der Basis des Internetprotokolls). Die Zahlen dahinter symbolisieren den „Dienst". Beispielsweise wird ein Webserver zum Abruf einer Internetseite mit dem Port 80 adressiert, der Versand einer E-Mail läuft über den Port 25 und der Abruf einer Mail vom Server mit Port 110 (POP3). Mit den Portadressen lassen sich also Filter definieren, die ausschließlich auf einen bestimmten Dienst oder einen bestimmten Bereich von Portadressen wirken. Dies erfolgt in den beiden Feldern PORT RANGE.

Besonders der Laie ist auf der sicheren Seite, wenn bei der Auswahl des zu sperrenden Protokolls (TCP, UDP oder beide) die Einstellung BOTH gewählt wird.

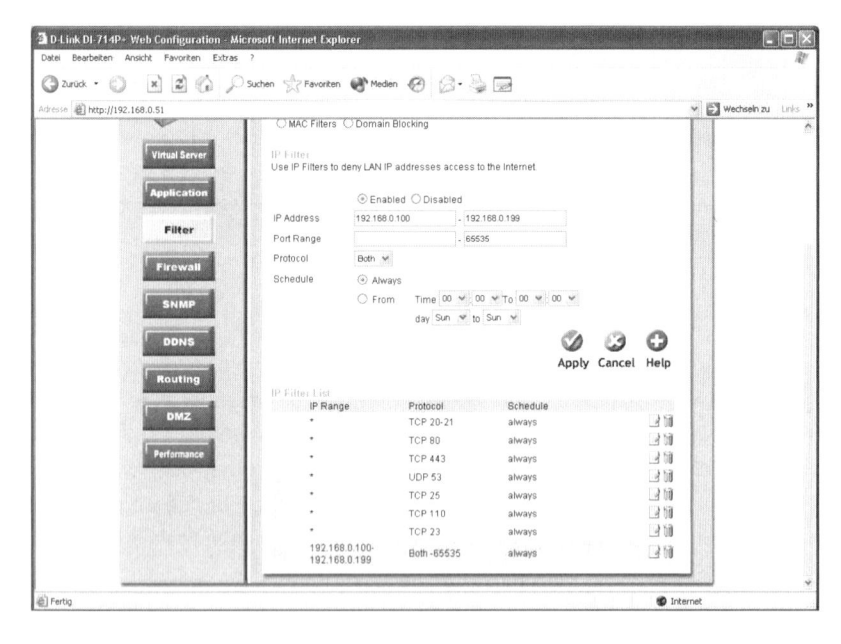

Bild 6.34 — Der definierte Filter wird in der Liste ergänzt und kann über diese direkt aufgerufen und nachbearbeitet werden.

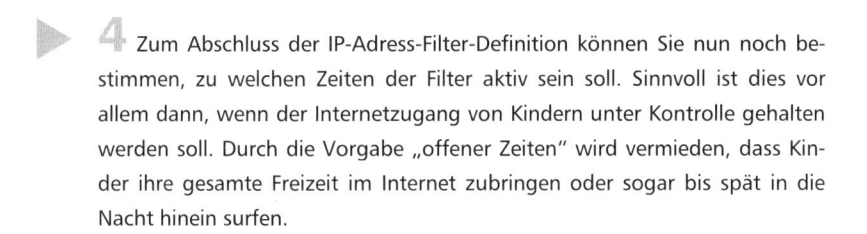

▶ 4 Zum Abschluss der IP-Adress-Filter-Definition können Sie nun noch bestimmen, zu welchen Zeiten der Filter aktiv sein soll. Sinnvoll ist dies vor allem dann, wenn der Internetzugang von Kindern unter Kontrolle gehalten werden soll. Durch die Vorgabe „offener Zeiten" wird vermieden, dass Kinder ihre gesamte Freizeit im Internet zubringen oder sogar bis spät in die Nacht hinein surfen.

Ein IP-Adress-Filter hat natürlich einen entscheidenden Nachteil, wenn Adressen innerhalb des Netzes automatisch vergeben werden (DHCP). Hier kann nie vorausgesagt werden, welche IP-Adresse ein Computer bei seiner nächsten Sitzung im Netzwerk haben wird. Es macht also wenig Sinn, gezielte IP-Adressen zu sperren.

MAC-Adress-Filter
Es gibt jedoch eine sehr effektive Alternative zum IP-Adress-Filter, nämlich den MAC-Adress-Filter. Unter *Network Address Translation* (*NAT*) versteht man eine Technologie, die es möglich macht, dass mehrere Computer eines Netzwerkes, die ja durch eine nur in diesem System gültige private Adressstruktur gekennzeichnet sind, gemeinsam und unabhängig voneinander im Internet agieren können. Dies hat jedoch seinen Preis, denn keiner der Computer ist im Internet direkt erreichbar.

Der Router erkennt im Vergleich der aus dem LAN verschickten Daten lediglich darauf eingehende Antworten und kann diese direkt zustellen. Aus der Sicht des Internets gibt es also kein LAN, sondern lediglich einen einzigen Computer. Damit kann mit keinem bestimmten Computer direkter Kontakt aufgenommen werden. Das ist nicht nur für den eventuellen Betrieb eines Webservers ein Problem, sondern auch für eine ganze Reihe anderer Dienste. So können audiovisuelle Kommunikationsdienste und auch beispielsweise Voice over IP nicht ohne weiteres über einen Router genutzt werden.

Die MAC-Adresse wird auch als Hardware-Adresse bezeichnet. Sie ist zumeist fest in die Hardware einprogrammiert und somit untrennbar mit dem verwendeten Netzwerkgerät verbunden. Sie stellt damit eine Art „Personalausweis" für Computer und Netzwerkgeräte dar und dient relativ zuverlässig der Identifizierung des Gerätes. Relativ! Eine hundertprozentige Sicherheit kann auch ein MAC-Adress-Filter nicht bieten. Das hat zwei Gründe: Einerseits können gewiefte Hacker die

MAC-Adresse ihres Computers innerhalb des Netzwerkes verändern. Auf der anderen Seite bedarf es lediglich eines Wechsels der Netzwerkkarte, um den Computer mit einer neuen MAC-Adresse im Netzwerk zu betreiben.

Der MAC-Adress-Filter stellt zwei Optionen zur Wahl:

- Sie können gezielt MAC-Adressen aus dem Netzwerk aussperren oder
- Sie können gezielt MAC-Adressen für den Zugriff auf das Netzwerk zulassen.

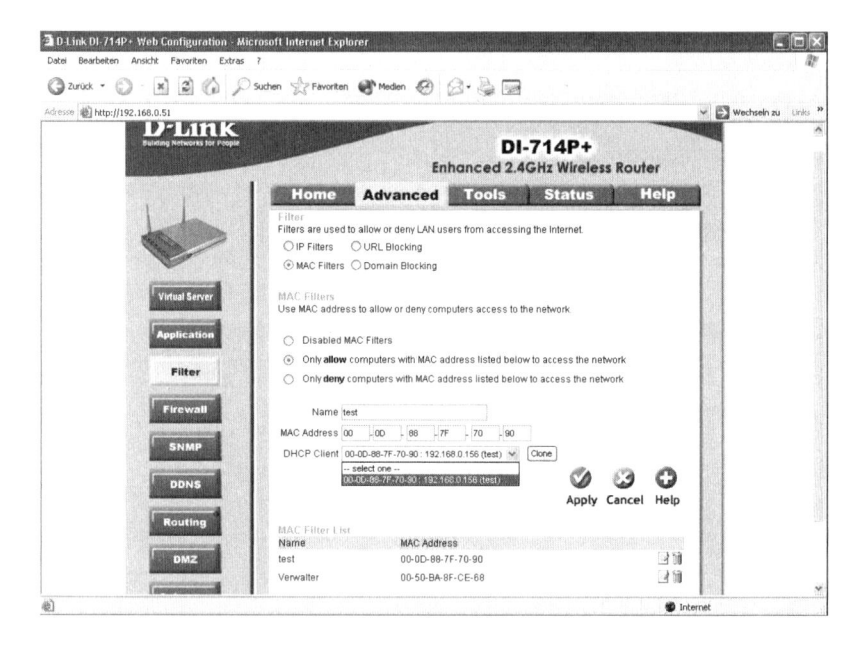

Bild 6.35 — Damit der MAC-Adress-Filter auch bei dynamischer Zuweisung der IP-Adresse wirken kann, müssen Sie in der MAC-Filter-Definition die MAC-Adresse des Computers eintragen.

In den meisten Fällen werden Sie sich dafür entscheiden, nur ausgewählten Computern den Zugang zum Netzwerk zu gestatten. Doch Vorsicht: Der Filter bezieht sich nicht allein auf den drahtlosen Teil des Netzwerkes. Da allgemein – insbesondere für das Firmware-Update – empfohlen wird, mindestens einen Computer über eine drahtgebundene Schnittstelle an den Router anzuschließen, müssen Sie die MAC-Adresse dieses Computers gleichfalls eintragen, damit der Zugang für den

Verwalter des Routers nach wie vor möglich bleibt. Diese Adresse sollten Sie in jedem Fall zuerst eintragen. Sie finden sie in den DETAILS der NETZWERKSTATUS-ANZEIGE als PHYSIKALISCHE ADRESSE.

> **Hinweis**
> Der Aufruf der NETZWERKSTATUSANZEIGE wurde bereits bei der Erläuterung des DHCP-Servers im Zusammenhang mit den WLAN-Infrastrukturen erläutert.

Selbst Rechner, die per DHCP automatisch eine IP-Adresse bezogen haben, können Sie sehr leicht in den Filter eintragen. Dazu gibt es im Konfigurationsdialog des MAC-Filters ein Dropdown-Menü (DHCP Client), das alle gerade am Netz angemeldeten Computer auflistet, die eine IP-Adresse vom DHCP-Server bezogen haben.

Mit einem Klick auf den Button CLONE werden die Daten des gewählten Computers in die Felder NAME und MAC-ADDRESS eingetragen und müssen nun nur noch mit APPLY in die Filterdefinition übernommen werden.

IP- und MAC-Filter legen sehr pauschal fest, welche Computer sich innerhalb des Netzwerkes betätigen oder bestimmte Dienste des Internets aufrufen dürfen. Das allein ist aber nicht flexibel genug. Man denke wieder an die Familie. Es ist heutzutage doch wichtig, dass Kinder und Heranwachsende mit dem Medium Internet vertraut werden und dass sie lernen, darin bestimmte Informationen zu suchen und diese kritisch zu interpretieren. Dies ist mit einer pauschalen Sperre des Internetzuganges aber nicht möglich. Ebenso ist es ungünstig, dem lieben Nachwuchs absolut ungehinderten Zugriff auf das Netzwerk zu gestatten. Sie könnten zu leicht auf pornografische oder Gewalt verherrlichende Seiten geraten. Hier bieten die Filter eine Möglichkeit, anhand der Internetadresse Einschränkungen zu definieren.

Während die zuvor beschriebene Filterung ausschließlich auf der MAC-Ebene stattfindet und lediglich die Hardware betrachtet, kann der Router auch auf höherer Protokollebene filternd eingreifen. So können Filterregeln auf der Ebene der Domainnamen bzw. für bestimmte *URLs* (Uniform Ressource Locator) definiert werden.

URL-Blocking-Filter

Mit dem *URL-Blocking*-Filter wird der Aufruf von Adressen im Internet verweigert, die an irgendeiner Stelle eine der mit diesem Filter indizierten Zeichenketten enthält. Durch den Eintrag crack wird beispielsweise die Seite *www.crack.com* ebenso gesperrt wie *www.cracker.ag*.

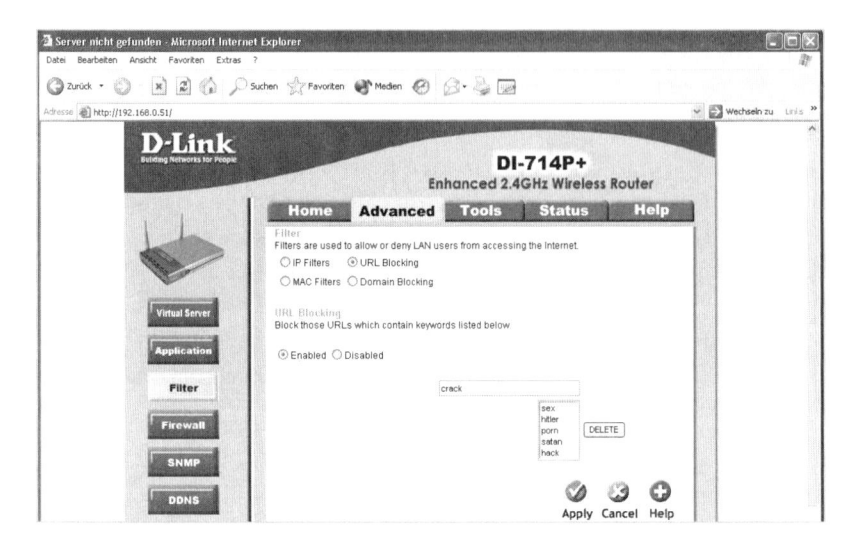

Bild 6.36 ~ Enthält eine Internetadresse die in dieser Definition festgelegte Zeichenkette crack, kann sie über diesen Router nicht aus dem Internet geladen werden. Der Zugriff auf diese Seite wird abgelehnt.

Wem es gelingt, sich etwas in die Fantasie dubioser Anbieter bei der Auswahl eines Namens für deren Internetpräsentation hineinzuversetzen, der kann an dieser Stelle bereits eine sehr effektive Vorselektion von Seiten vornehmen, auf die niemand im Netz einen Zugang erlangen wird. Es ist durchaus ein wirkungsvoller Beitrag zum Jugendschutz.

echt einfach ~ **WLAN**

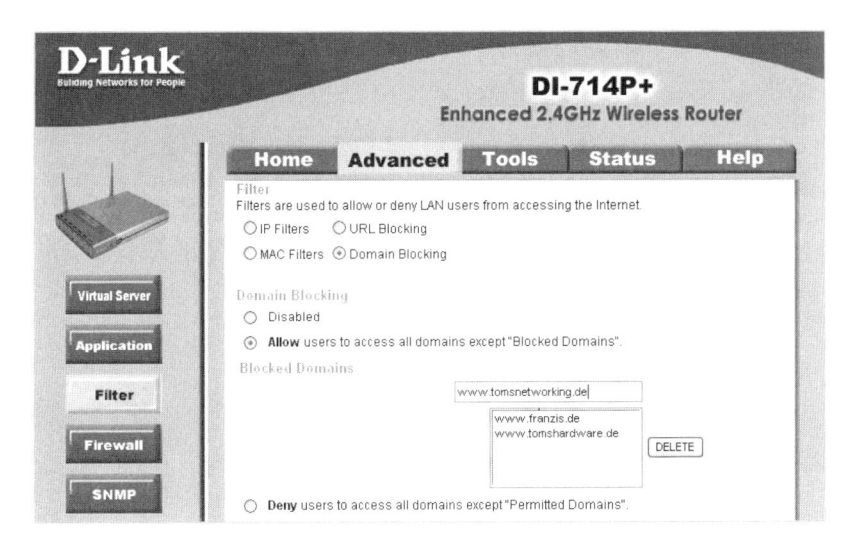

Bild 6.37 ~ Erlaubt ist lediglich der Besuch der Seiten von Tom's Hardware, Franzis und – gerade frisch eingegeben – der Seite von Tom's Networking.

Domain-Blocking-Filter

Eine weitere Möglichkeit, den Zugriff auf Internetinhalte einzuschränken, bietet der *Domain-Blocking-Filter*. Hier gibt es die Möglichkeit, gezielt Internet-Domains, beispielsweise *www.porno.de* festzulegen, bei welchen für alle Webseiten wahlweise der Zugriff gestattet oder verweigert wird.

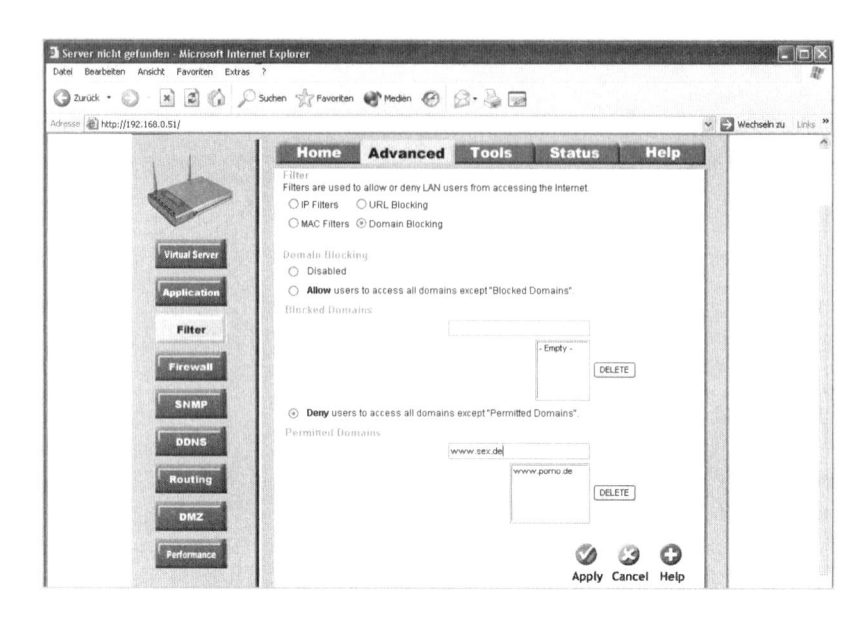

Bild 6.38 ~ Besuche der Seiten *www.porno.de* oder *www.sex.de* unterbinden Sie mit dieser Filtereinstellung nachhaltig.

Firewall

Den Sinn und Zweck einer Firewall erfährt man heutzutage beinahe täglich aus den Medien. Immer wieder ist von Viren, Würmern und Trojanern die Rede, mit denen Computer angegriffen werden. Eine Firewall kann hier gegen die so genannten Trojaner einen guten Schutz bieten, denn sie blockt Angriffe ab, die aus dem Internet kommen. Mit Hilfe eines zusätzlichen Filters, der darüber hinaus auch die Kommunikationsmöglichkeiten aus dem lokalen Netzwerk zum Internet begrenzt, wird ein sehr hohes Sicherheitsniveau erreicht.

> **Wichtig!**
> Die Firewall eines WLAN-Routers kann nicht vor Angriffen schützen, die über die WLAN-Funkstrecke auf das lokale Netzwerk erfolgen. Dies muss direkt abgesichert werden! Die hierfür erforderlichen Schritte wurden in Abschnitt 6.3, „WLAN absichern" beschrieben.

Der Router ist in der Tat eine sehr gut gewählte Position für eine Firewall innerhalb eines Netzes. Er stellt schließlich das Tor zwischen dem lokalen Netzwerk und dem Internet dar. Über das Internet kommt der Großteil aller Angriffe auf heimische Computer und auf Firmenrechner. Besonders unangenehm sind dabei die so genannten *Backdoor-Trojaner*. Diese haben es allerdings bereits dann sehr schwer, wirksam einen Computer zu attackieren, wenn dieser über einen Router am Internet angeschlossen ist. Die Funktion, die mehreren Rechnern den Zugriff auf das Internet unter nur einer einzigen öffentlichen IP-Adresse gestattet – wir sprachen bereits über die Network Address Translation (NAT) – stellt also auch gleichzeitig eine Firewall-Funktion dar. Leider wirkt NAT nur einseitig und blockt lediglich Kontakte aus dem Internet ab, die der Router keinem PC als Antwort zuordnen kann.

Anders sieht es aber aus, wenn ein Trojaner sich auf einem Rechner eingenistet hat und von sich aus den Angreifer im Internet kontaktiert. In diesem Fall besteht eine Beziehung über den Router ins Internet, die von einem legitimen Computer innerhalb des lokalen Netzes aufgebaut wurde. NAT genügt hier also nicht, um einen wirksamen Schutz gegen Angriffe darzustellen.

WLAN ~ echt einfach

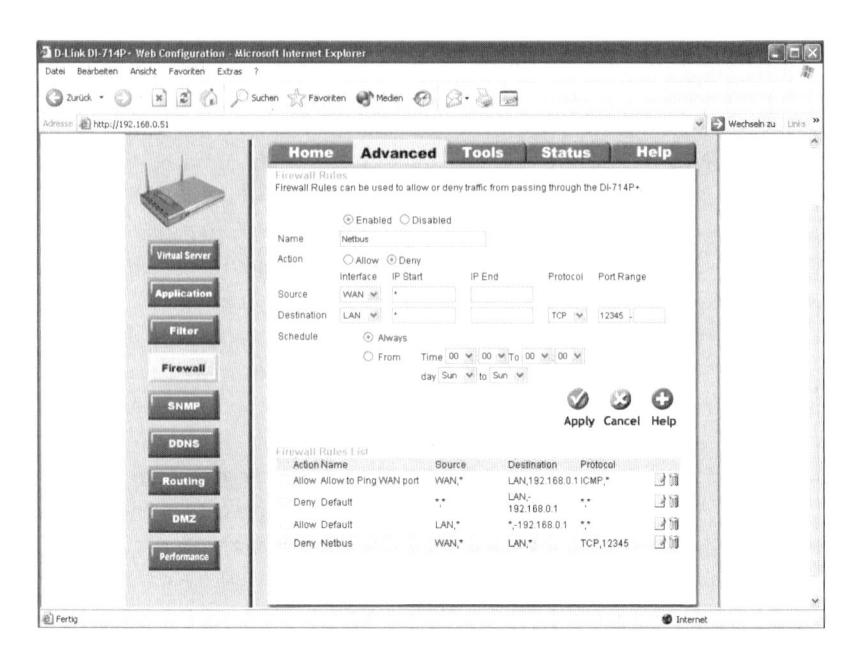

Bild 6.39 — Alle Kontakte aus dem Internet zum LAN – unabhängig von den verwendeten IP-Adressen –, die mit dem Port 12345 arbeiten, sollen von der Firewall rigoros gesperrt werden.

> **Hinweis**
>
> Hinweise zu augenblicklich aktuellen Trojanern und Viren gibt es in den Medien. Konkrete Informationen sind auf den Internetseiten der Anbieter von Anti-Viren- und Firewall-Software zu finden.

Das lernen Sie in diesem Kapitel:
- *Wie Sie Funkstörungen durch Nachbarn begegnen.*
- *Wie Sie verschiedene WLANs am gleichen Ort betreiben.*
- *Wie Sie eine optimale Flächenabdeckung erreichen.*
- *Wie Sie Störungen vermeiden.*
- *Wie Sie durch Segmentierung mehr Durchsatz erzielen.*
- *Wie Sie mit Richtantennen WLANs entkoppeln.*
- *Was Sie beim Parallelbetrieb von WLAN und Bluetooth beachten müssen.*

WLAN-Optimierung

Wenn heute zwei Benutzer jeweils ein WLAN installieren und dabei nicht nur Geräte des gleichen Herstellers und vom gleichen Typ verwenden, sondern das Netzwerk auch in vergleichbaren Umgebungen errichten, kann es sein, dass sie dennoch völlig verschiedene Bewertungen zur Qualität abgeben werden. Während der eine Benutzer hochzufrieden ist, kann es sein, dass der andere sein WLAN sogar verflucht. Zwei Benutzer mit gleichen Voraussetzungen und verschiedenen Ergebnissen? Geht das? Ja! Und es liegt weder an den Geräten noch (allein) an den Computern oder Betriebssystemen. Oft sind es nur Kleinigkeiten, die über eine gute oder eine schlechte Netzwerkverbindung entscheiden. In diesem Kapitel werden Sie erfahren, worauf Sie achten müssen, wenn Sie Ihr WLAN optimieren wollen. Nicht immer sind hohe Investitionen erforderlich.

7.1 Das Problem: Hallo Nachbar!

Drahtlose Netze haben keine fest definierten Grenzen. Selbst Wände stellen für sie keine unüberwindlichen Hindernisse dar, auch wenn sie die Funkwellen stark dämpfen. Insbesondere in größeren Wohnblöcken und Hochhaussiedlungen ist also damit zu rechnen, dass auf engstem Raum viele drahtlose Netze nebeneinander betrieben werden. Die Konsequenz: Es wird viele WLAN-Benutzer geben, die sich über ein langsames Netz ärgern.

Die Lösung des Problems ist in den meisten Fällen weniger technischer Natur, sondern eine Frage menschlicher Kommunikationsfähigkeit. Es ist wichtig, aufeinander zuzugehen und sich über die Verwendung von Kanälen mit ausreichendem Abstand zum eigenen System zu einigen. Das kann schwierig werden, denn nicht immer hat jeder Nachbar in seinem Site Survey den gleichen vollen Überblick über die belegten Kanäle.

Jemand, der von drei Funknetzen das in der örtlichen Mitte betreibt, sieht mit großer Wahrscheinlichkeit beide benachbarten Netze. Die Betreiber der beiden anderen Systeme sehen dagegen jeweils nur das des Betreibers in der Mitte. Sie argumentieren im Falle einer Kollision natürlich damit, auf den aus ihrer Sicht freien Kanal umzuschalten, der jedoch von einem anderen Nachbarn belegt ist.

echt einfach ~ **WLAN**

In Deutschland stehen für WLAN-B 13 Kanäle bereit (in den USA 11). Wegen des Bandspreizverfahrens von WLAN-B (siehe Abschnitt 5.4) überlappen sich die Frequenzbereiche der einzelnen Kanäle jedoch stark. Um wechselseitige Störungen, so genannte Cross Channel Interferences (CCI) auszuschließen, müssen Sie räumlich benachbarte WLANs so einstellen, dass fünf Kanäle „Abstand" bleiben.

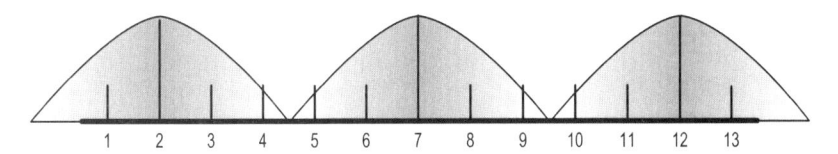

Bild 7.1 – Kanalbelegung ohne CCI-Gefahren.

Auf den 13 Kanälen lassen sich also insgesamt drei Netze am gleichen Ort betreiben.

Wenn die Netze nicht ganz am gleichen Ort sind, sondern benachbart, etwa durch eine oder zwei Wände getrennt, können Sie sogar vier WLANs parallel betreiben, wenn Sie auf folgende Kanalbelegung achten:

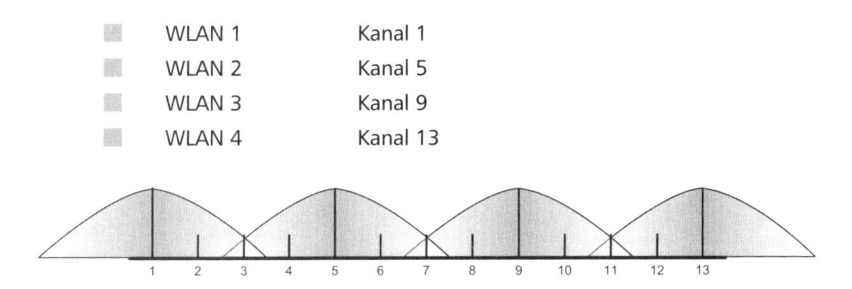

- WLAN 1   Kanal 1
- WLAN 2   Kanal 5
- WLAN 3   Kanal 9
- WLAN 4   Kanal 13

Bild 7.2 – Mit geringem Überlappen der Funkkanäle lassen sich sogar vier einander benachbarte WLANs weitestgehend störungsfrei betreiben.

Wie Sie den Sendekanal einstellen, haben Sie in den Kapiteln 4, „Ad-hoc-Netzwerk", und 5, „WLAN-Infrastruktur", gelernt.

WLAN ~ echt einfach

> **Hinweis**
> Von einer nachbarschaftlichen Einigung über die Einstellung der Funkkanäle profitieren alle Seiten. Dies gilt ebenso für Drosselungen der Sendeleistungen, denn maßgebend ist nicht die Energie, die von der Antenne in den Äther gestrahlt wird, sondern die effektiv nutzbare Übertragungsrate sowie die Fehlerfreiheit bei der Übertragung.

Treffen mehr als vier Funknetze in unmittelbarer Nähe zusammen, dann wird es also schon kritisch, denn mindestens zwei Netze arbeiten dann im gleichen Frequenzbereich und stören sich gegenseitig. Die Folge: Die Datenübertragung über das WLAN kann zeitweise extrem langsam werden.

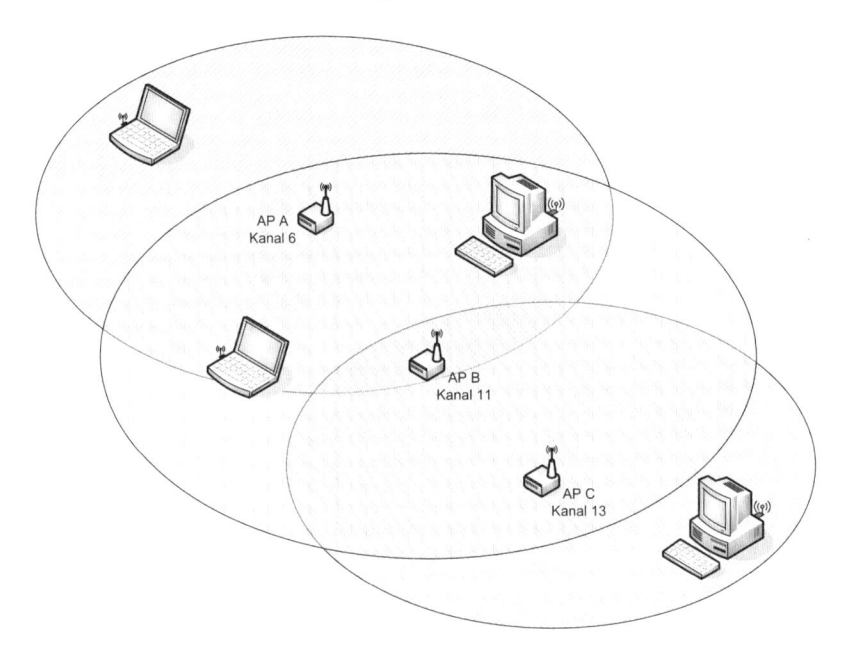

Bild 7.3 — So ist es richtig: Access Point A funkt auf Kanal 6 und sieht Kanal 11 durch den Access Point B belegt. Access Point C funkt auf Kanal 13 und sieht ebenfalls Kanal 11 durch Access Point B belegt. Access Point B funkt auf Kanal 11 und sieht Kanal 6 durch AP A und Kanal 13 durch AP C belegt.

Der Betreiber von Netz A sieht lediglich das Netz B. Der von Netz C sieht ebenfalls nur Netz B. Für beide Betreiber ist kein Problem in der Wahl eines optimalen Kanals zu erkennen. Lediglich für Betreiber B, der die Netze A und C gleichermaßen sieht, wird es schwierig, das Netz optimal zu konfigurieren.

7.2 Antenne – Der Draht zur Welt

Wenn über die Qualität eines WLAN-Systems negativ gesprochen wird, dann wird die Schuld an der Misere meist in der „schlechten" Qualität der WLAN-Adapter oder beim Betriebssystem gesucht. Natürlich sind dies ebenfalls potenzielle Ursachen von Verbindungsproblemen. Weitaus häufiger liegen die Schwierigkeiten aber in einer ungünstigen Konfiguration und einem schlechten Standort der Antenne begründet.

Bei einer durchschnittlichen Reichweite eines WLAN zwischen 10 und 30 Metern in geschlossenen Gebäuden hat die Wahl des Antennenstandortes einen enormen Einfluss auf die Übertragungsqualität des Funknetzes. Die große Toleranz in der Entfernungsangabe rührt übrigens von der unterschiedlichen Bauweise der Gebäude her: Wahre WLAN-Killer sind dicke Natursteinwände (zu finden in sehr alten Häusern), Stahlbetonwände in Neubauten und wasserhaltige Materialien im Allgemeinen. Hier dürfte die erreichbare Distanz eher im unteren Bereich einzuordnen sein. Dagegen erweist sich die heute meist in Büroetagen vorgenommene Leichtbauweise mit Gipskartonplatten als relativ „funkfreundlich" und lässt größere Entfernungen zu.

Die mit WLAN-Produkten gelieferten Antennen sind in der Regel Rundstrahler. Das bedeutet, dass sie nach allen Richtungen mit nahezu der gleichen Energie senden. Wird die Antenne in den äußersten Winkel des zu versorgenden Bereiches platziert, dann verschenken Sie einen erheblichen Teil der Sendeleistung, weil er ungenutzt bleibt. Die Konsequenz ist, dass an den Randbereichen des Netzes möglicherweise nicht mit der maximalen Geschwindigkeit gearbeitet wird.

WLAN ~ echt einfach

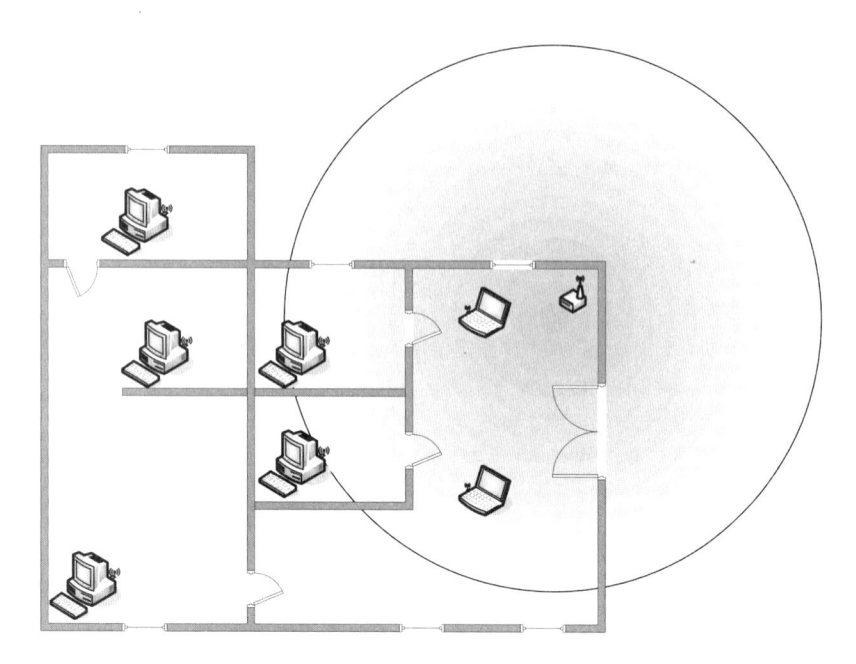

Bild 7.4 ~ Der Standort dieser Antenne ist denkbar ungünstig gewählt worden, was aber durchaus nicht selten anzutreffen ist. Der überwiegende Anteil der Sendeleistung wird nicht zur Versorgung des nutzbaren Sendebereiches verwendet.

Sie haben drei Möglichkeiten, das Problem zu lösen:

- Am einfachsten wählen Sie einen guten Standort für die Antenne. Verlegen Sie gegebenenfalls ein längeres Kabel zum Access Point.
- Eine etwas teurere Variante ist die Installation einer Antenne mit Richtwirkung.
- Die teuerste, aber oft die technisch beste Lösung ist die Verwendung weiterer Access Points im WLAN.

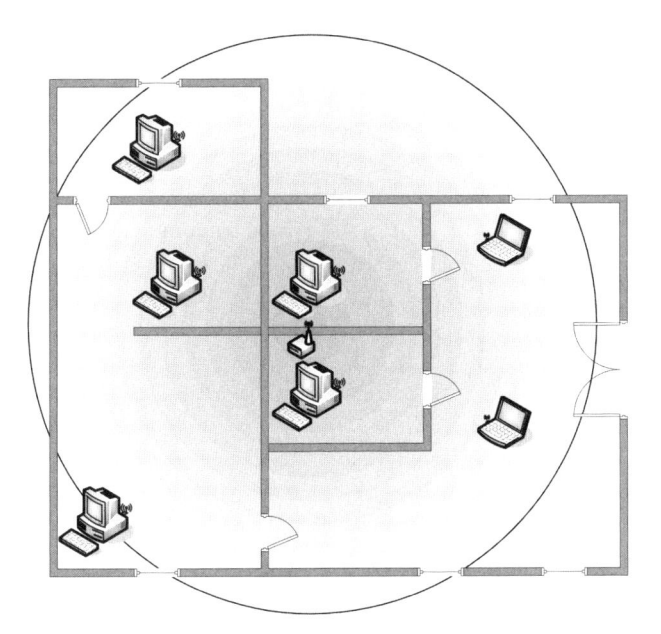

Bild 7.5 – Dieser Standort für die Antenne ist bedeutend besser, denn hier werden alle Computer mit einer optimalen oder zumindest recht guten Übertragungsrate in das Netz eingebunden.

Alle Varianten können Nachteile haben. Sicher ist es die einfachste Lösung, den WLAN-Access-Point in der unmittelbaren Nähe des ADSL-Modems oder des Switches eines drahtgebundenen Netzes zu platzieren. Allerdings ist dieser Standort meist nach anderen Kriterien gewählt worden: Das kann der Standort des Schreibtisches oder der Montageort der Anschlussdose für Telefon bzw. ISDN und damit das ADSL-Modem sein. Die Verlegung des Aufstellungsortes für den Access Point ist deshalb mit der zusätzlichen Installation eines Netzwerkkabels oder eines geeigneten Antennenkabels verbunden. Das bedeutet im Extremfall, dass Wanddurchbrüche angefertigt werden müssen und ein hässliches Kabel an der Wand verlegt wird.

Trotz der Veränderung des Antennenstandortes kann es sein, dass nach wie vor einige Computer keine zufrieden stellenden WLAN-Bedingungen vorfinden, weil zu viel Beton zu überwinden ist. Denken Sie beispielsweise an ein Einfamilienhaus, in dem Sie einen PC im ausgebauten Kellerraum mit anderen Rechnern im Dachgeschoss vernetzen wollen. Oder stellen Sie sich ein modernes Wohnhaus vor, in dem gleich mehrere Betonwände zwischen den drahtlos zu vernetzenden Computern die Funkwellen dämpfen.

Abhilfe schafft in solchen Fällen der Einsatz eines zweiten Access Points. Diese Möglichkeit und das Roaming wurden im Kapitel 5, „WLAN-Infrastruktur", beschrieben. Allerdings gilt auch hier, dass die Antennenstandorte gut gewählt werden sollten. Darüber hinaus ist eine direkte Verbindung der beiden Access Points erforderlich.

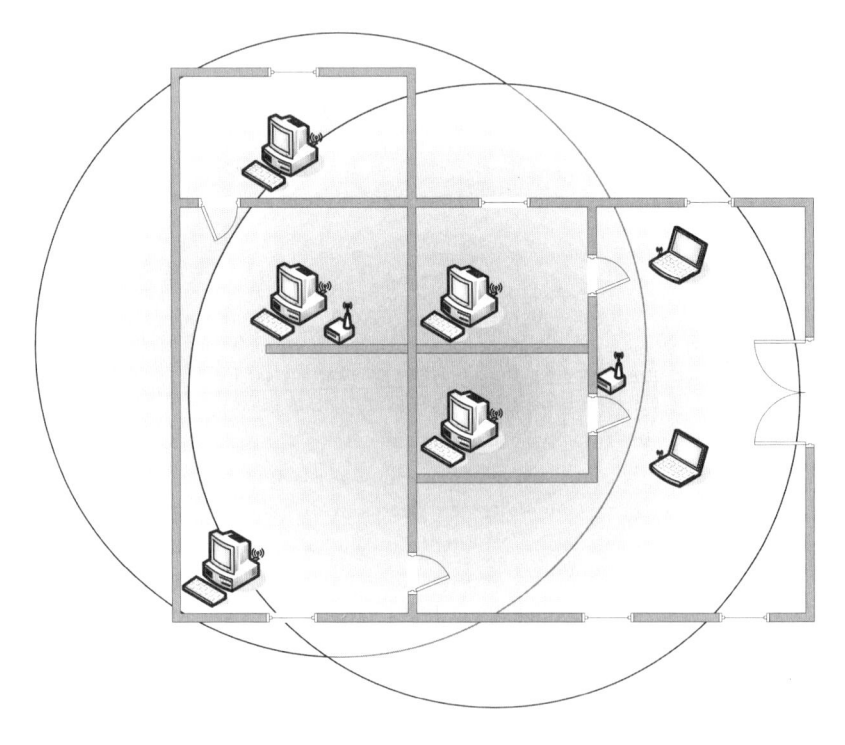

Bild 7.6 – Durch den Einsatz zweier Access Points kann eine vollkommene Versorgung der Etage erreicht werden, in der alle Clients mit der maximalen Geschwindigkeit arbeiten können.

Eine Alternative zur zentralen Platzierung der Antenne ist die Wahl einer speziellen Antenne mit Richtwirkung. Diese Antennen haben die Eigenschaft, ihre Sendeenergie gebündelt in einer bevorzugten Richtung abzustrahlen. Damit verändert sich deren so genannte Charakteristik. In der bevorzugten Richtung können auf wesentlich größeren Distanzen noch Clients mit hohen Übertragungsraten versorgt werden. Allerdings ist in den anderen Richtungen rund um die Antenne bereits nach wenigen Metern kaum noch eine Kommunikation möglich.

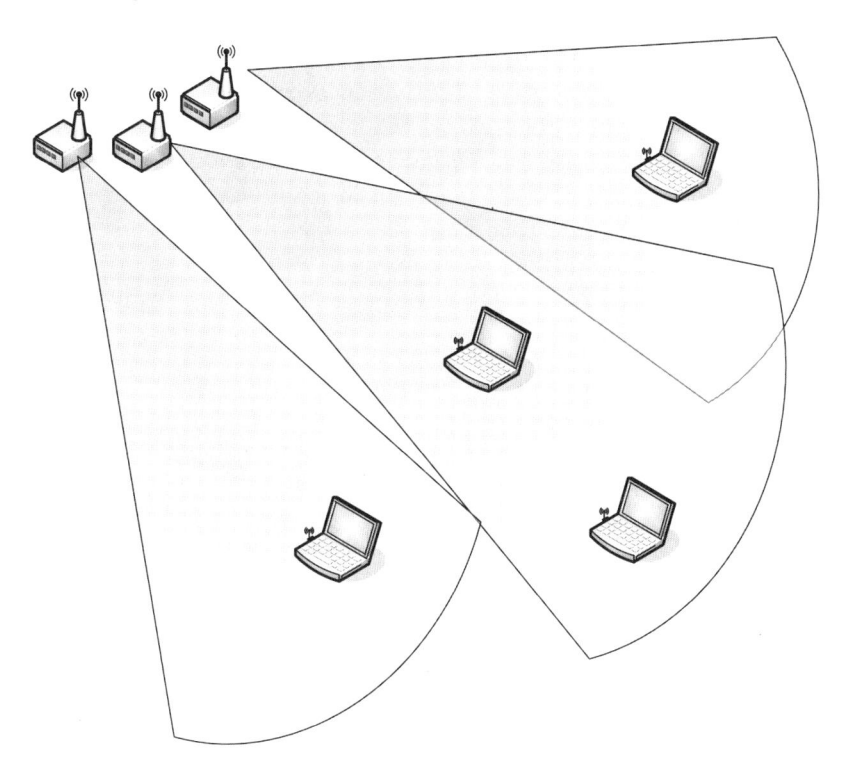

Bild 7.7 ~ Der Einsatz einer Richtantenne bewirkt, dass auch weiter entfernte Clients in das WLAN eingebunden werden können. Allerdings sind Geräte außerhalb des Sendekegels nicht oder nur mit sehr schlechten Qualitäten versorgbar, selbst wenn sie vergleichsweise nahe an der Antenne betrieben werden.

7.3 Störungen im Parallelbetrieb

Die Vernetzung zweier Access Points, in denen die Clients sich nahezu frei bewegen können (Roaming), erfordert eine direkte Kopplung der beiden Access Points untereinander. Dies kann durch ein Kabel oder durch eine Funkstrecke erreicht werden (Wireless Bridge).

Die Lösung kann aber auch durchaus Probleme mit sich bringen: Denn wenn die Antennen der Bridge und des Access Points, der die drahtlose Infrastruktur versorgt, sich in unmittelbarer Nähe befinden und obendrein noch dicht beieinander liegende Kanäle verwenden, dann sind Störungen vorprogrammiert. Das liegt daran, dass die jeweiligen Sender mit ihrer – auf kurzer Distanz – relativ starken Leistung den Empfängereingang des Nachbargerätes übersteuern.

Im Ergebnis führt das dazu, dass die eintreffenden Signale nicht mehr erkannt werden können. Die Folge sind Verbindungsstörungen, die der Benutzer sehr deutlich durch die reduzierte Übertragungsrate bemerkt.

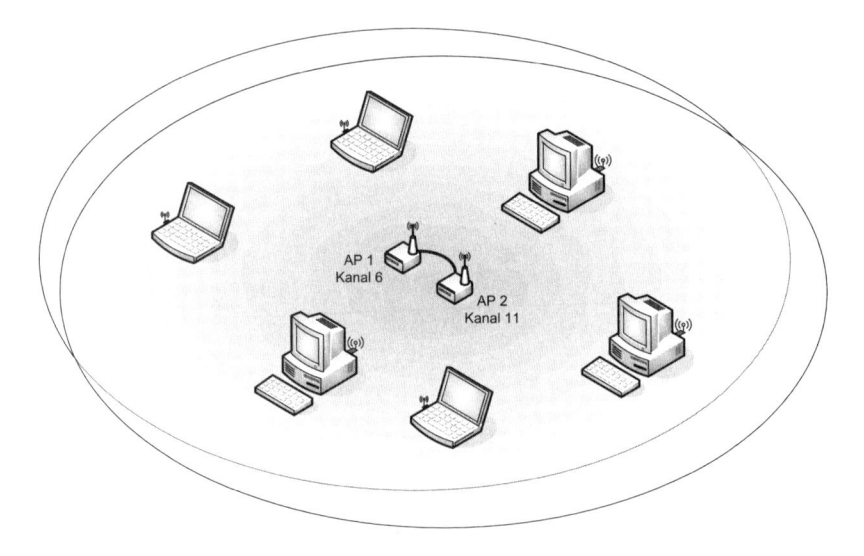

Bild 7.8 – Die unmittelbare Nähe zweier Access Points kann massive Funkstörungen zur Folge haben, wenn die Kanäle nicht wenigstens einen Abstand von vier haben.

7.4 Überlastung des Netzes

Stellen Sie sich folgende Situation vor: Alle WLAN-Clients befinden sich in einer unmittelbaren Nähe des Access Points und dennoch ist auf keinem der Computer eine zufrieden stellende Übertragungsrate erkennbar. Das Problem hat ähnliche Ursachen wie das eingangs erwähnte „Nachbarschaftsproblem". Es sind zu viele

Computer im Netz angemeldet, die möglicherweise zu viele Daten übertragen (Videoschnitt, hochauflösende Bildbearbeitung etc.). Möglicherweise wird das Netz obendrein im Ad-hoc-Modus betrieben. In diesem Fall ist die Lastgrenze noch schneller erreicht als in einer Infrastruktur.

Wenn sich das Netzwerk als zu langsam erweist, kann man es entlasten. Es gibt zwei Möglichkeiten:

- Aufbau zweier vollkommen autonomer Teilnetze oder
- Aufbau eines zellularen Netzes.

Autonome Teilnetzwerke

Im einfachsten Fall, der meist in privaten Bereichen eine Entlastung bringt, wird ein zweites Netzwerk errichtet, was über einen weiteren Access Point läuft. Wichtig ist hier, dass eine gewisse Entkopplung vorgenommen wird. Anders als bei einem Roaming-Netz, in dem sich die WLAN-Clients unterbrechungsfrei vom Sendebereich des einen Access Points in den eines anderen bewegen können, ist dies hier nicht möglich. Die parallel betriebenen Netze arbeiten vollkommen autonom auf verschiedenen Kanälen und mit verschiedenen Namen (SSID). Es gibt also WLAN-Clients, die sich im Netz A auf Kanal X befinden und es gibt WLAN-Clients, die im Netz B auf Kanal Y arbeiten.

Weil jedes Netz eigene Übertragungskapazitäten anbieten kann, was durch die Wahl unterschiedlicher Kanäle mit ausreichendem Abstand erreicht wird (z. B. 6 und 11), steht den angeschlossenen Computern insgesamt ein schnelleres Netz zur Verfügung. Die Access Points haben eine Verbindung über das drahtgebundene Netz, das hier als *Distribution System* arbeitet, so dass nach wie vor die Kommunikation mit Computern des anderen Teilnetzes möglich bleibt.

WLAN ~ echt einfach

> **Hinweis**
>
> Der Betrieb zweier autonomer drahtloser Teilnetze ist in einem privaten oder kleineren geschäftlichen Umfeld eine wirkungsvolle und preiswerte Möglichkeit, um ein überlastetes WLAN durch Verteilung der Verkehrslast auf mehrere Kanäle zu entlasten. Jeder Benutzer wird sich über deutlich verbesserte Geschwindigkeitswerte freuen. Der Vorteil: Diese Lösung lässt sich ohne Kauf teurer Spezialantennen verwirklichen.

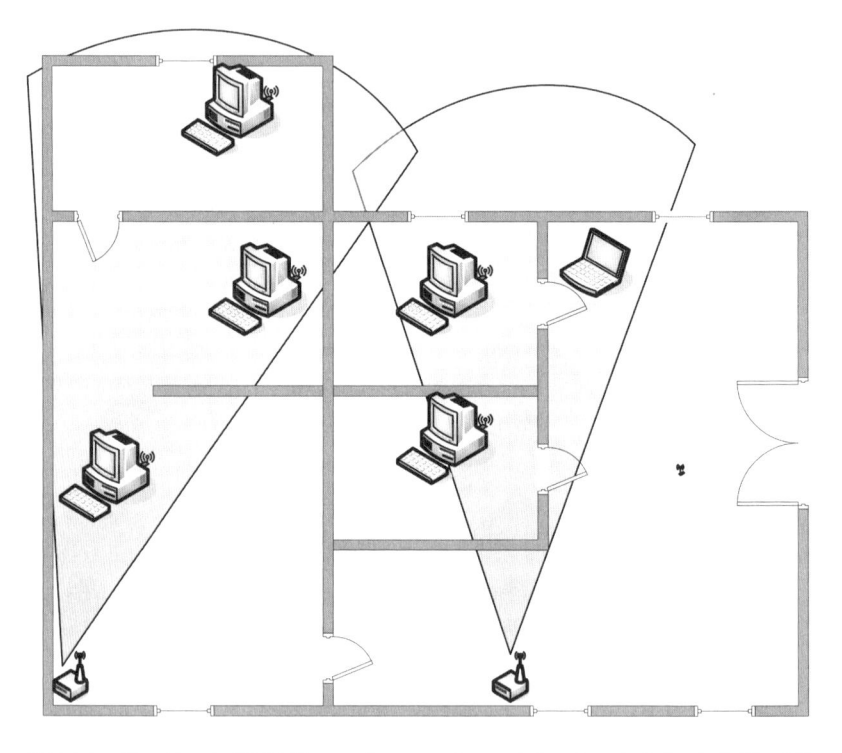

Bild 7.9 ~ Obwohl sechs WLAN-Clients auf engstem Raum arbeiten, braucht jedes der beiden Teilnetze nur drei Computer zu bedienen.

Das zellulare Konzept

Anstelle zweier vollkommen unabhängiger Funknetze, deren einzige Verbindung über die drahtgebundene Schnittstelle erfolgt, realisieren Profis ein zellulares Netz. Dazu werden ebenfalls zusätzliche Access Points und Antennen benötigt. Auch bei diesem Netz erfolgt eine Verbindung der Access Points über die drahtgebundene Schnittstelle. Allerdings arbeiten alle Access Points mit dem gleichen Netzwerknamen (SSID). Somit können WLAN-Clients von einem Access Point in den Sendebereich eines anderen wechseln (Roaming).

Die Entlastung des Netzes wird durch den Einsatz von hochwertigen Richtantennen erreicht, die dafür sorgen, dass jeder Access Point nur einen räumlich sehr begrenzten Bereich bedient. Dennoch müssen die unmittelbar benachbarten Access Points auf verschiedene Kanäle eingestellt werden, weil es zwangsweise zu Überschneidungen der Sendebereiche kommen muss. Die perfekte Antenne gibt es nicht!

Dieses Prinzip ist recht häufig zu finden, wenn sehr viele Computer auf engstem Raum in ein Wireless LAN eingebunden werden sollen. So können beispielsweise in großen Hotellobbys mehrere Dutzend WLAN-Clients zur gleichen Zeit betrieben werden und dabei mit guten Übertragungsraten arbeiten.

WLAN ~ echt einfach

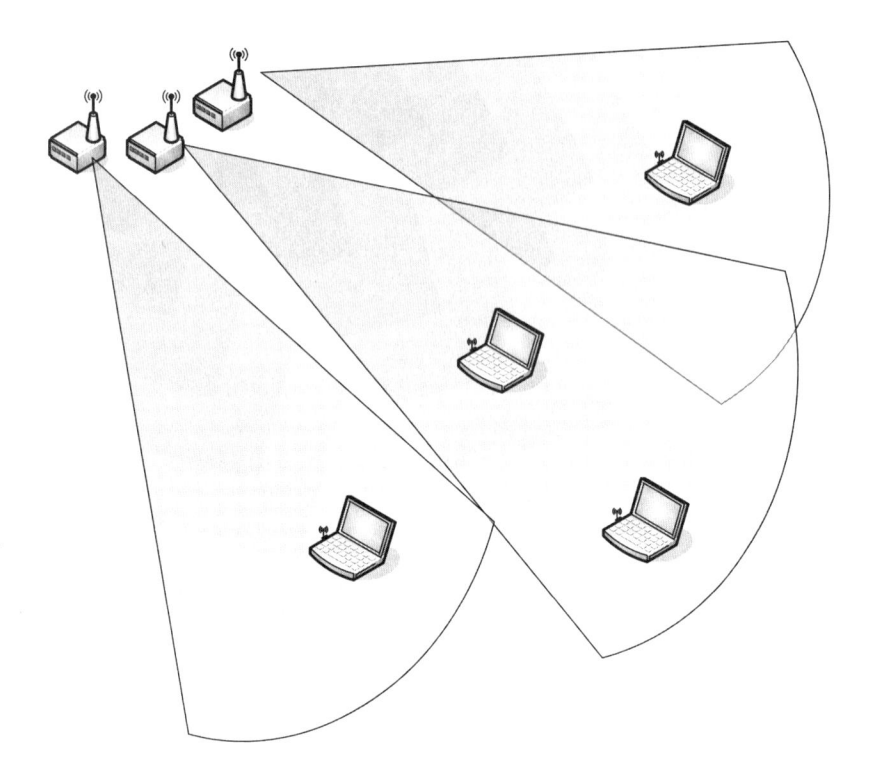

Bild 7.10 ~ Durch Verwendung von Richtantennen werden die Sendebereiche der verschiedenen Access Points nur räumlich entkoppelt. Sie arbeiten mit der gleichen SSID.

Allerdings reicht es in solch großen Umgebungen nicht aus, an einem zentralen Ort mehrere Access Points mit Richtantennen zu installieren. Auch deren Kapazität wäre schnell erschöpft. Hier würde man stattdessen in einiger Entfernung weitere solcher Funkzellen errichten, die auch mit Rundstrahlern realisiert werden können. Der Trick ist, die Sendeleistungen der einzelnen Access Points so weit zu reduzieren, dass innerhalb einer Zelle gerade noch gute Übertragungsgeschwindigkeiten erreicht werden.

> **Hinweis**
> Weniger ist oft mehr! Das kann besonders bei WLAN-Systemen gelten, wenn möglichst viele Client-Computer in diesem System gleichzeitig betrieben werden sollen. Durch den Einsatz von Richtantennen und eine Drosselung der Sendeleistung des Access Points können auf engstem Raum die Kapazitäten vervielfacht werden.

7.5 WLAN und Bluetooth?

Abschließend soll noch ein ständig diskutiertes Thema angesprochen werden: Stören sich Bluetooth und Wireless LAN gegenseitig?

Ohne Frage: Bluetooth ist beim Handy, aber auch bei vielen anderen Anwendungen – beispielsweise Funktastatur und -maus – stark im Kommen. Das Problem: Sowohl Bluetooth als auch WLAN (IEEE 802.11b sowie dazu kompatible Systeme) arbeiten im Frequenzbereich von 2,4 GHz. Allerdings unterscheiden sich die funktechnischen Verfahren grundlegend. Während Bluetooth-Geräte über nahezu den kompletten Bereich ständig die Frequenzen wechseln (Frequency Hopping), arbeiten WLAN-Geräte zwar auch sehr breitbandig, jedoch in einem vergleichsweise schmalen Frequenzband. Darüber hinaus sendet Bluetooth nur auf dem jeweils belegten Kanal. WLAN-Geräte senden dagegen über mehrere Funkkanäle verteilt parallele Codes. Sie sind selbst dann noch interpretierbar, wenn ein Kanalbereich gestört sein sollte.

Es gibt noch einen weiteren großen Unterschied zwischen den Technologien: WLAN arbeitet in den meisten Fällen mit Sendeleistungen von 100 mW. Nur dann, wenn die Leistung bewusst gedrosselt wird, liegt sie unter diesem Wert. Auch bei Bluetooth ist eine Sendeleistung von 100 mW definiert, jedoch arbeiten nur Bluetooth-Netzwerk- oder ISDN-Adapter mit dieser hohen Leistung. Die meisten Geräte – insbesondere das Handy-Zubehör – arbeitet Strom sparend mit Sendeleistungen von 1 mW. Allein durch diese meist gegebenen Leistungsdifferenzen ist eine Störung des WLANs durch Bluetooth-Geräte nahezu ausgeschlossen. Anders herum wäre eine Übersteuerung der Bluetooth-Empfänger durch starke WLAN-Sender in unmittelbarer Nähe denkbar.

WLAN ~ echt einfach

Bisherige Tests haben ergeben, dass sich WLAN und Bluetooth recht gut miteinander vertragen. Es liegen aber noch keine Erkenntnisse darüber vor, wie die Situation aussieht, wenn plötzlich sehr viele Bluetooth-Geräte in unmittelbarer Nähe zum WLAN betrieben werden. Hier kann davon ausgegangen werden, dass es zu leichten Geschwindigkeitsverlusten kommt. Totalstörungen sind aber weder bei den WLAN- noch bei den Bluetooth-Geräten zu erwarten.

Index

#

11b+ 33
11b-Plus 33

A

Access Control List 207, 208
Access Point 108, 113
ACL *Siehe* Access Control List
Ad-hoc-Netzwerk 92
All-in-One-WLAN-Router 28
Antenne 141
   horizontale Richtwirkung 214
   Indoor 213
   mit Richtwirkung 213
   Outdoor 213
   vertikale Richtwirkung 213
Anton *Siehe* WLAN-A
ASCII-Zeichen 196

B

Backdoor-Trojaner 233
Bandbreite 30
Bandspreizungsverfahren 140

Basic Service Set 108
Berta *Siehe* WLAN-B
Betriebsmodus 147
Blocking
   Domain 224
   URL 224
Bluetooth 249
BSS *Siehe* Basic Service Set

C

Cardbus 20, 25
Cat.5 *Siehe* Kategorie 5
CCI *Siehe* Cross Channel
   Interferences
Centrino 35
CF *Siehe* Compact Flash
Client für Microsoft-Netzwerke 77
Compact-Flash 26
Cross Channel Inter-
   ferences 140, 237
Cross-over-Cable 88, 111, 134

D

Datei- und Druckerfreigabe 77
Default-SSID 144
DHCP *Siehe* Dynamic Host Configuration Protocol
DHCP-Server 104, 144
Direct Sequence Spread Spectrum 140
Distribution System 245
DNS *Siehe* Domain Name Server
Domain Name Server 78, 105
Domain-Blocking-Filter 231
Downstream 32
Drucker hinzufügen 170
Druckerschnittstelle 166
  virtuell 174
Druckertreiber 166
DSL-Modem 112
DSSS *Siehe* Direct Sequence Spread Spectrum
Dynamic Host Configuration Protocol 144

E

E-Donkey 224
Elektrostatische Entladung 61, 63
Ethernet 17, 20

F

Fake 183

FAQ *Siehe* Frequently Asked Questions
Fehlersuche 87
Filter 223
  Domain-Blocking 231
  IP 224
  MAC 224, 227
  Regel 224
Firewall 15, 79, 232
Firmware 11, 81, 133
Freigabe 80
Frequency Hopping 249
Frequently Asked Questions 43
Funkkanal 95
Funknetzname 95
Funkparameter 95
Funkstrecke 244

G

GDI-Drucker 29
Gekreuztes Kabel 88, 111
Geschwindigkeit im WLAN 30
Gustav *Siehe* WLAN-G

H

Hexadezimale Ziffern 197
Homepage 125
Hub 16, 18, 134

I

ICS *Siehe* Internet Connection Sharing

IEEE *Siehe* Institute of Electrical and Electronics Engineers
IEEE802.1X 207
IEEE802.11 30
IEEE802.11a 31
IEEE802.11g 31
IEEE802.11n 199
Infobereich 45
Initialisierungsvektor 201
Installations-Wizard 44
Institute of Electrical and Electronics Engineers 30
Interface 18
Internet Connection Sharing 102
Internet-Service-Provider 145
Internet-Account 103
Internet-Gateway 151
Internetprotokoll 77
IP-Adresse 79, 92
  dynamisch 156
  statisch 156
ISP *Siehe* Internet-Service-Provider

K

Kabel-Modem 112
Kanal 140
  Deutschland 140
  Frankreich 140
  (Kanal)
  USA 140
Kategorie 5 19

Kategorieansicht 149
Kennwort 89
Kompatibilität 35
Konfiguration
  mit Programm vom Hersteller 147
  über Systemsteuerung 148

L

LAN *Siehe* Local Area Network
Lease Time 146
Local Area Network 108

M

MAC-Adresse *Siehe* Media Access Control
MAC-Filter 209
MAC-ID 208
Media Access Control 160, 209

N

NAT *Siehe* Network Address Translation
NetStumbler 189
Network Address Translation 227
Network Interface Controller 17
Netzwerk- und Internetverbindungen 149
Netzwerkknoten 18
Netzwerkunterstützung 160
Netzwerkverteiler 18
NIC *Siehe* Network Interface Controller

O

Österreich
  ADSL 129

P

Parallel-Port 169
Passphrase
  schwache 201
  sichere 201
PCI *Siehe* Peripheral Component Interconnect
PCI-Slot 19
PCMCIA 20
PDA *Siehe* Personal Digital Assistant
Peer-to-Peer-Tauschbörse 224
Peripheral Component Interconnect 19
Personal Digital Assistant 26
Physikalische Adresse 229
Ping 101
Point-to-Point over Ethernet 128
Point-to-Point-Tunneling-Protocol 129
Polarisation 141
Port
  Adresse 226
  Range 226
Potenzialausgleich 63
PPPoE *Siehe* Point-to-Point over Ethernet
PPTP *Siehe* Point-to-Point-Tunneling-Protocol

Print-Server 15, 29, 166

Q

QoS-Paketplaner 77

R

RADIUS-Server 200
RegTP *Siehe* Regulierungsbehörde für Telekommunikation und Post
Regulierungsbehörde für Telekommunikation und Post 31
Remote Access 220
Reset 87
Reset-Taste 87
RJ-45 19
Roaming 109, 161
Router 16, 27

S

Schlüssel
  ASCII-Zeichen 196
  Hexadezimale Ziffern 197
Schnittstelle 18
Seamless Roaming 161
Sendeleistung 143
Service Set Identifier 110, 113
Signalpegel 141
Signatur 57
Site Survey 101, 137, 142
Slot 19
Sniffer-Software 93

SSID *Siehe* Service Set Identifier
SSID-Broadcasting 193
Standard-Gateway 79, 105
Statusinformation 157
Subnetzmaske 79
Super-G 33
Super-Gustav 34
Super-WLAN-G 34
Switch 15, 18, 134
Systemtray 45

T

TCP/IP 77, 156
   Filterung 79
Temporal Key Integrity Protocol 201
TKIP *Siehe* Temporal Key Integrity
   Protocol
Transportprotokoll 129
Trojaner 187, 232
   Backdoor 233
Tunnel 129
Turbo-a 33

U

Uniform Ressource Locator 229
Upstream 32
URL *Siehe* Uniform Ressource
   Locator
URL-Blocking-Filter 230
USB 20
USB-Adapter 24, 52

USB-Varianten 24

V

Verkabelungsfehler 87
Viren 232

W

WAN *Siehe* Wide area network
WAP *Siehe* Wireless Access Point
Wardriving 80, 93, 184
WEP *Siehe* Wired Equivalent Privacy
WEP 64 195
Western-Stecker 19
Wide Area Network 108
Wi-Fi *Siehe* Wireless Fidelity
Wi-Fi Protected Access – Pre Shared
   Key 200
Wi-Fi-Protected Access 199
Windows XP Sicherheitspack 2
   (SP2) 155
Windows-Locator 78
Wired Equivalent Privacy 194
Wireless Access Point 109
Wireless Bridge 88, 244
Wireless Fidelity 35
Wireless Local Area Network 14
Wireless Public HotSpots 33
Wizard 125
WLAN *Siehe* Wireless Local Area
   Network
WLAN-A 31

WLAN ~ echt einfach

WLAN-Access-Point 17, 27
WLAN-Antenne 23
WLAN-B 31
WLAN-B-+ 33
WLAN-B-Plus 33
WLAN-Cardbus-Adapter 25
WLAN-CF-Adapter 26
WLAN-Client 17

WLAN-Ethernet-Adapter 22
   Notebook 26
WLAN-Ethernet-Bridge 19
WLAN-G 31

WLAN-Geschwindigkeit 30
WLAN-Infrastruktur 108
WLAN-Modem 28
WLAN-PCI-Adapter 22
WLAN-Router 28
   mit Print-Server 29
WLAN-Stations 17
WLAN-USB-Adapter 21
   Notebook 24
WPA *Siehe* Wi-Fi-Protected Access
WPA-PSK *Siehe* Wi-Fi Protected Access – Pre Shared Key
Würmer 186, 232